Digitale Bürgerbeteiligung

Maria Leitner
Hrsg.

Digitale Bürgerbeteiligung

Forschung und Praxis – Chancen und Herausforderungen der elektronischen Partizipation

Hrsg.
Maria Leitner
Center for Digital Safety & Security
AIT Austrian Institute of Technology GmbH
Wien, Österreich

ISBN 978-3-658-21620-7 ISBN 978-3-658-21621-4 (eBook)
https://doi.org/10.1007/978-3-658-21621-4

Die Deutsche Nationalbibliothek verzeichnet diese Publikation in der Deutschen Nationalbibliografie; detaillierte bibliografische Daten sind im Internet über http://dnb.d-nb.de abrufbar.

Springer Vieweg

Springer Vieweg ist ein Imprint der eingetragenen Gesellschaft Springer Fachmedien Wiesbaden GmbH und ist ein Teil von Springer Nature.
Die Anschrift der Gesellschaft ist: Abraham-Lincoln-Str. 46, 65189 Wiesbaden, Germany

Für die Demokratie

Inhaltsverzeichnis

Über die Herausgeber

Foto: © Johannes Zinner

Maria Leitner Mag. Dipl.-Ing. Dr. Maria Leitner ist Scientist in der Forschungsgruppe Cyber Security im Center for Digital Safety & Security am AIT Austrian Institute of Technology. Dr. Leitner koordiniert und arbeitet in nationalen und internationalen Forschungsprojekten im Bereich Identitätsmanagement, Situationsbewusstsein und Cyber Ranges. Sie leitete das KIRAS Projekt ePartizipation, ein Forschungsprojekt, dass sich mit der Gestaltung und Implementierung einer direkt anwendbaren, skalierbaren und sicheren Gesamtarchitektur eines E-Partizipations-Ökosystems befasste. Im Bereich Situationsbewusstsein beschäftigt sie sich mit der Gestaltung von Cyber Lagebildern, Cyber Security Übungen und deren technischen Umsetzung in Cyber Ranges, d. h. in simulierten komplexen IKT-Infrastrukturen. Dr. Leitner ist unter anderem in der Arbeitsgruppe 5 „Education, training, awareness, exercise“ in der der European Cyber Security Organisation (ECSO) und der Cyber Sicherheit Plattform Austria tätig. Sie ist Mitglied von ACM und IEEE und hat über 25 referierte Journal-, Konferenz- und Workshopartikel veröffentlicht.

Vor ihrer Tätigkeit am AIT war Dr. Leitner als Forscherin bei SBA Research und als Universitätsassistentin in der Forschungsgruppe Workflow Systems and Technology an der Fakultät für Informatik der Universität Wien tätig. 2015 hat sie das Doktoratsstudium der Informatik an der Universität Wien mit Auszeichnung abgeschlossen. Ihre Doktorarbeit befasste sich mit der Integration und dem Lebenszyklusmanagement von Sicherheitsrichtlinien in prozessorientierten Informationssystemen, um ein umfassendes Management von Sicherheitsrichtlinien in Organisationen zu ermöglichen.

Über die Autoren

Arndt Bonitz Dipl.-Inf. (FH) Arndt Frank Bonitz arbeitet als Engineer am Austrian Institute of Technology. Im Jahr 2008 schloss Herr Bonitz sein Diplomstudium der Praktischen Informatik im Bereich „Web Service Security" an der Hochschule für Technik und Wirtschaft des Saarlandes ab. Er ist ein „Certified Information Systems Security Professional" (CISSP) und „Certified SCRUM Master". Seit 2009 ist er Mitglied des ICT Security Teams des AIT und arbeitete an mehreren nationalen und internationalen Forschungsprojekten zum Thema IT-Sicherheit mit. Spezielle Forschungsschwerpunkte sind u. a. Secure System Design, Sicherheit kritischer Infrastrukturen sowie Identity Management Systeme und digitale Identitäten.

Janos Böszörmenyi Mag. Janos Böszörmenyi ist Rechtsanwaltsanwärter bei einer großen Wiener Rechtsanwaltskanzlei. Vorher arbeitete er einige Jahre als wissenschaftlicher Mitarbeiter bei der Arbeitsgruppe Rechtsinformatik an der Universität Wien. Er studierte Rechtswissenschaften an der Universität Wien und arbeitet an seiner Dissertation.

Peter Fröhlich Dr. Peter Fröhlich ist Senior Scientist am Center for Technology Experience des AIT Austrian Institute of Technology. Seine Forschungsinteressen umfassen Mensch-Computer-Interaktion und User Experience in mobilen und ubiquitären Kontexten sowie persuasive Technologien zur Förderung von partizipativem, nachhaltigem und sicherheitsbewusstem Verhalten. Peter Fröhlich studierte Psychologie an der Universität Salzburg (2001) und dissertierte an der Universität Wien im Fach Angewandte Psychologie (2007). Er ist Autor von mehr als 70 wissenschaftlichen Beiträgen und regelmäßiger Organisator, Herausgeber und Begutachter von mehreren angesehenen Fachzeitschriften und Konferenzbänden wie dem Journal of Personal and Ubiquitous Computing, Mobile HCI, Automotive UI oder CHI. Peter Fröhlich ist zudem Co-Organisator der Workshop-Reihe „Pervasive Participation" und Mitherausgeber von Special Issues zu diesem Thema in wissenschaftlichen Zeitschriften, wie bspw. IX&D&A und IJEG.

Malgorzata Zofia Goraczek Mag. Malgorzata Zofia Goraczek arbeitete als wissenschaftliche Mitarbeiterin (Soziologin) am Department für E-Governance an der Donau-Universität Krems bis Februar 2018. Ihre Forschungstätigkeiten umfassten nationale und internationale Projekte in den Bereichen E-Partizipation, Smart City und E-Health – vor allem an der Schnittstelle zwischen Wissenschaft und Praxis. Sie leitete das Forschungsprojekt „Smart-Gov – Advanced Decision Support for Smart Governance", bei dem eine Software erstellt wird, mit deren Hilfe Szenarien für die Stadtplanung entworfen werden, die auf der Beteiligung von BürgerInnen und ExpertInnen basieren.

Vinzenz Heußler Mag. Vinzenz Heußler ist EU-Referent im Bundeskanzleramt in der Abteilung I/8 „Cyber Security und GovCERT". Zuvor war er wissenschaftlicher Mitarbeiter in der Arbeitsgruppe Rechtsinformatik an der Rechtswissenschaftlichen Fakultät der Universität Wien. Dort arbeitete er an den KIRAS-Forschungsprojekten ePartizipation, DarkNet, INTERPRETER, PASA, SCUDO und Secure EGov. Ferner arbeitete er für das Wiener Zentrum für Rechtsinformatik (WZRI) am Forschungsprojekt CISA. Mag. Vinzenz Heußler studierte Rechtswissenschaften an der Universität Wien sowie an der Santa Clara University (Kalifornien, USA) und befindet sich derzeit im Universitätslehrgang Informations- und Medienrecht sowie im Doktoratsstudium an der Rechtswissenschaftlichen Fakultät der Universität Wien.

Walter Hötzendorfer Dipl.-Ing. Dr. Walter Hötzendorfer ist Senior Researcher und Senior Consultant im „Research Institute – Digital Human Rights Center" in Wien sowie Vorstandsmitglied der Österreichischen Computergesellschaft (OCG) und Co-Leiter des OCG Forum Privacy. Er studierte Wirtschaftsinformatik an der TU Wien und Rechtswissenschaften an den Universitäten Wien und Sheffield, promovierte zum Thema „Datenschutz und Privacy by Design im Identitätsmanagement". Walter Hötzendorfer verfügt über Berufserfahrung in der Rechtsberatung und im Software Engineering und war von 2011 bis 2016 in mehreren nationalen und internationalen Forschungsprojekten in der Arbeitsgruppe Rechtsinformatik der Universität Wien tätig. Er beschäftigt sich in Forschung und Beratung insbesondere mit technischen und organisatorischen Aspekten des Datenschutzes.

Peter Parycek Univ.-Prof. Mag. Dr. Peter Parycek ist Jurist und Absolvent des Masterlehrgangs Telematik. Er leitet des Department für E-Governance in Wirtschaft und Verwaltung an der Donau-Universität Krems sowie das am Fraunhofer-Institut FOKUS angesiedelte Kompetenzzentrum Öffentliche IT in Berlin. Seine Forschungsschwerpunkte sind der Einsatz von Technologie in Regierung und Verwaltung und deren Wirkungen auf die bestehenden Rechts- und Organisationssysteme. In Liechtenstein hat er als Berater entscheidend die aktuelle Ausprägung des E-Government-Gesetzes gestaltet. Peter Parycek ist Conference Chair der EGOV-CeDEM-EPART 2018 Conference sowie Herausgeber des zwei Mal jährlich erscheinenden Journals für elektronische Demokratie (JeDEM).

Bettina Rinnerbauer Mag. Bettina Rinnerbauer ist wissenschaftliche Mitarbeiterin am Department für E-Governance in Wirtschaft und Verwaltung der Donau-Universität Krems. Sie studierte Rechtswissenschaften an der Universität Wien. Zu ihren Forschungsschwerpunkten in nationalen und internationalen Forschungsprojekten gehören rechtliche Aspekte IKT-unterstützter Prozessverbesserung in der öffentlichen Verwaltung, die Bereiche E-Government, Datenschutz und Open Government.

Michael Sachs Mag. Michael Sachs studierte an der Universität Wien und an der University of Nottingham. Seit 2009 ist er Mitarbeiter am Department für E-Governance in Wirtschaft und Verwaltung der Donau-Universität Krems und derzeit an der Universität karenziert. Herr Sachs befasst sich als wissenschaftlicher Mitarbeiter des Zentrums für E-Governance mit Forschungsprojekten zu den Schwerpunkten E-Partizipation, Open Government und Innovation in der öffentlichen Verwaltung und er hat die internationale Konferenzreihe „Conference for E-Democracy and Open Government“ mitgestaltet. In der Lehre des Zentrums ist er im Themenfeld wissenschaftliches Arbeiten tätig. Er arbeitet als Reviewer für verschiedene Konferenzen und Journale und publiziert in regelmäßigen Abständen. Er ist Teilnehmer an einem PhD-Programm des Ragnar Nurkse Department of Innovation and Governance an der School of Business and Governance, Tallinn University of Technology.

Andreas Sackl Dr. Andreas Sackl arbeitet als Scientist am Center for Technology Experience am AIT Austrian Institute of Technology. Er studierte Medieninformatik an der TU Wien und Publizistik und Kommunikationswissenschaft an der Universität Wien, zusätzlich ist er Doktor der Informatik, verliehen von der TU Berlin. Vor seiner Tätigkeit am AIT war Andreas Sackl als Researcher am FTW (Forschungszentrum Telekommunikation Wien) beschäftigt und forschte im Bereich Quality of Experience und Usability. Er ist Autor mehrerer Journal- und Konferenzbeiträge und er fungiert als Gutachter (unter anderem CHI Play, TVX, ACM SIGCHI) und TCP-Mitglied (QoMEX, PQS, QoE-FI). Im Moment ist er in mehreren AAL, Usability, Partizipation und Quality of Experience Forschungsprojekten beschäftigt.

Giti Said Giti Said ist Studienassistentin am Institut für Europarecht, Internationales Recht und Rechtsvergleichung sowie wissenschaftliche Mitarbeiterin der Arbeitsgruppe Rechtsinformatik an der Universität Wien. Im Rahmen des KIRAS Forschungsprogrammes des österreichischen Bundesministeriums für Verkehr, Innovation und Technologie (BMVIT) arbeitete sie an dem Projekt ePartizipation. Sie befasste sich im Zuge dessen insbesondere mit Methoden und Technologien zur IKT-gestützten Beteiligung der Zivilgesellschaft an Entscheidungsprozessen und politischer Partizipation. Sie studiert Rechtswissenschaft an der Universität Wien sowie an der Erasmus-Universität Rotterdam.

Judith Schoßböck Mag. Judith Schoßböck ist wissenschaftliche Mitarbeiterin am Zentrum für E-Governance der Donau-Universität Krems und Hong Kong PhD Fellowship-Kandidatin an der City University Hong Kong. Sie ist Managing Editor des Open Access-eJournals JeDEM (jedem.org) und am wissenschaftlichen Symposium des Festivals für Digitale Kunst und Kulturen Paraflows (paraflows.at) leitend beteiligt. Zu ihren Forschungsinteressen gehören politische Kommunikation, E-Partizipation, Online-Aktivismus, Soziale Medien, Open Government und Open Access. Sie war unter anderem an einer Studie über Internetkompetenz in Österreich, einem europäischen E-Partizipationsprojekt für Jugendliche sowie einem Forschungsprojekt zur Identifikation bei E-Partizipation in Österreich beteiligt.

Erich Schweighofer Ao. Univ.-Prof. Mag. DDr. Erich Schweighofer ist Leiter der Arbeitsgruppe Rechtsinformatik an der Universität Wien, Juridicum, Institut für Europarecht, Internationales Recht und Rechtsvergleichung. Er lehrt in den Fächern Rechtsinformatik, Völkerrecht und Europarecht und forscht in diesen Bereichen insbesondere zu den Themen Internet Governance, Datenschutz und Überwachungstechnologien, ICANN, juristisches Information Retrieval, juristische Ontologien und Recht und Sprache. Er ist Hauptorganisator des Internationalen Rechtsinformatik Symposions IRIS (www.univie.ac.at/RI/IRIS2018) sowie Co-Herausgeber der Zeitschrift Jusletter IT (www.jusletter-it.eu).

Oliver Terbu Dipl.-Ing. Oliver Terbu ist als Identity Solutions Architect im Bereich E-Government Innovations der OeSD beschäftigt. Er ist dort zuständig für die Architektur neuer Softwareprodukte im Bereich digitale Identitäten. Herr Terbu hat langjährige Erfahrung in der Entwicklung sicherheitskritischer Software im Client/Server-Bereich und ist Experte im Bereich mobile Identitäten. In diesem Tätigkeitsfeld ist er aktives Arbeitsgruppenmitglied in internationalen Gremien (ISO/IEC JTC1/SC17 WG3, WG4, WG10, SG1, und ICAO). Er hat das Masterstudium der Softwareentwicklung und Wirtschaft an der TU Graz mit Auszeichnung abgeschlossen.

Sarah-Kristin Thiel Sarah-Kristin Thiel studierte Medieninformatik an der Ludwig-Maximilians-Universität in München und arbeitet nun als PostDoc am Institut für Computerwissenschaften an der Universität Aarhus. Gleichzeitig stellt sie ihre Doktorarbeit zum Thema „Gamification in digitalen Bürgerbeteiligungsanwendungen" an der Universität Salzburg fertig. Vor ihrer Tätigkeit an der Universität Aarhus arbeitete sie am Center for Technology Experience des AIT Austrian Institute of Technology, wo sie sich hauptsächlich mit mobiler Bürgerbeteiligung beschäftigte. Derzeit betreibt sie Kreativitätsforschung und untersucht, wie Kreativitätsprozesse mit Technologie oder spielerisch unterstützt werden können. Ihre Forschungsinteressen umfassen mobile Technologien, spielbasierte Interaktion sowie das Zusammenspiel von Technologie und Gesellschaft.

Stefan Vogl Dipl.-Ing. Stefan Vogl arbeitet in der Österreichischen Staatsdruckerei GmbH und leitet dort die Abteilung Innovations Development und ist somit verantwortlich für die Softwareentwicklung im Innovationsbereich der Österreichischen Staatsdruckerei GmbH. Er studierte Software Engineering und Internetcomputing an der Technischen Universität Wien. Seine Schwerpunkte liegen im Bereich Software- und Information Security sowie der Entwicklung von neuen Systemen im Bereich elektronischer Identitäten.

Sebastian Zehetbauer Sebastian Zehetbauer, MSc ist für die Umsetzung der Projekte im Bereich E-Government Innovations verantwortlich. Er ist dort für die Analyse und Evaluierung neuer Produkte und Technologien im Bereich digitale Identitäten verantwortlich. Herr Zehetbauer hat mehr als zehn Jahre Erfahrung im Projektmanagement und der Prozessanalyse. Er hat ein Masterstudium im Bereich Wirtschaftsinformatik abgeschlossen.

Abkürzungsverzeichnis

ABl	Amtsblatt der Europäischen Union
Abs.	Absatz
AEUV	Vertrag über die Arbeitsweise der Europäischen Union
AR	Augmented Reality
Art.	Artikel
BGBl	Bundesgesetzblatt
BIP	Bruttoinlandsprodukt
BMVIT	Bundesministerium für Verkehr, Innovation und Technologie
BSD	Berkeley Software Distribution
BSI	Bundesamt für Sicherheit in der Informationstechnik
BSIMM	Building Security In Maturity Model
B-VG	Bundes-Verfassungsgesetz
bzw.	beziehungsweise
CI	Continuous Integration
CSS	Cascading Style Sheets
CWE	Common Weakness Enumeration
DoD	Definition of Done
DoR	Definition of Ready
DSG	Datenschutzgesetz
DSGVO	Datenschutz-Grundverordnung
DSRL	Datenschutzrichtlinie
EBI	Europäische Bürgerinitiative
E-Government	Electronic Government
E-GovG	E-Government-Gesetz
eID	Electronic Identity
eIDAS-VO	Verordnung (EU) über elektronische Identifizierung und Vertrauensdienste für elektronische Transaktionen im Binnenmarkt
E-Partizipation	Elektronische Partizipation
ErwGr	Erwägungsgrund
EU	Europäische Union

EUV	Vertrag über die Europäische Union
FOSS	Freie und Offene Software
GPL	GNU General Public License
GPS	Global Positioning System
GSK-Aspekte	geistes-, sozial- und kulturwissenschaftliche Aspekte
HCI	Human-Computer-Interaction
hM	herrschende Meinung
HSG 1998	Hochschülerinnen- und Hochschülerschaftsgesetz 1998
HSM	Hardware Security Module
HTML	Hypertext Markup Language
HTTP	Hypertext Transfer Protocol
ICANN	Internet Corporation for Assigned Names and Numbers
IKT	Informations- und Kommunikationstechnologie
ISO/IEC	International Organization for Standardization/International Electrotechnical Commission
IT	Informationstechnologie
ITU	International Telecommunication Union
JSON-RPC	JavaScript Object Notation Remote Procedure Call
LBS	Location-Based Services
LDAP	Lightweight Directory Access Protocol
LGPL	GNU Lesser General Public License
lit.	litera (Buchstabe)
MeldeG	Meldegesetz
MIT	Massachusetts Institute of Technology
mTAN	Mobile Transaktionsnummer
NFC	Near Field Communication
NIST	National Institute of Standards and Technology
nPA	Neuer elektronischer Personalausweis
NPC	Non-Player Character
OASIS	Organization for the Advancement of Structured Information Standards
OAuth	Open Authentication
OCS	Online Collection Software
OECD	Organisation für wirtschaftliche Zusammenarbeit und Entwicklung/ engl. Organisation for Economic Co-operation and Development
ÖH	Österreichische Hochschülerschaft
OTP	One-Time-Password
OWASP	Open Web Application Security Project
PbD	Privacy by Design
PBI	Product Backlog Items
PC	Personal Computer
PDCA	Plan-Do-Check-Act

PHP	PHP: Hypertext Preprocessor
PKI	Public Key Infrastructure
PO	Product Owner
PRIPARE	PReparing Industry to Privacy-by-design by supporting its Application in REsearch
REST	Representational State Transfer
RL	Richtlinie
Rz.	Randzahl
SAML	Security Assertion Markup Language
SQL	Structured Query Language
SR	Sprint Review
SSL	Secure Sockets Layer
STORK	Secure idenTity acrOss boRders linKed
u. a.	unter anderem oder und andere
UN	Vereinte Nationen
URL	Uniform Resource Locator
VR	Virtual Reality
WYSIWYG	What You See Is What You Get
W3C	World Wide Web Consortium
XML	Extensible Markup Language
XSS	Cross-Site Scripting
Z	Ziffer
ZDA	Zertifizierungsdiensteanbieter
ZMR	Zentrales Melderegister

1 Einleitung

Maria Leitner

Zusammenfassung

Bürgerbeteiligung gibt es in sehr vielen Städten, Gemeinden, Kommunen, Bundesländern oder auf Bundesebene in vielen Ländern wie zum Beispiel Deutschland, Österreich und der Schweiz. BürgerInnen scheuen sich nicht davor, sich an der Gestaltung unserer Gesellschaft zu beteiligen und ergreifen oftmals auch die Initiative. In den letzten 10 Jahren hat eine Vielzahl an privat initiierten Bürgerinitiativen bzw. Bürgerprotesten, insbesondere zu Infrastrukturprojekten, immer wieder für mediales Aufsehen gesorgt. In Zeiten der Digitalisierung werden immer häufiger auch webbasierte oder mobile Applikationen (d. h. online – über das Internet) zur elektronischen Beteiligung (auch Partizipation genannt) eingesetzt. Die Nutzung von Technologien bietet Chancen und Herausforderungen wie zum Beispiel Sicherheit, Datenschutz, nutzerorientierte Gestaltung sowie die Evaluierung und Darstellung von Resultaten. Dieses Kapitel gibt einen Überblick über die Inhalte des Buches und den interdisziplinären Ansatz, den es verfolgt.

Schlüsselwörter

E-Partizipation · Digitale Bürgerbeteiligung · Beteiligung · Digitalisierung · Einleitung

---

M. Leitner (✉)
Center for Digital Safety & Security, AIT Austrian Institute of Technology GmbH, Wien, Österreich
E-Mail: maria.leitner@ait.ac.at

M. Leitner (Hrsg.), *Digitale Bürgerbeteiligung*,
https://doi.org/10.1007/978-3-658-21621-4_1

BürgerInnen scheuen sich nicht davor, sich an der Gestaltung unserer Gesellschaft zu beteiligen und ergreifen oftmals auch die Initiative. In den letzten 10 Jahren haben eine Vielzahl an privat initiierten Bürgerinitiativen und Bürgerbeteiligungsverfahren (z. B. zu Infrastrukturprojekten) immer wieder für mediales Aufsehen gesorgt. Beispiele für Bürgerbeteiligung mit großem Medieninteresse sind zum Beispiel das Projekt „Stuttgart 21" in Stuttgart, Deutschland [1], oder der Umbau der Mariahilfer Straße[1] in Wien, Österreich. Es gibt aber noch unzählig viele lokale Initiativen, die in diesem Buch nicht alle erwähnt werden können, die sich mit der lokalen Politik austauschen und Inhalte aktiv mitgestalten. Es hat sich in den oben angeführten und vielen weiteren Initiativen gezeigt, dass BürgerInnen bereit sind, sich direkt und unmittelbar an der Gestaltung der Gesellschaft zu beteiligen. Repräsentative Politikkonzepte, die davon ausgehen, dass Eliten gemeinsam gesellschaftspolitische Entscheidungen treffen, die in der Bevölkerung eine breite Akzeptanz finden, funktionieren nicht mehr wie früher [2]. Bürgerbeteiligung gibt es in sehr vielen Städten, Kommunen, Bundesländern oder auf Bundesebene in vielen Ländern wie zum Beispiel Deutschland, Österreich und der Schweiz. Es ist daher eine Vielfalt an Methoden und Prozessen entstanden, die öffentliche Bürgerbeteiligung unterstützen.

Die Motivation bei BürgerInnen an Bürgerbeteiligungsprojekten mitzuwirken beginnt häufig, wenn diese unmittelbar selbst von den Projekten betroffen sind. Diese Motivation kann beispielsweise aufgrund von Infrastrukturprojekten in der direkten Umgebung und eine damit verbundene Reduktion von Lebensqualität entstehen. Es gibt aber selbstverständlich auch BürgerInnen, die sich basierend auf anderen Motivationsfaktoren an der Gesellschaft und der Gestaltung dieser beteiligen möchten. Daher hat sich öffentliche Bürgerbeteiligung in Deutschland, Österreich und der Schweiz etabliert und ist ein häufig eingesetztes Mittel zur Mitgestaltung, z. B. um Informationen, Meinungen und Ideen zwischen BürgerInnen und Behörden (oder anderen Organisatoren von Bürgerbeteiligungsverfahren) gemeinsam auszutauschen. Zusätzlich zu den direkten Demokratiewerkzeugen (wie den Wahlen, Volksabstimmungen oder Volksbegehren) fand Bürgerbeteiligung anfangs primär „offline" – nicht im Internet – statt. OrganisatorInnen von Bürgerbeteiligungsverfahren haben beispielsweise gemeinsame Räume für den Diskurs geschaffen (z. B. Workshops oder öffentliche Sitzungen, eventuell postalische Umfragen).

1.1 Digitale Bürgerbeteiligung: Chance und Herausforderung

In Zeiten der Digitalisierung werden jedoch immer häufiger webbasierte oder mobile Applikationen *online*, d. h. über das Internet, zur elektronischen Beteiligung (der elektronischen Partizipation; abgekürzt: *E-Partizipation*) eingesetzt. Die Vernetzung über

[1] Straßen wien (Magistratsabteilung 28): 6. und 7., FußgängerInnen-Zone Mariahilfer Straße – realisiertes Bauvorhaben-Archivmeldung. https://www.wien.gv.at/verkehr/strassen/archiv/grossprojekte/mariahilferstrasse.html. Zugegriffen am 10.12.2017.

das Internet bietet große Chancen und Herausforderungen in der digitalen Bürgerbeteiligung und ist die primäre Motivation für die Entstehung des Buches gewesen. Im Folgenden wird ein Überblick über einige Trends und Einflussfaktoren in der E-Partizipation gegeben.

1.1.1 Millionen BürgerInnen sind im Internet erreichbar

Im Internet können sehr viele Personen gleichzeitig erreicht werden. 2017 sind 90 %[2] der deutschen Haushalte mit einem Computer (z. B. Laptop, Tablet oder Netbook) und 95,5 % mit einem Mobiltelefon ausgestattet. 91,1 % besitzen einen Internetanschluss. In Österreich besitzen etwa 85,4 %[3] der Haushalte einen Computer und 88,8 % haben Internetzugang. Der Trend der letzten Jahre zeigt ein kontinuierliches Wachstum dieser. Das zeigt, dass bereits viele Personen im Internet sind und auch künftig immer mehr erreichbar sein werden und sich an Verfahren online beteiligen könnten. E-Partizipation verschafft insbesondere Großstädten ein Werkzeug, um vielen Personen die Möglichkeit zu bieten, sich zu beteiligen. Früher wäre es für eine Großstadt mit Millionen von Einwohnern wohl schwer möglich gewesen, eine Räumlichkeit für diese Anzahl an Personen zu finden oder regelmäßige Treffen zu gestalten, um sich mit besonders vielen Personen auszutauschen. Insbesondere letztere Variante wäre wohl an den hohen Ressourcenaufwänden gescheitert.

Heutzutage wird eine Beteiligungshöhe von Millionen in vielen elektronischen Bürgerbeteiligungsverfahren bei weitem noch nicht erreicht. Oftmals kann eine Beteiligungshöhe von Tausenden in Städten bereits erzielt werden. Gerade die Erreichbarkeit von Millionen Personen im Internet schafft eine Vielzahl von neuen Herausforderungen in der digitalen Bürgerbeteiligung. Ein weiterer Aspekt ist auch die Frage, wie Personen erreicht werden können, die dieses Thema betrifft (z. B. ein Umbau eines Platzes, die Bauordnungsänderung). Falls der Teilnehmerkreis beschränkt wird auf z. B. nur AnwohnerInnen oder nur Geschäftstreibende: Wie kann sichergestellt werden, dass keine „nicht-eingeladene“ Person mitmacht? Und wie wird sichergestellt, dass Bürgerbeteiligung (mit Beteiligten von einer Million) wirklich für alle eine gemeinsame Lösung gefunden hat? Wie können online und offline Methoden genutzt werden, um nicht nur die Digital Natives (d. h. jene, die bereits mit digitalen Medien aufgewachsen sind) zu

[2] Destatis – Statistisches Bundesamt. Ausstattung privater Haushalte mit Informations- und Kommunikationstechnik – Deutschland 2017. https://www.destatis.de/DE/ZahlenFakten/GesellschaftStaat/EinkommenKonsumLebensbedingungen/AusstattungGebrauchsguetern/Tabellen/Infotechnik_D.html. Zugegriffen am 27.12.2017.

[3] Statistik Austria, Haushalte mit Computer, Internetzugang und Breitbandverbindungen; Personen mit Computer- und Internetnutzung sowie Online-Shopper 2002 bis 2017. https://www.statistik.at/web_de/statistiken/energie_umwelt_innovation_mobilitaet/informationsgesellschaft/ikt-einsatz_in_haushalten/022206.html. Zugegriffen am 27.12.2017.

erreichen? Diese und weitere Fragen zeigen auf wie wichtig es ist, sich mit diesen Fragen vorab zu beschäftigen und wie herausfordernd es sein kann, wenn große Zielgruppen erreicht werden sollen.

1.1.2 Technologiewahl in der digitalen Bürgerbeteiligung

Aktuelle und zukünftige Technologietrends beeinflussen die digitale Bürgerbeteiligung: Die Digitalisierung ermöglicht immer mehr Menschen Internetzugang und Nutzung wie oben angeführte Statistiken zeigen. Dabei wird immer mehr der Umgang mit den (persönlichen) Daten in den Fokus rücken. Dies war auch ein wichtiger Aspekt bei der Entwicklung von künftigen Technologien. Welche Technologien und Methoden können ausgewählt werden, um vertrauenswürdige und realistische Resultate im Bürgerbeteiligungsverfahren zu erhalten? Mittlerweile gibt es viele Technologien, die bereits genutzt werden, um Bürgerbeteiligungsverfahren zu unterstützen. Auch soziale Medien werden oftmals herangezogen. Jedoch zeigt sich, dass die Datennutzung oftmals nicht ganz klar ist und Fragen bei TeilnehmerInnen aufwirft. Zum Beispiel ist die Einbindung von Werkzeugen, die Web Analytics (d. h. Algorithmen und Programme, die das Surfverhalten von NutzerInnen auf der Webseite analysieren) durchführen, sehr unterschiedlich unterstützt und die weitere Datennutzung nicht klar geregelt [3].

Zusätzlich ermöglicht die steigende Vernetzung immer mehr cyber-physischen Maschinen den Zugriff auf das Internet und die Vernetzung. Das Internet der Dinge (auf Englisch *Internet of Things*) wird in Zukunft auch Einfluss auf die Gestaltung von Bürgerbeteiligungsverfahren haben. Wie können zum Beispiel aktuelle Geräte, die im Smart Home bereits verfügbar sind, auch für Bürgerbeteiligungen genutzt werden? Welche Synergien oder Chancen können sich hierbei ergeben? Sind BürgerInnen eventuell motivierbarer durch die Nutzung verschiedener cyber-physischer Systeme?

Denken wir noch einen Schritt weiter. Stellen wir uns vor, dass Millionen von Menschen bereits an Beteiligungsverfahren im Internet teilnehmen möchten. Dann wird es nur eine Frage der Zeit sein bis wir uns die Frage stellen werden, wie Algorithmen und Verfahren OrganisatorInnen bei der Auswertung unterstützen können. Aktuelle Entwicklungen wie virtuelle Assistenten (z. B. ChatBots) werden bereits im E-Government für verschiedene Services eingesetzt. Diese Services sollten daher kontinuierlich verbessert und weiterentwickelt werden, um ein bestmögliches Angebot für BürgerInnen zu schaffen.

Eine weitere Frage zur Technologiewahl ist auch wie Personen erreicht werden können, die mit der Technologie und den Anwendungen im Internet noch nicht so gut vertraut sind. Der demografische Wandel der Gesellschaft zeigt eine zunehmend ältere Bevölkerung (d. h. der Anteil der älteren Personen in Deutschland steigt[4]). Das bedeutet es könnte die

[4] Destatis – Statistisches Bundesamt. Bevölkerung Deutschlands bis 2060 – 13. koordinierte Bevölkerungsvorausberechnung. https://www.destatis.de/DE/Publikationen/Thematisch/Bevoelkerung/VorausberechnungBevoelkerung/BevoelkerungDeutschland2060Presse5124204159004.pdf?__blob=publicationFile. Zugegriffen am 27.12.2017.

Gestaltung der Technologie noch wichtiger werden aber auch wie Technologien in einer Symbiose mit dem Umfeld am effizientesten eingesetzt werden können (Stichwort: Ökosystem). Zum Beispiel werden üblicherweise sowohl On- und Offline-Bürgerbeteiligungen (etwa Veranstaltungen im öffentlichen Raum sowie webbasierte Bürgerbeteiligungsverfahren) kombiniert eingesetzt.

1.1.3 Sicherheit und Privatsphäre im digitalen Raum

Die Bedrohungswelt und Komplexität der AngreiferInnen entwickelt sich im Internet ständig weiter. Beispielsweise zeigt die Cyberkriminalitätsstatistik der Schweiz,[5] dass Gefahren aus dem Internet zunehmen. Daher ist es umso wichtiger, dass Technologien entwickelt und genutzt werden, die die Sicherheit und die Privatsphäre der TeilnehmerInnen von digitalen Beteiligungsverfahren schützen. Dies ist nötig, um das Vertrauen in den Umgang mit Technologien in der Bevölkerung zu stärken und die digitale Bürgerbeteiligung indirekt damit zu fördern. Bürgerbeteiligungsverfahren sollten einen geschützten Raum für den Austausch ermöglichen, d. h. einen Raum, in dem demokratische Grundprinzipien eingehalten und sichergestellt werden. Um diese sicherstellen zu können, sind auch Aspekte der Sicherheit und Privatsphäre im Entwurf und in der Entwicklung von Systemen für Bürgerbeteiligung essenziell. Das kann sich zum Beispiel von der Einbindung und Nutzung von (sicheren) elektronischen Identitäten, der Festlegung der Verschlüsselung bis zu der Sicherung der Daten (und Auswahl des Datenspeicherorts) erstrecken. Eine Grundlage dafür bilden oft rechtliche Rahmenbedingungen, wie zum Beispiel Anforderungen an die Authentifizierung, den Datenschutz oder die Datensicherheit.

Technologien können zweckentfremdet und für politische oder andere Zwecke genutzt werden. Zum Beispiel können Falschinformationen mit „Fake News" gezielt gestreut oder „Fake accounts" (zu Deutsch: falsche Nutzerprofile) erstellt werden. Zu diesem Thema arbeiten verstärkt soziale Medien an der Entdeckung und Kenntlichmachung der Fake News [4]. Das Streuen von falschen Informationen war immer schon ein vielgenutztes Mittel, dass insbesondere im Bereich von Nachrichtendiensten zur Anwendung kam. Die Automatisierung heutzutage ermöglicht aber das schnelle und kostengünstige Erreichen einer Vielzahl von Personen – auch in anderen Ländern. Zudem kann Automatisierung auch dazu genutzt werden, weltweit Stimmungen zu erzeugen und Meinungsbildungsprozesse zu beeinflussen. Zum Beispiel werden dafür auch immer häufiger Social Bots genutzt. Das sind Programme, die automatisiert Botschaften mit falschen Nutzerprofilen in sozialen Netzwerken veröffentlichen und dadurch langfristig auch die Meinungsbildung beeinflussen [5, 6]. Mitunter könnten dadurch gemäßigte Stimmen zurückgedrängt und radikaleren Stimmen mehr Platz und Einflussnahme gegeben werden. Meinungsbildung im Internet wird die Gesellschaft insbesondere unter dem Aspekt der fortschreitenden

[5] Mohr M, Gefahren aus dem Internet nehmen zu, 11.04.2017. https://de.statista.com/infografik/8920/cyberkriminalitaet-in-der-schweiz/. Zugegriffen am 27.12.2017.

Digitalisierung wohl immer häufiger beschäftigen. Es geht daher auch um die Entwicklung von sicheren Technologien, die Zweckentfremdung und falschen Gebrauch von Technologien aufdecken und idealerweise auch verhindern.

1.1.4 Der Faktor Mensch

Aktuelle und zukünftige Technologietrends beeinflussen nicht nur die Wahl der Technologie, sondern auch wie BenutzerInnen damit umgehen werden. Die nutzerzentrierte Gestaltung und Gebrauchstauglichkeit von digitalen Bürgerbeteiligungsverfahren kann Einfluss auf die Niederschwelligkeit und die Beteiligungsstärke haben. Zum einen um die „Digital Natives“ und die „Generation Offline“ anzusprechen, zum anderen auch um mittels Inklusion und Barrierefreiheit noch mehr Personen eine Beteiligung zu ermöglichen. Eine geringe Niederschwelligkeit von technischen Lösungen bedeutet eine geringe oder möglichst niedrige Einstiegshürde, um möglichst viele BürgerInnen zur Beteiligung zu gewinnen. Es gibt verschiedene Ansätze, um dies in technischen Lösungen bereits beim Entwurf miteinzubeziehen. Zum Beispiel könnte beim Entwurf und der Gestaltung von Systemen für BürgerInnen eine nutzerorientierte Vorgehensweise gewählt werden oder auch künftige NutzerInnen miteinbezogen werden. Ein weiteres Beispiel wäre, dass spielerische Elemente durch „Spielifizierung“ (engl. Gamification) in der Software integriert werden, um TeilnehmerInnen zur längeren Teilnahme und Wiederkehr zu motivieren. Zusätzlich zur digitalen Bürgerbeteiligung wird häufig auch ein Ansatz verfolgt, der „offline“ Workshops, Treffen oder Bürgerforen ermöglicht, um BürgerInnen Raum für Diskussionen, Gespräche und Arbeitstreffen – unabhängig oder basierend auf den Resultaten der digitalen Beteiligung – zu bieten.

1.2 Motivation und Inhalt des Buches

Der Fokus des Buches liegt primär auf digitaler Bürgerbeteiligung und deren Aspekten. Es kombiniert aktuelle Forschungsergebnisse mit bestehenden Theorien der elektronischen Partizipation und bietet eine erstmalige interdisziplinäre Analyse allgemein sozialwissenschaftlicher, sozio-technischer, rechtlicher und technologischer Perspektiven. Zudem werden in diesem Buch sowohl sicherheitstechnologische als auch datenschutzrechtliche Aspekte im Rahmen der Entwicklung von digitalen Bürgerbeteiligungsplattformen analysiert. Die Idee dahinter ist, dass die Integration von Schutzmaßnahmen zur Sicherheit und Privatsphäre langfristig das Vertrauen in die digitale Bürgerbeteiligung fördert.

Zahlreiche Ergebnisse des Buches wurden in Forschungsprojekten erarbeitet, wie zum Beispiel im KIRAS Forschungsprojekt ePartizipation[6] [7], dass im Sicherheitsfor-

[6] http://www.kiras.at/gefoerderte-projekte/detail/d/epartizipation-authentifizierung-bei-demokratischer-online-beteiligung/ bzw. https://www.epartizipation.info. Zugegriffen am 10.12.2017.

schungs-Förderprogramm KIRAS vom Bundesministerium für Verkehr, Innovation und Technologie (BMVIT) finanziert wurde. Daher haben viele Analysen im Buch den Schwerpunkt auf Österreich gelegt. Diese Analysen können auch für andere Projekte in anderen Ländern als Referenz genutzt werden. Es sollten jedoch die jeweils individuellen und länderspezifischen Anforderungen der Projekte mitbetrachtet werden (z. B. Rechtsrahmen, Stakeholder etc.). Das Buch richtet sich an OrganisatorInnen von digitalen Bürgerbeteiligungsverfahren, Organisationen, die sich mit Bürgerbeteiligung befassen, sowie interessierte BürgerInnen, die sich mit dem Thema näher auseinandersetzen möchten. Es befasst sich nicht mit der Beschreibung von klassischen, lokalen (offline) Bürgerbeteiligungsverfahren. Zu diesen Aspekten werden die LeserInnen auf weiterführende Literatur wie zum Beispiel in [2, 8, 9] verwiesen.

Dieses Buch kann zur Erstellung von online Verfahren herangezogen werden und bietet eine umfassende Untersuchung von Aspekten, die im Zuge der Konzeption und Entwicklung auffallen können. Es stellt jedoch keinen Anspruch auf Vollständigkeit. Es kann immer individuelle Projekte geben, die z. B. spezifische Vorgehensweisen oder Technologieentscheidungen benötigen und diese Inhalte nicht im Buch erfasst werden. Jedoch kann dieses Buch OrganisatorInnen einen Ideenanstoß bieten und aufzeigen welche Aspekte mitbetrachtet werden könnten.

Die Einzigartigkeit des Buches besteht in seinem interdisziplinären Ansatz zum Thema digitale Bürgerbeteiligung. Dies zeigt auch der Überblick über die folgenden Kapitel.

Kap. 2 beschreibt die Zusammenhänge zwischen elektronischer Demokratie und digitaler Bürgerbeteiligung und wie Informations- und Kommunikationstechnologien (IKT) den Umgang mit Bürgerbeteiligung verändert haben. Dabei werden auch die verschiedenen Stufen (z. B. Konsultation, Kooperation, Mitentscheidung) der digitalen Beteiligung (von der Information bis zur Entscheidung) erläutert.

Darauf aufbauend befasst sich Kap. 3 mit Anwendungsbeispielen der elektronischen Bürgerbeteiligung aus der Praxis. Es werden unter anderem Beispiele zum Anliegenmanagement, zum Bürgerhaushalt sowie weiteren Bürgerinitiativen in Europa vorgestellt. Zudem wird die Planung von Beteiligungsverfahren anhand einiger Anwendungsszenarien skizziert, die insbesondere in der Vorbereitungsphase OrganisatorInnen unterstützen können. Zusätzlich werden die Chancen und Risiken der digitalen Bürgerbeteiligung aufgezählt.

Rechtliche Anforderungen der digitalen Bürgerbeteiligung werden in Kap. 4 untersucht. Die wesentlichsten Rechtsfragen sollten für die Durchführung von Beteiligungsverfahren vorab abgestimmt werden. Dazu zählen auch der Datenschutz und Datensicherheit, insbesondere wenn personenbezogene Daten genutzt, gespeichert und verarbeitet werden.

Basierend auf den sozialen und rechtlichen Anforderungen wird in Kap. 5 eine Vielzahl von Standards und Anwendungstechnologien beschrieben und vorgestellt. Es werden zudem Empfehlungen zur Nutzung von elektronischen Identitäten in den jeweiligen Stufen der Beteiligung beschrieben. Diese können als Referenzmodell für die Entwicklung von digitalen Beteiligungsverfahren herangezogen werden.

Kap. 6 beschreibt die nutzerorientierte Gestaltung von Technologien und neuen Interaktionsformen zur Nutzung digitaler Beteiligung im öffentlichen Raum. Beispiele dafür sind unter anderem automatisiertes Feedback oder die „Spielifizierung" (engl. *Gamification*). Mit der Integration von spielerischen Komponenten in Beteiligungsverfahren können beispielsweise neue TeilnehmerInnen gewonnen oder spezielle Zielgruppen aktiviert werden. Dies kann zu einer Steigerung der Beteiligung führen.

Das technische Design und die Entwicklung eines Ökosystems für digitale Beteiligung wird in Kap. 7 analysiert. Dabei werden Aspekte wie zum Beispiel die Security by Design oder die Privacy by Design beschrieben, die sowohl im Entwurf und als auch der Implementierung angewendet werden, um das Vertrauen der BürgerInnen in die Nutzung von digitalen Bürgerbeteiligungsmedien zu stärken.

Das letzte Kapitel (Kap. 8) befasst sich mit der multi-modalen Evaluierung von Bürgerbeteiligungsverfahren. Dieses Thema erhält häufig wenig Beachtung in der Vorbereitungsphase eines Verfahrens, jedoch ist dies womöglich eine der wichtigsten Phasen. Insbesondere wie Bürgerbeteiligungen evaluiert und deren Resultate präsentiert werden ist essenziell für die Vertrauensbasis der BürgerInnen und Aufarbeitung (Legitimation) eines Verfahrens.

Diese Einleitung und der breite Buchinhalt zeigen, wie vielfältig das Thema Bürgerbeteiligung sein kann. Abhängig vom Beteiligungsanliegen können vielfältige Entscheidungen von OrganisatorInnen von Bürgerbeteiligungsverfahren getroffen werden. Dieses Buch soll die essenziellsten Aspekte erläutern und Hinweise auf weitere Visionen und Weiterentwicklungen von Technologien bieten, um künftigen TeilnehmerInnen ein motivierendes Beteiligungsverfahren zu ermöglichen.

Abschließend möchte ich mich bei allen Autorinnen und Autoren für die hervorragende Zusammenarbeit sowie bei Springer Vieweg, insbesondere bei Frau Kathke, für die Unterstützung bei der Erstellung bedanken.

Wien, April 2018 Maria Leitner

Literatur

1. Baumgarten B, Rucht D (2013) Die Protestierenden gegen „Stuttgart 21" einzigartig oder typisch? In: Stuttgart 21. Springer, Wiesbaden, S 97–125
2. Sommer J (2015) Kursbuch Bürgerbeteiligung, 1. Aufl. Deutsche Umweltstiftung, Berlin
3. Serov I, Leitner M, Rinderle-Ma S (2016) Current practice and challenges of data use and web analytics in online participations. In: Electronic government and electronic participation. IOS Press, Guimarães, S 80–87
4. Weedon J, Nuland W, Stamos A (2017) Information operations and Facebook. Facebook. https://fbnewsroomus.files.wordpress.com/2017/04/facebook-and-information-operations-v1.pdf. Zugegriffen am 03.08.2018
5. Amann M, Knaup H, Ann-Katrin M et al (2016) Wie digitale Dreckschleudern Meinung machen. Ausgabe 43. Der Spiegel 59(7):96–104

6. Ferrara E, Varol O, Davis C et al (2016) The rise of social bots. Commun ACM 59:96–104. https://doi.org/10.1145/2818717
7. Leitner M, Sachs M (2017) Digitale Bürgerbeteiligung. Hintergrund, Herausforderungen und Lösungsansätze. SIAK J Z Polizeiwiss Polizeiliche Prax 14:42–50
8. Wagner T (2013) Die Mitmachfalle: Bürgerbeteiligung als Herrschaftsinstrument, 1. Aufl. PapyRossa Verlagsges, Köln
9. Klages H, Vetter A (2013) Bürgerbeteiligung auf kommunaler Ebene: Perspektiven für eine systematische und verstetigte Gestaltung, 1. Aufl. edition sigma, Berlin

Digitale Bürgerbeteiligung und Elektronische Demokratie

2

Judith Schoßböck, Bettina Rinnerbauer und Peter Parycek

Zusammenfassung

Dieses Kapitel führt in die Thematik der digitalen Bürgerbeteiligung ein. Es behandelt die wichtigsten Begriffe und relevanten theoretischen Konzepte und Klassifizierungen. Insbesondere werden die Begriffe der elektronischen Demokratie (im Englischen *e-democracy*), digitalen bzw. elektronischen Bürgerbeteiligung (im Englischen *e-participation*) und die angrenzenden theoretischen Konzepte vorgestellt und wissenschaftlich verortet. Schließlich werden die Beteiligungsarten und Modelle der elektronischen Partizipation vorgestellt. Das Kapitel gibt einen Überblick rund um die Auswirkungen der Digitalisierung und Fragen der (Re-)Demokratisierung und die aktuelle Diskussion, Herausforderungen und Trends im Bereich der E-Partizipation. Der/die LeserIn soll nach diesem Kapitel einen Überblick über die aktuelle Diskussion der digitalen Bürgerbeteiligung und deren politische Bedeutung und demokratischen Kontext erlangen.

Schlüsselwörter

E-Demokratie · E-Partizipation · Digitale Bürgerbeteiligung · Demokratisierung · E-Inklusion · Digitale Spaltung · Liquid Democracy

J. Schoßböck (✉)
Donau-Universität Krems, Krems, Österreich
City University of Hong Kong, Hong Kong, China
E-Mail: Judith.Schossboeck@donau-uni.ac.at

B. Rinnerbauer
Donau-Universität Krems, Krems, Österreich
E-Mail: bettina.rinnerbauer@donau-uni.ac.at

P. Parycek
Donau-Universität Krems, Krems, Österreich
Kompetenzzentrum Öffentliche IT (ÖFIT) am Fraunhofer Fokus Institut Berlin, Berlin, Deutschland
E-Mail: peter.parycek@donau-uni.ac.at

M. Leitner (Hrsg.), *Digitale Bürgerbeteiligung*,
https://doi.org/10.1007/978-3-658-21621-4_2

2.1 Digitale Bürgerbeteiligung: Definitionen, Modelle, Kategorien

2.1.1 Digitale Demokratie, E-Demokratie bzw. E-Democracy

Obwohl es auch Stimmen gibt, die sich Alternativen zu den Begriffen digitale Demokratie bzw. E-Demokratie wünschen (insbesondere im Hinblick auf die Vorsilbe „e-" oder Aspekte des Digitalen), haben sich diese in der inter- und transdisziplinären Forschung für bestimmte Forschungsrichtungen durchgesetzt. Abb. 2.1 zeigt das Begriffsfeld E-Demokratie, basierend auf einer rechtlichen Systemfindung. Obwohl sich digitale Medien nach und nach immer mehr verbreiten und das Digitale an und für sich nicht mehr ausschlaggebend für eine bestimmte Struktur oder Logik sein müsste, sind einige wissenschaftliche Modelle für den Themenkreis der E-Partizipation entstanden. Diese Begriffe lassen sich als interdisziplinäre Oberbegriffe verstehen, deren Definitionen je nach wissenschaftlichem Blickfeld variieren [1]. Beispielsweise betont eine Grundlagenstudie zu Internet und Demokratie in Österreich die Entwicklung zahlreicher Nebenbegriffe, die nicht als voneinander unabhängige Begriffe zu werten sind. Teilweise finden sich Übersichten, die als allgemeinen Überbegriff den der E-Governance oder des E-Governments angeben, allerdings ist dies aus rechtspolitischer Sicht nicht tragbar [2]. E-Demokratie stellt einen Überbegriff für

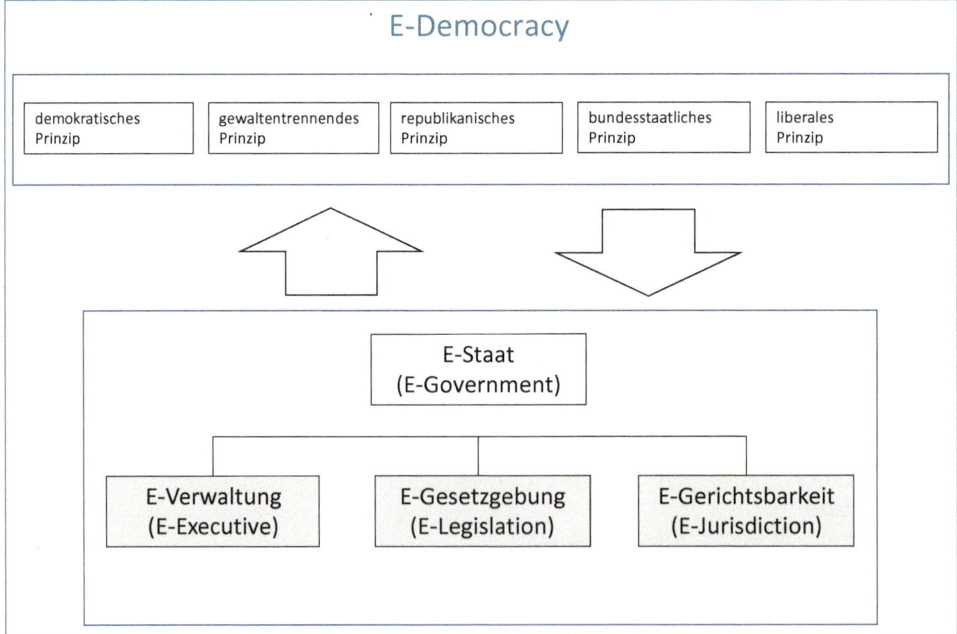

Abb. 2.1 Begriffsfeld E-Demokratie bzw. e-democracy (nach [4], mit freundlicher Genehmigung)

demokratische Aktivitäten mit Bezug zu elektronischen Medien dar, wobei diese auch auf Prozesse des E-Governments einwirkt. E-Government wiederum bezieht sich mehr auf Applikationen und Prozesse bzw. die Umsetzung von entsprechenden Services für BürgerInnen. Man versteht darunter den elektronischen Kontakt zwischen BürgerInnen mit allen drei Staatsgewalten [3, S. 13].

Blickt man genauer auf die Bedeutung des Wortes Demokratie, so fußt diese auf der Meinungsfreiheit (freedom of expression) sowie der Freiheit einer politischen Debatte. Eine uniforme Definition scheint es jedoch auch für den Begriff Demokratie nicht zu geben. Oftmals bezieht man sich auf den originalen griechischen Terminus, der die Macht des Volkes in den Vordergrund rückt. Trotzdem hat jede Epoche und Gesellschaft Demokratie verschieden definiert [5], was somit auch für den Bereich der elektronischen Demokratie gilt: Kultur und Kontext sollten daher immer berücksichtigt werden, wenn es um Aussagen bezüglich der Werte und Prinzipien der Demokratie geht.

Ein Bereich der Forschung hat die Demokratie als universalen Wert analysiert [6]. Mit Blick auf den Bereich der Bürgerbeteiligung und politische Informationen könnte argumentiert werden, dass das Recht auf Zugang zu Informationen hier eine wesentliche Rolle spielt: Je mehr Menschen sich über die Fakten, die für eine Entscheidungsfindung relevant sind, informieren, desto substanzieller können deren Meinungen auch ausfallen. Darum könnte die Bereitstellung von Informationen über entsprechende Beteiligungsprojekte und damit der verbreitete Zugang zu Information und Beteiligungsmöglichkeiten potenziell demokratische Elemente stärken. Es ist daher durchaus gerechtfertigt, Bürgerbeteiligung sowie alle damit zusammenhängenden Prozesse als Unterpunkt diverser e-demokratischer Maßnahmen (z. B. mit E-Partizipation) zu verstehen. Inwieweit das Volk in Entscheidungsprozesse eingebunden werden soll bzw. wo sich die Grenzen zur Abstimmung vorfinden sollen, ist eine der am meisten diskutierten Herausforderungen in der Bürgerbeteiligung. Nicht immer mögen BetreiberInnen entsprechender Portale sich aber automatisch mit dem Ziel identifizieren, dass die Macht der politischen Elite vermindert würde (vgl. [7] zur Definition von Demokratie mit Bezug auf Eliten) – vielmals wurden Beteiligungsprojekte in der Vergangenheit auch angestoßen, um politische Entscheidungen einer bestehenden Elite zu legitimieren. Mit einem derartigen Fokus durchgeführte Projekte könnten das Vertrauen der Bevölkerung in politische Initiativen bzw. die Motivation, sich nachhaltig an entsprechenden Angeboten zu beteiligen, auch negativ beeinflussen. Und nicht zuletzt sind, gerade was die Konsensfindung betrifft, verschiedene Formen von Demokratie zu berücksichtigen, die sich in Prozessen und Strukturen der E-Partizipation widerspiegeln können: beispielsweise wird ein derartiges Angebot in einem an der Mehrheit orientierten System anders aussehen als in einem konsensuell orientierten [8]. Die Forschung hat sich deshalb nach und nach daran orientiert, demokratische Prinzipien in den genauen Fokus zu rücken, und zu überprüfen, welche Qualitäten eines demokratischen Systems (beispielsweise Freiheit, Gleichheit, Kontrolle) verwirklicht werden.

2.1.2 E-Partizipation

Um die Sache nicht zu verkomplizieren, wird hier eine sehr breite Definition von E-Partizipation vorgestellt, die viele verschiedene Aktivitäten umfasst. E-Partizipation ist eine interdisziplinäre Forschungsrichtung, welche die elektronische Unterstützung aller Aktivitäten der Öffentlichkeit umfasst, die BürgerInnen ermöglicht sich an gesellschaftlich relevanten Prozessen zu beteiligen [1].

Wie bereits angedeutet, ist die Verwendung der Vorsilbe „e" hier aus mehreren Gründen nicht unstrittig. Gemeinhin kann man darunter aber die Verwendung von Informations- und Kommunikationstechnologien (IKT, engl. ICT) verstehen. Unterbegriffe wie M-Demokratie (für mobile Technologien) oder auch T-Demokratie (für Tele- bzw. Fernsehen) werden jedoch sporadischer verwendet [1]. Dies hat auch damit zu tun, dass die Medienlandschaft zunehmend nicht mehr getrennt funktioniert: Vielmehr ist eine Konvergenz verschiedener Medien zu beobachten, bei der früher getrennte Technologien vereint werden, und die Unterscheidung zwischen digital und nicht-digital wird schwieriger zu treffen. Das liegt auch daran, dass vieles, was früher als digital galt, nun sehr stark unserer Alltagsrealität eingewoben ist: wir können der „Virtualität" als Dimension des Sozialen also schwer entkommen [9].

Die Intention hinter E-Partizipations-Angeboten ist es auch, das Engagement der Bevölkerung im Hinblick auf Selbstorganisationsprozesse zu fördern.

In der Open Government-Theorie wird Partizipation oftmals als zweite Säule angesehen, neben Transparenz und Kooperation (siehe dazu Abb. 2.2). Vielfach sind diese Kategorien in

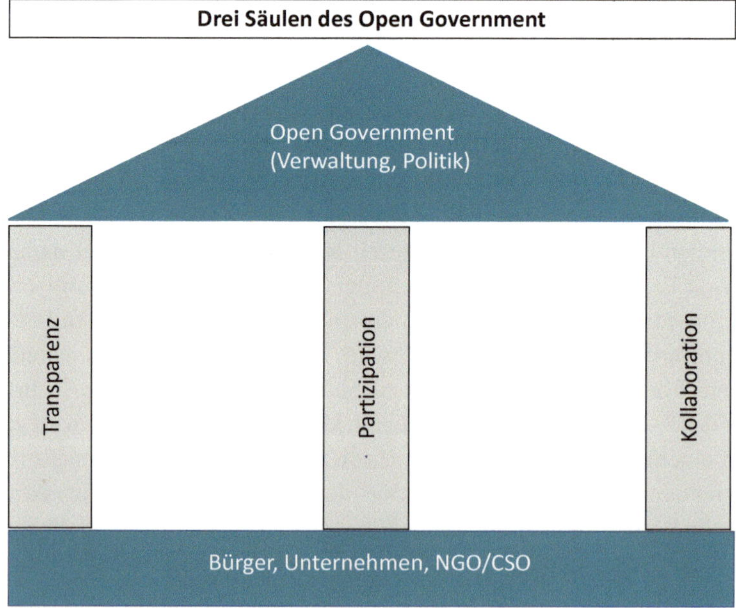

Abb. 2.2 Die Rolle der Partizipation im Open Government-Modell (Grafik von den AutorInnen erstellt, basierend auf Robert Harm; Lizenz CC BY 4.0 (https://de.slideshare.net/robertharm/von-open-data-zu-epartizipation))

Projekten jedoch nicht eindeutig abgrenzbar. Generell lässt sich sagen, dass Partizipation eher traditionellere Beteiligungsprojekte umfasst, während Kooperation neue Formen der Zusammenarbeit zwischen Regierung und Zivilgesellschaft beschreibt. Davon können viele Maßnahmen auch auf informeller Ebene durchgeführt werden. Darum zählen sowohl informelle Beteiligungsprojekte als auch hochoffizielle direktdemokratische Angebote (wie beispielsweise ein Referendum, eine Volksabstimmung oder eine Volksbefragung) zur E-Partizipation. Häufig lässt sich auch beobachten, wie traditionelle Abstimmungs- oder Konsultationsvarianten sowie Kooperations-Verfahren durch elektronische Modelle aufgewertet werden [1, 10].

Eine zu hohe Beteiligungshürde stellt ein Risiko für die Akzeptanz einer E-Partizipations-Lösung durch die BürgerInnen dar. Je größer diese Beteiligungshürde, auch „participation threshold", desto geringer fällt die Beteiligung aus. Generell ist der Vorteil einer Registrierung mit dem Problem zu hoher Identitätsansprüche abzuwägen. Je nach Aufgabenstellung bzw. Beteiligungslevel (Intensität der E-Partizipation) mag es aber auch wünschenswert sein, eine höhere Beteiligungshürde für den Vorteil einer qualitätsvolleren oder sichereren Identifizierung oder der besseren Möglichkeit der nachhaltigen Kommunikation in Kauf zu nehmen.

Diese Faktoren (Beteiligungshürde versus sichere Identifikation) spielen auch eine wesentliche Rolle, wenn es darum geht, elektronische Identitäten mit den Levels der E-Partizipation zu verknüpfen.

Es gibt unzählige Möglichkeiten E-Partizipations-Angebote theoretisch und in der Praxis zu klassifizieren. Im Folgenden und bevor auf konkrete Beispiele und Anwendungen der E-Partizipation eingegangen wird, soll ein Überblick über mögliche Formen der Beteiligung und Kategorisierungen innerhalb der E-Partizipation vorgenommen werden.

2.1.3 Klassifizierung nach Beteiligungsart, rechtlichen Grundlagen und Zielen

Die Kategorisierung von Arten der Beteiligung kann nach verschiedenen Kriterien vorgenommen werden. Die folgende Übersicht wurde u. a. im Projekt ePartizipation, gefördert von der KIRAS-Forschung in Österreich, erarbeitet [10].

Für eine detaillierte Übersicht hat bereits das Positionspapier der Arbeitsgruppe EDEM in Österreich Klassifizierungen nach unterschiedlichen Gesichtspunkten vorgenommen [2]. Einige Unterscheidungen haben sich dabei durchgesetzt, beispielsweise im Hinblick auf die Entstehungsform der Prozesse: So lassen sich Partizipations-Prozesse in Top-down- und Bottom-up-Prozesse klassifizieren.

BürgerInnen oder NGOs können zum Beispiel Online-Petitionen organisieren und somit partizipativ und aktiv auf Entscheidungsprozesse Einfluss nehmen. Bei einer Online-Petition ist zum Beispiel ersichtlich, wie E-Partizipationsprozesse sowohl von unten als auch von oben angestoßen werden können. Bottom-up-Prozesse werden von der organisierten Öffentlichkeit ausgelöst oder von NGOs, Vereinen oder Bürgerinitiativen getragen. Diese sind in der Regel nicht formalisiert und werden gelegentlich mit Begriffen wie

E-Protest oder E-Petition umschrieben. Top-down wird hingegen von oben und aus der Politik oder Verwaltung initiiert, wobei viele Projekte auch durch staatsnahe Organisationen oder Intermediäre angestoßen werden. Dies drückt sich beispielsweise in Begriffen wie „E-Konsultation" oder „E-Polling" aus.

Die Grenzen zwischen den Bereichen sind aber fließend, insbesondere da der Staat auch die BürgerInnen ermächtigen kann, selbst Bottom-up-Prozesse anzustoßen. Umgekehrt können BürgerInnen den Staat auch dazu veranlassen, Top-down-Angebote zu erstellen. Ein Beispiel für ein Top-down-Projekt wäre die partizipative Erarbeitung der IT-Strategie im Rahmen der Digitalen Agenda Wien, eines für einen Bottom-up-Prozess wären Forderungen nach offenen Daten und offenen Prozesse, beispielsweise beim Community-Projekt offenewahlen.at.

Abhängig vom Vorhandensein oder Fehlen rechtlicher Grundlagen lässt sich außerdem zwischen informellen oder formellen Arten der Beteiligung unterscheiden, wobei formelle rechtlich geregelte, (rein) direktdemokratische Akte und andere demokratische Elemente sind, während informelle Arten die Teilhabe der Öffentlichkeit im Sinn von Kooperation, meist ohne rechtlich geregelt zu sein, meint. Bei (rein) direktdemokratischen Akten besteht – im Gegensatz zu anderen demokratischen Elementen – eine rechtliche Bindung an das Ergebnis der Stimmabgabe [11, 12].

Formellen Verfahren liegt eine verpflichtende Durchführung zu Grunde, während von informellen Verfahren freiwillig Gebrauch gemacht wird. Die Rechte der zur Teilnahme Berechtigten, die Behandlung des Ergebnisses und der Ablauf des Verfahrens sind im Fall von formellen Verfahren genau festgelegt. Informelle Verfahren können z. B. auf Meinungsaustausch oder gemeinsame Erarbeitung des Ergebnisses abzielen; wer sich beteiligen darf und wie der Verfahrensverlauf gestaltet ist, kann frei bestimmt werden [12]. Viele Beteiligungsprojekte, insbesondere im urbanen und lokalen Bereich, werden ohne gesetzliche Grundlage durchgeführt, zum Beispiel Strategieentwicklungen für Städte (wie z. B. die Wiener Charta) oder Raumplanungsprojekte (beispielsweise ein Projekt zur Platzgestaltung).

Im Sinne einer Klassifizierung nach Zielen unterscheiden Phang und Kankanhalli [13], aufbauend auf einer Vorarbeit von Glass, vier Ziele der Partizipation (input-probing, information exchange, decision-making supplement, education and support-building), verbinden diese mit Phasen der Politikgestaltung und empfehlen auf dieser Grundlage geeignete (technische) Mittel zur Durchführung der Partizipation.

- *Information exchange* soll bedeuten, dass „government planners" und BürgerInnen Ideen austauschen. Web-Portale mit Online-Chat und Diskussionsforen werden als dafür geeignete Instrumente genannt.
- Ziele, die *education and support-building* umfassen, sollen BürgerInnen über Gründe für Pläne der Politik informieren und es fördern, die Unterstützung der BürgerInnen bei der Umsetzung zu gewinnen. Es ist nötig, nachhaltig mit den BürgerInnen in Kontakt zu sein. Dies ermöglichen etwa Telekonferenzen, Online-Chats und Videokonferenzen.

- Im Rahmen von Partizipationsprojekten mit *decision-making* supplement-objective sollen BürgerInnen den Verantwortlichen spezifische Informationen zur Verfügung stellen (wie z. B. die von ihnen bevorzugte Nutzung eines leeren Platzes nennen), die im Entscheidungsprozess berücksichtigt werden können. Diese Art der Partizipation geht – im Gegensatz zu den zuvor genannten Kategorien – in der Regel in eine Richtung, nämlich von den BürgerInnen zu den Verantwortlichen. Visualisierungs-Werkzeuge können dabei behilflich sein.
- E-Partizipation mit *input-probing objective* soll in Erfahrung bringen, welche Meinungen BürgerInnen hinsichtlich politischer Themen haben, die z. B. völlig neu sind (z. B. der Bau des ersten Casinos eines Landes). Online-Umfragen können dabei unterstützend wirken.

Ein weiteres Modell klassifiziert nach den angewandten elektronischen Arten der Partizipation. Ergazakis et al. [14] verwenden als Grundlage für die nähere Betrachtung der E-Partizipations-Tools und -Arten eine OECD-Studie, die vier Ziele bzw. Leitlinien der E-Partizipation ergeben hat. Diese sind zusammengefasst die Ausweitung der erreichten Zielgruppe, die Unterstützung von Partizipation durch vielfältige Technologien, das Zurverfügungstellen von sowohl zugänglichen als auch verständlichen Formaten, sowie die Unterstützung von inhaltlich sinnvollen Beiträgen. Handlungsempfehlungen werden gegeben. Folgende dreizehn angewandte elektronische Arten der Partizipation werden voneinander unterschieden:

- *Consultation*: Stellungnahmen bzw. Rückmeldungen der BürgerInnen zu den ihnen zur Verfügung gestellten Informationen bzw. ihnen gestellten Fragen
- *Deliberation*: aktives Mitentscheiden, vor allem in Anfangsphasen, z. B. in der Phase der Vorbereitung eines Gesetzes; in späteren Phasen wird von (z. B. juristischen) Experten moderiert und die Rolle der BürgerInnen ist auf das Posten von Meinungen beschränkt
- *Polling*: Nutzung von Informations- und Kommunikationstechnologie, um Meinungen der BürgerInnen festzustellen; die Sicherheitsanforderungen sind im Vergleich zu E-Voting geringer
- *Voting*: hat eine hohe Auswirkung auf Partizipationsquoten, weil älteren und benachteiligten Personen der Zugang zum Wählen erleichtert würde
- *Campaigning*: Aktivitäten von Politikern bzw. politischen Parteien außerhalb eines Wahlkampfes, um die Unterstützung der BürgerInnen zu bekommen
- *Electioneering*: Wahlkampfaktivitäten des zur Wahl stehenden Kandidaten
- *Petitioning*: BürgerInnen drücken ihre Standpunkte zu Themen aus; das Potenzial, dass E-Petitionen einen konstanten Dialog zwischen BürgerInnen und Entscheidungsträgern kreieren können, wird erkannt
- *Decision-making*: alle Stakeholder, die von einer Entscheidung betroffen sind, sollen in diese miteinbezogen werden

- *Service Delivery*: diese Art von E-Partizipation ist eng mit E-Government-Diensten verbunden, die durchgehend online ablaufen = Transaktion; je mehr derartige Dienste angeboten werden, desto mehr Teilnehmer werden partizipieren
- *Spatial Planning*: Raumplanung, Umweltfragen, z. B. Technologien wie Google Maps werden hierfür empfohlen
- *Information Provision*: die strukturierte Zurverfügungstellung von Informationen, die Voraussetzung für die Abgabe einer fundierten Meinung durch TeilnehmerInnen ist
- *Mediation*: statt die Lösung eines Streits durch einen Dritten akzeptieren zu müssen, wird den Streitteilen geholfen, eine Vereinbarung zu treffen; hier kann auch der Staat involviert sein
- *Community-Building*: gesehen als Möglichkeit, Gruppen unter Gleichgesinnten zu bilden wie z. B. auf Facebook

Dies korrespondiert teilweise mit den sich in der Forschung und Praxis verbreiteten Stufen der E-Partizipation, auch Levels genannt.

2.1.4 Stufen bzw. Levels der E-Partizipation

Ein österreichisches Modell für E-Partizipation wurde von der Arbeitsgruppe E-DEM ausgearbeitet [2]. Dieses Modell unterscheidet nach den Intensitätsstufen der Beteiligung. Es basiert auf den Standards der Öffentlichkeitsbeteiligung [12], wonach zwischen informativer Öffentlichkeitsbeteiligung, konsultativer Öffentlichkeitsbeteiligung und kooperativer Öffentlichkeitsbeteiligung unterschieden werden kann.

Je nachdem, wie intensiv die Beteiligung sein soll, wird von der Arbeitsgruppe E-DEM zwischen Information (Stufe 1), Konsultation (Stufe 2), Kooperation (Stufe 3a) und Mitentscheidung (Stufe 3b) unterschieden: *Information* bezweckt die Beteiligten über Planungen oder Entscheidungen zu informieren. Die Kommunikation auf dieser Ebene verläuft nur in eine Richtung, nämlich von der zuständigen Verwaltungseinheit zu den Teilnehmenden. *Konsultation* ermöglicht wechselseitige Kommunikation. Zentraler Punkt ist die Stellungnahme der Beteiligten zu einer Frage oder einem Entwurf. Der Einfluss, der den Beteiligten gewährt wird, kann von unterschiedlichem Ausmaß sein. Kommuniziert wird in diesem Rahmen jedenfalls von der entscheidungsbefugten Einheit an die Beteiligten und von den Beteiligten an die entscheidungsbefugte Einheit. Es kann auch eine Rückmeldung an die Teilnehmer erfolgen. Konsultation kann auch in regelmäßigen Abständen über einen längeren Zeitraum hinweg geschehen. *Kooperative Öffentlichkeitsbeteiligung* ermöglicht eine „*Mitbestimmung*" der Beteiligten. Intensive Kommunikation zwischen Beteiligten und EntscheidungsträgerInnen kann in eine *Mitentscheidung* übergehen [2].

E-Partizipation wird entlang dieses Modells entlang aufeinander aufbauenden Intensitätsstufen beschrieben, und der Grad ihrer Verbindlichkeit steigert sich jeweils stufenweise.

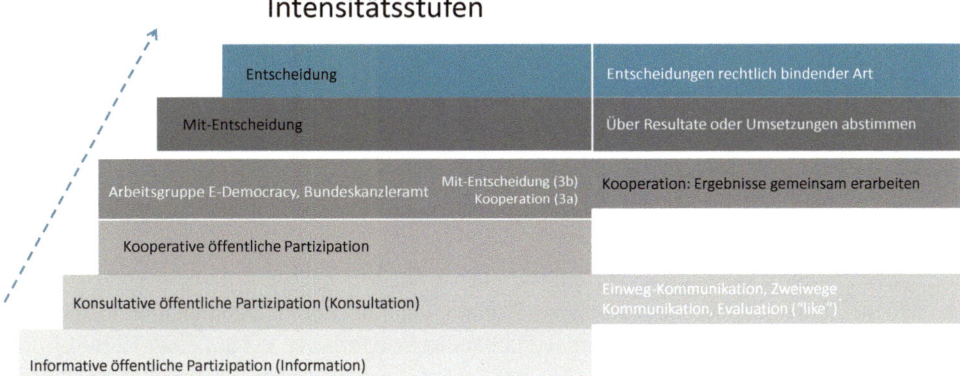

Abb. 2.3 Intensitätsstufen der Beteiligung

Im Folgenden wird eine mögliche Zuordnung geeigneter Tools zu den Intensitätsstufen, die in der Praxis nach wie vor eine gute Orientierung darstellen, aufgelistet:

1. Information (Newsletter, Datenbanken, Kundmachungen, Sitzungsübertragungen …)
2. Konsultation (BürgerInnen-Panels, Chats, Beschwerdemanagement, Diskussionsforen …)
3a. Kooperation (Online-Mediation, Bürgerjournalismus, Interaktive Planungen …)
3b. Mitentscheidung (ev. per E-Voting, Online-Umfragen u. dgl.)

Im Projekt E-Partizipation wurde Kooperation von Mitentscheidung abgegrenzt und letztgenannte auf die vierte Stufe der Partizipation gehoben [15]. Partizipation als Entscheidung kann als intensivste Stufe der Partizipation betrachtet werden. Dies setzt voraus, dass die Abstimmung der TeilnehmerInnen rechtliche Bindung entfaltet.

Abb. 2.3 ist eine Erweiterung der in den Standards der Öffentlichkeitsbeteiligung [12] beschriebenen drei Stufen der Partizipation und des darauf aufbauenden Positionspapiers der Arbeitsgruppe E-Democracy und E-Partizipation in Österreich [2], welches die dritte Stufe in Mitentscheidung und Kooperation unterteilte. Die Stufen Mitentscheidung und Entscheidung wurden im Projekt ePartizipation von anderer Öffentlichkeitsbeteiligung getrennt betrachtet. Auch Präzisierungen der Konsultation, Kooperation, Mitentscheidung und Entscheidung (rechte Spalte) gingen aus dem Projekt ePartizipation hervor. Diese Verfeinerung der Intensitätsstufen der Beteiligung war auch für ein mehrstufiges theoretisches Modell (siehe Kap. 5) maßgebend, das auf Basis von ExpertInnen-Evaluierungen die Levels der E-Partizipation mit den Möglichkeiten der Identifizierung verknüpft und dementsprechende Empfehlungen zu verschiedenen Identifikations-Lösungen gibt [10, 71].

Nach diesem Modell würde man also auch streng genommen bei Projekten, welche ausschließlich die Informationsebene betreffen, von einem Partizipationsangebot sprechen können. Meist finden sich bei bestimmten Prozessen jedoch verschiedene Stufen der

Intensität. Auch ist das Bild der Stufen nicht so zu verstehen, dass jeweils die unteren vor Erreichen der oberen beschritten werden müssten. Da der Grad der Verbindlichkeit und auch Deliberation mit steigender Intensität auch steigt, empfiehlt es sich in Bezug auf die konkrete Umsetzung, verschiedenste Identifizierungsmöglichkeiten für NutzerInnen anzubieten: Beispielsweise wird bei der Mitentscheidung meist eine genaue Identifizierung von UserInnen notwendig sein.

Die folgenden Beispiele beschreiben einige in der Praxis erfolgreich umgesetzte Modelle der Online-Beteiligung:

- *Mängelmelder/Anliegenmanagement*: NutzerInnen können Anliegen an eine (öffentliche) Einrichtung melden. Die Anliegen werden meist kategorisiert und auf einer Karte verortet.
- *Konsultationen*: NutzerInnen können Vorschläge zu einer Fragestellung einreichen. Je nach Kontext können diese von NutzerInnen kommentiert und/oder bewertet werden. Auch offene Konsultationen, bei der NutzerInnen Ideen und Anträge unabhängig von einer vorgegebenen Fragestellung einreichen, sind möglich.
- *Bürger-Haushalte*: NutzerInnen können Vorschläge und ein geschätztes Budget für die Realisierung ihrer Ideen in den Prozess einer Budgetplanung einbringen.
- *Umfragen*: Hierbei werden NutzerInnen zu Ihrer Meinung im Format Fragebogen befragt.
- *Agenda-Setting*: NutzerInnen bestimmen die Tagesordnung bzw. Themensetzung von Treffen oder Aktivitäten einer Organisation mit; entweder für vorgegebene Themen oder mittels eines offenen Verfahrens.
- *Ideenwettbewerbe/Offene Innovation*: Hierbei werden NutzerInnen aufgerufen, Lösungen für Probleme vorzuschlagen. Meistens werden auf einer Online-Plattform gewinnende Ideen durch eine Abstimmung gekürt.
- *E-Voting*: Beim E-Voting handelt es sich um einen Spezialfall der Online-Beteiligung, der konkret darauf abzielt, verbindliche Wahlen mittels Online-Abstimmung zu organisieren. Dabei sind die geltenden rechtlichen Rahmenbedingungen zu beachten, die etwa die Einhaltung von Wahlgrundsätzen vorschreiben können. In Österreich wurde in diesem Zusammenhang vor allem die technische Abbildung rechtlicher Erfordernisse wie die eindeutige Identifizierung bei gleichzeitiger Verhinderung der Nachvollziehbarkeit des Inhalts der abgegebenen Stimme diskutiert.
- *Kollaborative Textarbeit*: Das gemeinsame Erstellen von Dokumenten ermöglicht es, Beschlussvorlagen und wichtige Entscheidungsdokumente gemeinsam und transparent zu erstellen oder zu bearbeiten (von der Kommentierung einzelner Absätze eines Dokuments bis zum gemeinsamen Schreiben eines Dokuments).
- *Bebauungsplan-Verfahren/Stadtentwicklungsplanung*: Stadtentwicklungsplanung und Bauleitplanung hat auf kommunaler Ebene oft meist schon partizipative Elemente, die per Gesetz formalisiert sind. Einige Plattformen bilden diese im Internet ab und erlauben NutzerInnen das Einreichen von Bedenken und Ideen per Internet.
- *Petitionen*: Ebenfalls als Spezialfall erlauben viele Portale NutzerInnen das Einreichen von Petitionen, die, je nach Verbindlichkeit, nach dem Erreichen eines Stimmen-Quorums beratende Funktion haben oder gar als Basis eines Beschlusses dienen können.

2.2 Digitale Demokratie und elektronische Partizipation: Die neue digitale Agora?

Das Internet und digitale Medien haben unsere Wissens- und Kommunikationsstrukturen, aber auch die Diskussion rund um politische Prozesse, Partizipation und Demokratie nachhaltig geprägt. Unter dem Schlagwort „digitale Revolution" wurden die Auswirkungen auf Entscheidungsprozesse, politische Hierarchien und Machtstrukturen und die scheinbare Ausweitung der persönlichen politischen Handlungsmacht diskutiert, aber auch kritisiert. Auch netzpolitische Entscheidungen werden global getroffen, und politische AkteurInnen oder Internet-GigantInnen mischen mit, wenn es um Politik im Netz geht. Das folgende Kapitel fasst die Diskussion rund um demokratische Prozesse im Internet und digitale Demokratie bzw. Beteiligung zusammen und bietet so einen Überblick über den politischen Kontext und die Herausforderungen des Engagements im Bereich der E-Partizipation.

Infobox 1: Digitale Agora
Unter digitaler bzw. virtueller Agora versteht man die Idee eines Versammlungsortes im Internet, bei dem Positionen gleichberechtigt ausgetauscht werden können. Manche sprechen von einer einzigartigen Möglichkeit, andere betonen dabei, dass auch bei dieser neuen Form des Austausches neue Machtprozesse sowie Interessen Gewichtung finden. Die Faktoren der digitalen Spaltung, beispielsweise Bildung, Einkommen, Alter und Herkunft [16], *stehen dieser Idee einer gleichberechtigten Teilhabe weitgehend entgegen.*

2.2.1 Digitale Revolution, (Re-)Demokratisierung und direkte Demokratie

Die Auswirkungen der Digitalisierung auf die Demokratie wurden besonders intensiv im Kontext von sozialen Bewegungen, die sich immer intensiver digitaler Prozesse bedienten, diskutiert. Heute greifen diese meist wie selbstverständlich auf digitale Formen der Mobilisierung und des politischen Aktivismus zurück, und das meist ungeachtet des jeweiligen demokratischen Kontextes. Die lange und noch immer anhaltende Diskussion bildet häufig zwei Extrempunkte ab: Zwischen Techno-Optimismus (bzw. Techno-Determinismus) und -Pessimismus bewegt sich die Diskussion. Gerade in der Anfangsphase herrschte noch eine unkritischere Auseinandersetzung: Viele sahen vorwiegend positive Aspekte und großes Veränderungspotenzial. Nach und nach meldeten sich aber auch kritischere Stimmen und stellten die prinzipiell revolutionären Möglichkeiten des Internets und der Sozialen Medien in Frage bzw. in einen breiteren Kontext. So hieß es zum Beispiel mit Blick auf die arabische Revolution und den dabei beobachtbaren verstärkten Einsatz von twitter: „The revolution will not be tweeted" (nach [17, 18]). Die techno-optimistische Sicht und entsprechende Studien betonten die Entstehung einer digitalen Agora und besserer Partizipationsmöglichkeiten für die Gesellschaft sowie das generell Potenzial des Internets, die Demokratie durch innovative Entscheidungsfindung zu fördern [19].

Infobox 2: Techno-Determinismus und Techno-Pessimismus
Der Begriff technologischer Determinismus stammt aus der Soziologie und bezieht sich auf die Erwartungshaltung, dass bestimmte technologische Neuerungen soziale und politische Effekte hervorrufen werden. Der kulturelle Wandel wird dieser Ansicht nach also durch die Technik bewirkt bzw. eingeleitet. Obwohl diese These weitgehend als altmodisch angesehen wird und die Realität komplizierter aussieht, findet sich eine vergleichbare Einstellung nach wie vor in der Beschreibung technologischer Entwicklungen, insbesondere, wenn es darum geht, zu beschreiben, wie die Technologie bestimmte Szenarien hervorrufe. Oft sieht man damit in Verbindung auch eine gewisse techno-pessimistische Grundhaltung [20], *beispielsweise in der Behauptung, die Nutzung von Sozialen Medien mache depressiv.* Hampton et al. [21] *blicken in ihrer Studie kritisch auf Forschungsergebnisse zur Isolation im Hinblick auf Vertrauenspersonen und weisen keine Zusammenhänge zwischen Internetnutzung oder Nutzung des Mobiltelefons und sozialer Isolation nach.* Zúñiga et al. [22] *weisen auf frühere Forschung zur Verringerung sozialer Aktivitäten und politischen Engagements durch das Fernsehen und das Internet hin, ihr eigenes Ergebnis aber erlaubt die gegenteilige Schlussfolgerung: Informationen in sozialen Netzwerken können auch ein Stimulus für Beteiligung sein.*

Wie in den meisten Phasen technischer Umbrüche findet sich bei der Etablierung neuer Medien ein bestimmtes Muster vor. Vor der Akzeptanz eines Mediums bzw. auch eines damit verbundenen kulturellen Umbruchs befindet man sich häufig in einer Phase des Techno-Pessimismus: Skepsis, Angst oder Zweifel sind vorherrschend. Ohne dabei von einem bestimmten Medium auf alle verallgemeinern zu wollen, können als Gründe dafür mangelnde Medienkompetenz, mangelndes Interesse, Widerstreben gegen Veränderungen oder aber auch eine bewusste Entscheidung gegen bestimmte Werkzeuge und deren Kontext vermutet werden. Mangelnde Kenntnisse als Fehlen von „IT"-Kenntnissen zu sehen, würde in einer Welt, in der nicht nur das Waren- und Dienstleistungs-, sondern auch das komplette Informationsangebot entscheidend über das Internet mitbestimmt wird, zu kurz greifen. Was E-Government-Services betrifft und daher auch für die Top-down-E-Partizipation relevant ist, ist es Widerstand gegen Veränderungen, der sich als Hürde für die Akzeptanz von Services auswirken kann. (Näheres zum Thema Hürden im E-Government siehe [23].) Daneben sind vor allem auch Sprachkenntnisse Indikatoren für das Ausmaß an Angeboten, das für NutzerInnen bereit steht. Dies wird besonders deutlich, wenn beispielsweise englischsprachige Angebote um ein Vielfaches überwiegen. Ansätze, wie man dieser Schwierigkeit begegnen kann, werden im Kapitel zur Inklusion behandelt.

Anders als bei der Betrachtung eines Umbruchs aus einer mit Zweifeln, Ängsten und Unsicherheiten behafteten Perspektive, kann die Stimmung derjenigen, die davon betroffen sind, auch in die Gegenrichtung ausschlagen. In diesem Fall kann es zu einer starken Überhöhung des Potenzials dieses Mediums kommen, bevor schließlich eine realistischere Phase der Etablierung beginnt, in der man sich konkreter mit den tatsächlichen Auswirkungen der Technologien beschäftigt. Die geschilderten Phasen der Skepsis und des „Hypes" können sich auf zeitliche und kulturelle Aspekte beziehen und zeigen sich auch abhängig von Persönlichkeitsmerkmalen. Die Tendenz, mögliche negative Auswirkungen vorherrschend wahrzunehmen wird sich daher gesamtgesellschaftlich gesehen auf Grund heterogener Lebensstile und persönlicher Meinungen gegenüber Technologie auch mit einer Haltung vermischen, die potenzielle Gefahren beinahe völlig auszublenden scheint. Persönliche Werte und Vertrauen können Auswirkungen auf die Entscheidung haben, ob eine Person beabsichtigt, eine bestimmte Technologie zu nutzen oder nicht [24]. (Näheres zu Gründen, die die Nutzungsabsicht beeinflussen können, siehe [23].)

Auch für die Thematik dieses Buches, dem Bereich der E-Partizipation, findet sich ein ähnliches Muster. Es ist aber nicht nur der mögliche Einsatz einer neuen Technik, der die Diskussion um neue Modelle der Entscheidungsfindung in der Politik angestoßen hat: auch Kritik an den bestehenden demokratischen Modellen, sei es an der Volksabstimmung, den Referenden oder der Wahlbeteiligung an sich, spielen eine Rolle. Teilweise begegnet man der Kritik an den bestehenden Prozessen auch von offizieller Seite, beispielsweise durch die „Öffnung" von traditionell nicht für die breite Öffentlichkeit zugänglichen Prozessen. Auf verstärkte Einbeziehung der Expertise von BürgerInnen im und vor dem Gesetzgebungsprozess wird beispielsweise im österreichischen Parlament abgezielt, was durch den Entschließungsantrag 2042/A(E) XXV. GP vom 02.03.2017 mit dem Betreff „stärkere Beteiligung der Bürgerinnen und Bürger bereits im Vorfeld des parlamentarischen Gesetzgebungsprozesses – ein Umsetzungsschritt der Ergebnisse der Enquete Kommission „Stärkung der Demokratie in Österreich"" verdeutlicht wird, welcher unter anderem Crowdsourcing im Vorfeld der Einbringung eines Gesetzesentwurfs in das österreichische Parlament fordert.

Derartige Maßnahmen, die darauf abzielen, BürgerInnen in politische Prozesse einzubinden, werden mitunter nicht immer wahrgenommen und oftmals stehen sie auch im Schatten anderer politischer Diskussionen und öffentlich wirksamer Debatten. Auch der mehr oder weniger überraschende Aufstieg eines global beobachtbaren Populismus, so könnte man argumentieren, hat sich die Demokratieverdrossenheit eines Teils der Bevölkerung zu Nutzen gemacht. Zurück zum Thema der Bürgerbeteiligung: Hier geht es also um die Frage, wie bestehende demokratische Werkzeuge ergänzt oder erweitert werden könnten. Hier beeinflussen sich demokratische Systeme, mediale Kulturen und Tools gegenseitig: Viele argumentieren, dass mit der Veränderung eines Mediums und damit einer medialen Kultur auch entsprechende Innovationen notwendig werden. Eine nach und nach vernetztere Gesellschaft passe nicht mehr mit dem üblichen repräsentativen Demokratiemodell zusammen, da sich alternativere Möglichkeiten der Produktion von Inhalten bieten würden. Ob vernetzte Strukturen und kollaborative Softwares jedoch der Demokratieverdrossenheit entgegenwirken können, ist eine komplexe und nicht eindeutig zu beantwortende Frage. Die Forschung hat sich diesbezüglich verschiedenen Teilaspekten gewidmet, aber auch immer wieder entsprechende Meta-Studien, insbesondere zu digitalen Medien und politischem Engagement, hervorgebracht (siehe nächster Absatz). Diese meta-analytischen Studien erlauben eine kritischere Auseinandersetzung mit der Frage nach den Auswirkungen von Medien auf politisches Engagement und Beteiligung. Sie beschäftigen sich mit der Frage, wie die verschiedensten Kontexte und Ergebnisse dieser Forschungsrichtung aus dem Bereich der politischen Kommunikation unter einen Hut zu bringen wären.

In Bezug auf die Frage, ob politische Online-Beteiligung bzw. Engagement sich von traditionelleren Formen der Partizipation unterscheidet, finden sich je nach Kontext unterschiedliche Forschungsergebnisse. Einige Theorien wurden in der Wirkungsforschung aufgestellt, beispielsweise die Mobilisierungsthese [25] und hinsichtlich des besonderen Potenzials von Online-Medien in Bezug auf Mobilisierung und Organisation scheint man sich einig zu sein: reduzierte Kosten zur Erstellung von Inhalten und der Vorteil für TeilnehmerInnen, physisch nicht am selben Ort zu sein, werden hervorgehoben [26].

Jedenfalls kristallisiert sich in der Forschung die überwiegende Meinung heraus, dass politische Handlungen heute einer anderen, vernetzteren Logik folgen (Bennett und Segerberg beschreiben dies 2012 als „changing logic of connective action“ [27]), die in die Personalisierung von Politik eingewoben ist. Für den Bereich der E-Partizipation ist relevant, dass diese Charakteristika und Veränderungen auch auf Top-down-Angebote der Partizipation durch Institutionen übertragbar sind. Dennoch sind hier wohl auch weitere, teilweise entgegengesetzt wirkende Faktoren, wie das Misstrauen von BürgerInnen in politische Institutionen, zu berücksichtigen. Dennoch: organisatorische Dynamiken verändern sich [27], und die uns bisher bekannte Logik gemeinsamer Aktivitäten, initiiert von Institutionen mit hohen organisationalen Ressourcen, steht im Kontrast zu dieser neuen vernetzten Logik. Diese basiert auf personalisierten Inhalten, die über Mediennetzwerke hinweg geteilt werden [27].

Infobox 3: Die Logiken des politischen Engagements nach Bennett und Segerberg

Eine kommunikationswissenschaftliche Theorie beschreibt die Logiken des politischen Engagements mit dem Konzept der „connective action“. Dabei geht es unter anderem um den Einfluss digitaler Medien auf Partizipation und soziale Bewegungen. Im Gegensatz zum früheren Konzept der „collective action“, bei der ein hoher Grad organisationaler Ressourcen und die Formierung kollektiver Identitäten zu beobachten sind, werden beim neuen Konzept Kommunikationsmedien zu einem Teil der organisationalen Struktur. Kurz gesagt: Wir teilen personalisierte Nachrichten über Mediennetzwerke hinweg, wobei es selbstorganisierte oder von Organisationen ermöglichte Netzwerke gibt. Diese stehen aber im Hintergrund. Bennett und Segerberg argumentieren, dass sich durch diese neue Logik die Phänomene rund um den Arabischen Frühling, den indignados, oder die Erfolge der Occupy-Proteste erklären lassen.

Von dieser Logik ausgehend lässt sich feststellen, dass der organisatorische Aufwand von BürgerInnen initiierten (bottom-up) Beteiligungsbewegungen online geringer ausfällt als offline: Online kann sich eine solche Bewegung dank für viele Menschen leicht verfügbaren Kommunikationsmedien in kurzer Zeit weitgehend selbst formieren und organisieren.

Das bedeutet für institutionalisierte, digital unterstützte Formen der Partizipation vor allem, dass Menschen anders abgeholt und motiviert werden müssen, beispielsweise durch personalisierte Optionen sich zu beteiligen. Natürlich werden hier für Institutionen finanzielle Aufwände vermutet, jedoch kann die Einbindung von BürgerInnen-Expertise als externe Ressource auch der Verwaltung und deren zweckmäßiger Mittelverwendung entgegenkommen. Dies wäre vor allem an zwei Bedingungen geknüpft: Einerseits die Etablierung möglichst leicht handhabbarer, sichtbarer und als datensicher wahrgenommener Prozesse [28, S. 73], andererseits die laufende Evaluierung der Prozesse.

Rückblickend waren die früheren Studien der 90er-Jahre in Bezug auf die Frage, ob das Internet bzw. digitale Online-Medien mehr Raum für politische Meinungen abseits der Massenmedien oder produktive Auseinandersetzungen bieten könnte, eher positiv gestimmt bzw. betonten sie die Schaffung eines Raums für alternative Inhalte [29–31] oder die Angleichung von Ungleichheiten [32]. Spätere Studien zeigen diesbezüglich ein etwas differenzierteres Bild und beschreiben meist einen neuen Modus des politischen Engagements, der nicht unbedingt zu einer inklusiveren Form der Politik führen wird, aber mehr direktdemokratische Elemente in einer ansonsten repräsentativ ausgerichteten Demokratie unterstützt bzw. deren Entwicklung fördert. Ein Überblick an Studien über das Internet und Demokratisierung findet sich bei [33], Skoric et al. [34] widmen sich in einer Meta-Analyse der Frage, inwieweit Online- und Offline-Beteiligung zusammenhängen. Zusammengefasst lässt sich sagen, dass es hier zu unterschiedlichen Ergebnissen kommt: Während manche Studien Zusammenhänge zwischen der Nutzung des Internets und politischer Beteiligung (insbesondere, was Effekte der Nutzung des Internets auf politisches Wissen betrifft) nachweisen, betonen andere, dass dieser Effekt je nach Nutzergruppe verschieden stark ist. Dem stehen die Ergebnisse der Meta-Studien gegenüber, die hier nur geringe Effekte nachweisen. Beispielsweise kritisierte Boulianne [33] eine entsprechende Verzerrung in der Forschung: Studien, die positive Effekte des Internets nachweisen, wären vorherrschend. Unklar ist auch, ob der Faktor Motivation durch die Effekte des Internets ausgehebelt würde. In Bezug auf den Zusammenhang zwischen der Nutzung von Sozialen Medien und politischer Beteiligung stellen Skoric et al. [34] nach der Analyse von empirischen Studien im Zeitraum 2007 bis 2013 fest, dass soziale Medien aller Voraussicht nach einen positiven Effekt auf Engagement und dessen drei Subkategorien haben: diese sind soziales Kapital, bürgerliches Engagement und politische Beteiligung. Im Gegensatz dazu finden sich nur vereinzelt Publikationen, die negative Zusammenhänge betonen. Gewarnt wird allerdings vor einer Argumentation, die allzu sehr revolutionäre Effekte neuer digitaler Medien in den Vordergrund rückt. Andere Forschungen beschäftigen sich mit der Frage, ob Online-Engagement und virtuelle Gruppierungen oder Gemeinschaften traditionelle Verbindungen, aus denen heraus soziales Kapital entsteht, ersetzen können [17, 18].

Infobox 4: Soziales Kapital

Soziales Kapitel wird vom Kapital in der ursprünglichen Bedeutung unterschieden. Man versteht darunter in der Soziologie eine Qualität, die zwischen Menschen erzeugt wird, und bezieht sich auf die Möglichkeiten, die Menschen zur Verfügung stehen: beispielsweise weiß ein/e ManagerIn, wen, wo und wann er bzw. sie koordinieren muss. Soziales Kapital in der Form von Netzwerken kann diese Möglichkeiten erweitern. Das soziale Kapital folgt einer Netzwerkstruktur und wird, in Bezugnahme auf Pierre Bourdieu und Robert Putnam, in der Forschung zu Sozialen Medien oft als ein Faktor herangezogen [35].

Nicht unerwähnt bleiben sollten die mit dem digitalisierten Alltag einhergehenden neuen Risiken, wie beispielsweise das Profiling. Dieses wird gemäß Art. 4 Z 4 DSGVO als „jede Art der automatisierten Verarbeitung personenbezogener Daten [definiert], die darin besteht, dass diese personenbezogenen Daten verwendet werden, um bestimmte persönliche Aspekte, die sich auf eine natürliche Person beziehen, zu bewerten." Nach Buchner [36] soll Profiling „die Bewertung sämtlicher Aspekte einer Persönlichkeit erfassen" (2017, Art. 4 Nr. 4, Rz 7), wobei solche in Frage kommenden Aspekte nicht nur die Arbeitsleistung, die wirtschaftliche Lage und die Gesundheit, sondern unter anderem auch persönliche Vorlieben und Interessen einer Person sein können (vgl. Art. 4 Z 4 DSGVO). Wenn nun in E-Partizipationsverfahren öffentlich zugängliche Diskussionen stattfinden, sollten sich einerseits die TeilnehmerInnen des Risikos der Verwendung dort preisgegebener Informationen durch Dritte bewusst sein. Andererseits sind umso mehr die OrganisatorInnen von E-Partizipationsangeboten gefordert, Risiken zu minimieren und die TeilnehmerInnen zu schützen, etwa indem eine Verknüpfung jeglicher Inhalte mit einer individuellen Person, soweit technisch machbar, verunmöglicht wird. In dem in Österreich durchgeführten Projekt ePartizipation wurde auf diese Problematik mit der Trennung des Authentication Hub von der E-Partizipationsplattform reagiert (siehe Kapitel Privacy by Design/Trennung Authentifizierung und Inhalte).

Was die Zusammenhänge von Online- und Offline-Beteiligung betrifft, so finden sich diese in Bezug auf spezifischere Nutzungsformen Sozialer Medien [34], beispielsweise für die Nutzung zu Informationszwecken, oder Beteiligung in Gruppierungen bzw. politischen Gruppen. Es scheint naheliegend: Wer in einer politischen Online-Gruppe aktiv ist, beteiligt sich auch öfter offline oder umgekehrt. Dies könnte jedoch einfach bereits vorher bestehende Interessen und Motivationen widerspiegeln, und wie so oft bedeutet hier ein Zusammenhang nicht, dass der eine Faktor den anderen bedingt oder die Wirkung eines bestimmten Mediums dadurch nachgewiesen werden könnte. Gerade in der populärwissenschaftlichen Auseinandersetzung und Diskussion wird nach derartigen Effekten aber gerne gefragt. Für den Bereich der E-Partizipation kommt man jedoch, ungeachtet dieser Diskussion, um die Integration sozialer Elemente bzw. Funktionen schwer herum, nicht zuletzt, weil ein Großteil der BürgerInnen die Nutzung und Navigation dieser Medien mittlerweile verinnerlicht hat und sich – wie von privatwirtschaftlichen Anbietern gewohnt – entsprechende Angebote erwartet. Das betrifft nicht nur die sogenannten Digital Natives, also jene, die mit digitalen Medien bereits aufgewachsen sind.

Des Weiteren könnte eine Reihe an Forschungsrichtungen und -themen in der Politikwissenschaft, die auch für den interdisziplinären Bereich der E-Partizipation bzw. den der politischen Kommunikation relevant sind, genannt werden. Einige ForscherInnen betonen die Ablösung der klassischen repräsentativen Demokratie in Richtung einer direkteren Beteiligung der Bevölkerung durch mehr direktdemokratische Elemente bzw. durch Maßnahmen der E-Demokratie bzw. E-Partizipation. [37] Aus dieser Perspektive betrachtet führen Maßnahmen der digital unterstützten Bürgerbeteiligung zu mehr Optionen für die Bevölkerung, an der politischen Agenda über Prozesse der Digitalisierung teilzunehmen, was als Stärkung der Demokratie angesehen wird. Im scharfen Kontrast dazu klassifizierten Forscher wie Colin Crouch die politischen Tendenzen der späten Moderne weniger als (Re-)Demokratisierung, sondern als Post-Demokratie [38]. In dieser Phase gibt es laut Crouch eine verminderte Partizipation und eine Art demonstrative Demokratie: Wahlen haben hier wenig Auswirkungen und entsprechende Angebote dienen nur dazu, bestehende Prozesse zu legitimieren – eine Kritik, der sich auch die E-Partizipation oft stellen musste.

Repräsentativität wird mitunter als eines der Kriterien für die Beurteilung der Bürgerbeteiligung herangezogen [39]. Es wird auch argumentiert, dass nicht nur die aktiv sichtbar Teilnehmenden, sondern auch andere Gruppen einen Nutzen für Online-Beteiligungsangebote generieren können [40] oder sogar dass manche Projekte Repräsentativität gar nicht erzielen wollen [41]. Dies deutet auf die ganz unterschiedlichen Kontexte hin, in welche Partizipation eingebunden sein kann, und aus denen völlig verschiedene Zielsetzungen des Einsatzes digitaler Instrumente entstehen können.

Die Besonderheiten der digitalen Medien und Netzwerke können unter bestimmten Bedingungen dabei helfen, bestimmte Forderungen auszudrücken, die in der klassischen politischen Arena weniger repräsentiert sind [42]. Die Forschung ist darum bemüht, diese neue mediale Logik und die Veränderungen der politischen Kommunikation zu konzeptualisieren, ohne dabei zu sehr dem angesprochenen technologischen Determinismus zu verfallen [43, 44].

Insbesondere soziale Medien weisen eine andere Logik der Kommunikation auf ([43, 44], siehe auch Infobox 3). Diese Logik wirkt sich auf unsere Vorstellungen von Privatsphäre, von Hierarchien sowie von den Rechten von BürgerInnen aus, und Plattformen zur politischen Beteiligung müssen sich dieser veränderten Auffassungen bewusst sein bzw. flexible Angebote für verschiedene BürgerInnen-Vorstellungen erstellen. Auch neue Arten von Privilegien in der Netzwerkgesellschaft [42] sind dabei zu berücksichtigen. Die eher niedrigen Partizipationsraten institutionalisierter Angebote sind jedoch nicht nur durch die Teilnahme einer besonders politikinteressierten bzw. technikversierten Gruppe der Gesellschaft zu erklären (für die E-Partizipationsangebote innerhalb der EU wurde auf niedrige Partizipationsraten hingewiesen, die die techno-deterministisch inspirierten Erwartungen der ersten Phase nicht erfüllen konnten [45]). Auch in anderen politischen Bereichen ist diese Kurswende zu einer etwas realistischeren Einschätzung zu beobachten, beispielsweise im Bereich Open Government Data, wo es um die Transparenz von Regierungsdaten geht [46]. So steht nach und nach weniger die Etablierung einer umfassenden Beteiligung durch repräsentative TeilnehmerInnen, sondern eine fokussierte Form der Partizipation im Vordergrund. Konsultation und Kollaboration bezieht sich dann nicht auf eine möglichst breite Beteiligung, sondern die Integration von Interessierten sowie qualitativen Beiträgen.

Blickt man genauer auf die Diskussion rund um die Vor- und Nachteile der Beteiligung im Internet, so wurde, insbesondere mit dem Aufkommen der Sozialen Medien, eine generelle Kritik an politischen Aktivitäten bzw. Aktionismus im Internet laut: Unter Schlagworten wie „Clicktivismus" bzw. „Slacktivismus" ist eine immer wieder aufgegriffene Diskussion zu beobachten, die diesen Formen von politischer Beteiligung bzw. auch des Protestes eine geringe Wirkung attestiert. E. Mozorov [47] spricht zum Beispiel von einem „brave new couch activism", einem Couch-Aktivismus also, der die passive Beteiligung der Bevölkerung, die durch die neuen Medien angestoßen wird, betont. Auch Aspekte des Kapitalismus (insbesondere durch die Betonung der den Medien inhärenten quantitativen Mechanismen, beispielsweise das Sammeln von Clicks oder „likes"), die Tendenz zur Rücknahme der Beteiligung durch die Unsichtbarkeit des Individuellen (auch bekannt unter „social loafing") oder das geringe Gewicht der eigenen Verantwortlichkeit werden kritisiert. Die rege Unterstützung einer Sache im Netz über Online-Petitionen, Facebook-Gruppen und Twitter-Aufrufen steht oft einer geringen TeilnehmerInnenzahl bei Protesten, Kundgebungen und Verhandlungen gegenüber. Dieses Phänomen des Online-Protestes wird oft als Slacktivismus bezeichnet – ein digitales Pendant zum Lippenbekenntnis. Aber Slacktivismus kann auch offline stattfinden: beispielsweise durch das Tragen von Armbändern oder Schmuck mit politischen Botschaften, oder das Anheften von Buttons bzw. Stickern. Alle diese Aktivitäten könnten unter dieser Art des Aktivismus subsumiert werden, ebenso wie Offline-Aktivitäten wie das Unterzeichnen von Online-Petitionen, das Beitreten zu einer Facebook-Gruppe oder das Posten von themenorientierten Videos auf YouTube. Oftmals wird auch von „Feel-Good"-Aktionismus gesprochen, z. B. wenn von Internet-Kampagnen die Rede ist, die niemandem tatsächlich helfen. Beim Senden einer politischen Nachricht im Internet spielen jedenfalls viele Faktoren (mitunter auch Selbstdarstellung, gesellschaftlicher Druck oder Wunsch nach positivem Feedback) eine Rolle. Gefährlich kann diese Form werden, wenn über virale Nachrichten viele Menschen zu einer Sache motiviert werden können, ohne dass die genaueren Hintergründe bewusst sind. Auch sogenannte „Hasspostings", welche in direkter, expliziter, oft beleidigender Sprache den Adressaten herabzusetzen versuchen, können vorkommen. Diese Art der Kommunikation ist aus der analogen Welt bekannt, allerdings bestehen im Vergleich zu einer herabwürdigenden analogen Bemerkung im digitalen Raum markante Unterschiede: der Adressatenkreis ist potenziell enorm [2].[1]

Im Bereich der E-Partizipation verlässt man sich selten nur auf das Internet alleine. Viel häufiger sind Elemente der elektronischen Partizipation in ein größeres Beteiligungskonzept eingewoben und sozusagen Teil einer Gesamtstrategie. Und weg von dem anfänglich vorherrschenden Techno-Determinismus hat man sich aus Sicht der EntwicklerInnen zur Frage nach den Einsatzgebieten und der Anwendung konkreter Tools entwickelt. Auch die den neuen Medien eingeschriebenen Machtstrukturen stehen nun stärker im Mittelpunkt (Stichwort Digital Divide bzw. Digital Gap). Auf die genauere Kategorisierung des Risikos dieser Machtprozesse wird in Kap. 3 eingegangen. Die Debatte rund um Machtstrukturen und hierarchische Prozesse im Kontext digitaler Medien untersucht häufig die Dominanz sogenannter Gatekeeper in Online-Umgebungen [48] sowie deren Konsequenzen für die Gesellschaft. Somit gibt es zwar einerseits einen breiteren öffentlichen Zugang zu Informationen, der traditionelle Gatekeeper umgehen mag [49, 50], andererseits wird auch betont, dass neue Gatekeeper erzeugt werden können oder traditionelle sich auch in den Online-Umgebungen etablieren. Einige Forscher [50] argumentieren aber, dass die Bedeutung traditioneller Gatekeeper in Informationsgesellschaften abnimmt. Und nicht zuletzt könnte man heute auch behaupten, dass die Technik selbst diese Rolle übernimmt: So werden Algorithmen häufig als die neuen Gatekeeper angesehen [51] und neue Versionen dieses traditionellen Konzeptes entstehen.

2.2.2 Zwischen Re-Demokratisierung und Digitaler Spaltung

In Bezug auf die Frage, wie das Internet die Demokratie beeinflussen könnte, wurde häufig argumentiert, dass Partizipation leichter zugänglich gemacht würde, insbesondere für zuvor ausgeschlossene Gruppen [52–54]. Die genannte Problematik des Digital Divide [55, 56] stellt dabei einen der wichtigsten Punkte bei der Frage nach der Machtverteilung in digitalen Medien dar, insbesondere mit Blick auf Gruppen verschiedenen sozialen Status, Migrationshintergrunds oder Genders [55]. Mittlerweile ist man sich darüber einig, dass nicht alle BürgerInnen gleichermaßen an Partizipationsangeboten im Internet bzw. an der „digitalen Agora“ werden teilnehmen können. Diese Metapher, unter Bezugnahme auf den griechischen Versammlungsplatz, wird oft in Bezug auf eine neue elektronische Öffentlichkeit verwendet. Sie kann als Symbol für eine effizientere Weise bzw. zufriedenstellendere Art der Vernetzung von BürgerInnen und StakeholderInnen angesehen werden. Sie steht für den ungefilterten Transformationsprozess der Beiträge von BürgerInnen in den Entscheidungs-Output [57]. Natürlich gibt es in der Praxis dennoch manche Filter, beispielsweise durch die Strukturierung von Beiträgen und Moderation.

---

[1] Ein herzlicher Dank der Autorin ergeht an Alexander Banfield-Mumb für die inhaltliche Inspiration und Zusammenarbeit bei den Themen Slacktivismus und Online-Aktivismus.

Mit Blick auf die digitale Spaltung und die Frage, wie man durch das Design von Plattformen diese geringer halten könnte, nennen Sanford und Rose [58] als wesentliche Herausforderung das soziotechnische Design des Systems. Streng genommen wären für jedes E-Partizipationsprojekt, entsprechende Ressourcen vorausgesetzt, begleitende Maßnahmen gefragt, um den mit jeder neuen Technologie aufkommenden Digital Divide [55, 56] gering zu halten. Die Diskussion zielt auf die Etablierung von Maßnahmen zur Inklusion ab, und der Begriff wurde auch unter dem Schlagwort Digitale Ungleichheit (digital inequality) diskutiert [59].

Macintosh et al. [60] nennen auch das Prinzip der Gleichheit, wenn die Herausforderungen der E-Partizipation definiert werden (entsprechende Kategorien finden sich bei [61]). Obwohl dieses Prinzip bei allen Formen der Partizipation eine Herausforderung darstellt, betont die Forschung, dass insbesondere Online-Partizipation bestehende Machtstrukturen verstärkt und eine bestehende Elite bevorzugen kann. Deshalb sind Aspekte wie E-Inklusion, Barrierefreiheit oder auch Nachhaltigkeit bei der Konzeption von E-Partizipationsangeboten besonders wichtig. Erfolgreiche Beteiligungsmechanismen sollten sowohl die Anforderungen von technikaffinen als auch von technikfernen Gruppen berücksichtigen. Außerdem sollten möglichst unterschiedliche Bevölkerungsschichten integriert werden.

Infobox 5: E-Inklusion
Inklusion beschreibt den Prozess, Menschen in eine bestehende soziale Struktur zu inkludieren [62]. *E-Inklusion kann als Mittel zur Erreichung der Ziele der Inklusion definiert werden* [63, 64]. *Die Forschung zur E-Inklusion betont neben dem Zugang zu Geräten auch die Fähigkeiten der BenutzerInnen* (Mansell [65] *spricht dabei von digital entitlement*).

Innerhalb der Europäischen Union (EU) wird E-Inklusion auch als Maßnahme für soziale Gerechtigkeit gesehen. Themen der E-Inklusion finden sich zum Beispiel innerhalb des i2010-Frameworks [66]. Die Web Accessibility Initiative (WAI), die auf EU-Ebene umgesetzt werden soll, zielt auf die Barrierefreiheit aller Güter und Dienstleistungen ab, zu der auch Angebote im Internet gehören. Das Thema Inklusion wird in einem eigenen Kapitel noch verstärkt behandelt.

2.3 Quo vadis? Aktuelle Entwicklungen und zukünftige Herausforderungen

2.3.1 Von der Pionier- in die Umsetzungsphase

In der Öffentlichkeit sind unter elektronischer Beteiligung heute verschiedene Prozesse und Kontexte bekannt. Mit Blick auf Trends in diesem Bereich lässt sich sagen, dass im Vergleich zu den Anfangsjahren der Verbreitung des Internets heute eine stärkere Kritik der Internet-GigantInnen und ein Bewusstsein für Machstrukturen vorherrscht, wenngleich AnbieterInnen diverser Partizipationsangebote dann um die Notwendigkeit der Integration dieser Dienste in Plattformen oft nicht herumkommen. Eines scheint global zu beobachten zu sein: mehr Partizipationsangebote wollen geschaffen werden, um einerseits Personen in politische Entscheidungsprozesse besser einzubinden, aber auch um andererseits deren Politikverdrossenheit entgegenzuwirken. Die zuvor angesprochene techno-deterministische Perspektive, die unter anderem auf die Erzeugung von Massenpartizipation gehofft oder abgezielt hat (möglichst viele NutzerInnen für neue politische Tools zu begeistern) ist einer realistischeren Phase gewichen: konkrete Angebote für bestimmte Szenarien sollen geschaffen werden. Man kann daher durchaus behaupten, dass insbesondere die früheren Partizipationsangebote häufig den Anspruch mit sich brachten, politische Entscheidungen zu legitimieren. Dies wurde auch entsprechend kritisiert, und gerade was den Stimulus für eine partizipativere Gesellschaft betrifft, spiegelten die tatsächlichen Beteiligungsraten den Traum einer im Internet politisch aktiveren Bevölkerung und sich auf Augenhöhe begegnenden Diskussion nicht wider. Dennoch sind nach und nach einige Modelle der Partizipation im Internet entstanden, die direktdemokratische Elemente bieten, dadurch die Menge dieser Angebote erweitern und teilweise als neues Demokratiemodell verortet wurden. Sie können daher durchaus einen Stimulus in Richtung einer partizipativeren Gesellschaft darstellen, gerade da das Internet bzw. digitale Medien unseren Kommunikationsalltag heute sehr stark bestimmen.

Als Gründe für geringe Partizipationsraten werden mangelndes Wissen über Angebote sowie mangelndes Interesse genannt [67]. Jedoch zeigen beispielsweise die Ergebnisse des eGovernment Monitors 2015 [68], dass sich eine signifikante Anzahl von Menschen mehr Einsicht in die Prozesse der öffentlichen Behörden wünschen würde (31 % der Deutschen sowie 42 % der österreichischen Teilnehmenden). In Bezug auf das Nicht-Wissen über entsprechende Angebote zeigte sich, dass Angebote zur Online-Konsultation nur 7–9 % der BürgerInnen bekannt waren und Möglichkeiten der öffentlichen Beteiligung an politischen Entscheidungen über das Internet waren nur 17 % (Deutschland) bzw. 31 % (Österreich) der Teilnehmenden bekannt. 2014 zeigte der eGovernment-Monitor, dass die Deutschen mehr online partizipieren möchten (35 %), während die ÖsterreicherInnen mehr Einsicht in die Prozesse der Behörde nehmen möchten (44 %).[2]

Natürlich ist wie bei allen politischen Umfragen in dieser Hinsicht eine Art „bias“ bzw. Verzerrung anzunehmen: Nur wer wirklich politisch interessiert ist, wird sich auch die Mühe machen, Umfragen nach derartigen Angeboten zu beantworten.

Ungeachtet des Wunsches nach mehr Beteiligungsmöglichkeiten gibt es jedoch sowohl von Seiten der öffentlichen Hand als auch von zivilgesellschaftlicher Seite mittlerweile eine Fülle an Angeboten und beide AkteurInnen arbeiten mittlerweile auch oft zusammen. Ein Beispiel hierfür sind die sogenannten Liquid Democracy-Plattformen, die mittlerweile auf verschiedenen Ebenen eingesetzt werden, oder die Angebote im Bereich Open Data

[2] eGovernment MONITOR 2014. http://www.egovernment-monitor.de/die-studie/2014.html. Zugegriffen am 14.04.2016.

(offene Daten), bei der Zivilgesellschaft und Behörden zusammenarbeiten: die Behörde stellt Daten zur Verfügung, auf Basis derer interessierte EntwicklerInnen neue Angebote schaffen.

Infobox 6: Open Data
Es gibt verschiedene Definitionen von Open Data bzw. offenen Daten. Grundsätzlich beschreibt der Begriff ein Konzept, bei dem Daten ohne Einschränkungen weiter verbreitet und verwendet werden dürfen. Die einzige Einschränkung betrifft idealerweise die Nennung des/der Urheber(s) bzw. der Urheberin (siehe auch die Definition der Open Definition: http://opendefinition.org/). Damit stehen Verfügbarkeit und freier Zugang, Verwendung und Weitergabe sowie universelle Beteiligung im Zentrum. Einschränkungen für kommerzielle Nutzung oder eine Beschränkung auf bestimmte Nutzungszwecke schließt die Qualifikation als Open Data im oben genannten Sinn aus. Für die Zusammenarbeit ist außerdem das Kriterium der Interoperabilität wichtig. Offene Daten können auf nicht personenbezogene Daten eingeschränkt werden (vgl. Eibl et al. [69] *in Bezug auf Open Government Data*).

Der Begriff Liquid Democracy wird in den einzelnen Projekten nicht immer einheitlich verwendet. So wird darunter eine grundlegende Philosophie der Demokratie, als Mittelweg zwischen direkter und repräsentativer Demokratie, verstanden, aber auch, konkreter, der Einsatz von delegated voting zur Entscheidungsfindung in einem meist klar abgegrenzten Bereich. Hier ist vor allem zwischen persönlichem Wahlrecht oder abgegrenzten Entscheidungsfindungen oder dem internen Einsatz dieser Modelle zu unterscheiden. Gerade da das Wahlrecht ein persönliches ist, wäre dies mit einer Änderung der rechtlichen Rahmenbedingungen verbunden, die sicherlich problematisch wahrgenommen würde. In der Praxis werden alternative Modelle zur Entscheidungsfindung in Politik und Unternehmen seit Längerem erprobt. Argumentiert wird auch, dass die Art der momentanen Entscheidungsfindung in der Politik unzureichend wäre: kürzlich beispielsweise wieder im Kontext des Brexit-Referendums, bei dem spekuliert wurde, ob die Briten denn zu einem anderen Ergebnis gekommen wären, wenn der Entscheidungsprozess mehrere Phasen durchlaufen wäre. Online-Beteiligung mit Prinzipien von Liquid Democracy kann allgemein in Unternehmen und Politik eingesetzt werden. Diese Prinzipien stellen ein gutes Beispiel sowie einen Anwendungsfall dar, bei der es durch die Integration konkreter Tools zu mehr direktdemokratischen Elementen kommt. Die Herausforderungen der Online-Beteiligung gehen mit denen des Liquid Democracy-Modells oft konform, insbesondere was die Erprobung bestimmter Werkzeuge betrifft. Im Folgenden werden einige Beispiele, Trends und Herausforderungen aus dieser Perspektive zusammengefasst [70].[3]

[3] Ein herzlicher Dank der Autorin ergeht an Moritz Ritter, Geschäftsführer des Vereins Liquid Democracy e.V., für die Zusammenarbeit zu einem Artikel, erschienen im Grünbuch „Digitalisierung und Demokratie" 2017, aus dem die momentanen Praxistrends im Bereich elektronische Partizipation und Liquid Democracy entnommen sind. Siehe [69].

Einige Leuchtturmprojekte digitaler Partizipation sind zu beobachten und sicherlich als richtungsweisend zu sehen, wenn digitale Partizipation flächendeckender umgesetzt werden soll. Hier ist zwischen globaler, nationaler sowie kommunaler bzw. regionaler Ebene zu unterscheiden, und insbesondere die regionale Ebene hat eine Fülle von Aktivitäten im Bereich E-Partizipation gesehen.

Projekte wie die Enquetebeteiligung (www.enquetebeteiligung.de) aus dem Jahr 2011, bei dem durch Online-Beteiligung eine Kommission des deutschen Bundestags partizipativer gestaltet wurde, oder ein nationaler Dialog der Sozialdemokratischen Partei Deutschlands zum Positionspapier zur Digitalisierung, werden noch immer eher selten initiiert. Dennoch gibt es viel Aktivität auf kommunaler und regionaler Ebene. So arbeitet beispielsweise das Land Nordrhein-Westfalen seit einiger Zeit am Aufbau einer zentralen Strategie für Online-Beteiligung. Das Land Berlin baut mit mein.berlin.de seit 2015 eine zentrale Beteiligungsplattform für BürgerInnen auf. In Österreich wurde das Forschungsprojekt ePartizipation durchgeführt, das sich mit Fragen der E-Partizipation auf allen Levels bzw. Intensitätsstufen und konkreten Einsatzszenarien beschäftigte. In Spanien ist die Partei „Podemos" seit mehreren Jahren eine Partei, die sich intern durch E-Voting und den Einsatz verschiedenster Online-Tools organisiert. Und im deutschsprachigen Bereich hat die Piratenpartei mit dem internen Einsatz von Online-Portalen nach dem Liquid Democracy-Prinzip Schlagzeilen gemacht. Das Thema Online-Beteiligung ist also aktuell und lebendig, die Pionierphase und große Euphorie ist jedoch einer neuen pragmatischeren Umsetzungsphase gewichen, die insbesondere auf kommunaler und regionaler Ebene stattfindet.

Politischer Online-Diskurs muss heute jedenfalls nicht nur im Kommentarbereich von Online-Zeitungen oder in der Echo-Kammer der Sozialen Medien stattfinden. Die verbindlicheren Modelle sollten jedoch weiter sichtbar gemacht werden. Weiterhin sollte zudem den genannten Zugangsbeschränkungen und der Gefahr der digitalen Spaltung entgegengewirkt werden, beispielsweise durch eine entsprechende Förderung digitaler Nutzungskompetenzen. Bei der Umsetzung von E-Partizipationsprojekten stellen sich heute insbesondere die folgenden Herausforderungen.

2.3.2 Zukünftige Herausforderungen der digitalen Bürgerbeteiligung

Kap. 3 spricht vertieft die Chancen und Risiken der E-Partizipation an und sucht, diese zu klassifizieren. Zusammenfassend lässt sich sagen, dass geringe Nutzerzahlen und das Fehlen nachhaltiger wissenschaftlicher Analysen für die Gründe dafür neben der bereits angesprochenen Digitalen Spaltung zu den wesentlichsten Herausforderungen zählen. Eine wesentliche Fragestellung bezieht sich auf die Rolle des Vertrauens der NutzerInnen in die Kompetenz oder Sorgfalt der Plattformbetreiber, auch im Zusammenhang mit Datenschutz. Die meisten Plattformen arbeiten aus Gründen der Datensparsamkeit mit möglichst wenigen Nutzerdaten. Andere Fragen sind die des Gefühls von Kontrolle, der Transparenz und allgemein wie NutzerInnen die entsprechenden Regelungen und Rahmenbedingungen der

Angebote interpretieren. Es bleibt abzuwarten, ob es mit der Etablierung von zentralen kommunalen, regionalen oder nationalen Plattformen zu einer kritischen Nutzermasse kommt. Gleichzeitig ließe sich auch behaupten, dass auf Innovationen oder Kreativität abzielende Plattformen eine geringere kritische Masse benötigen als beispielsweise Abstimmungs-Plattformen.

Eine weitere Herausforderung ist die Verbindlichkeit der gemeinsam erarbeiteten Ergebnisse und Entscheidungen. Dies ist in der Praxis herausfordernd, weil die Interessen der verschiedenen Stakeholder-Gruppen von BürgerInnen, Verwaltung und Politik sich oft in einem Konflikt befinden. Während BürgerInnen möglichst viel verbindliche Einflussnahme und Ergebnisoffenheit von Institutionen verlangen, stehen Verwaltungen und Institutionen vor personellen oder strukturellen Herausforderungen. Auch die zusätzliche Komplexität, die durch das Feedback von BürgerInnen entsteht, ist neu und schafft Unsicherheit. Für PolitikerInnen wiederum ist die Abgabe von Entscheidungsmacht bzw. der damit empfundene Kontrollverlust oft problematisch. Die Sicherstellung von transparenten Prozessen sowie ausreichende Ressourcen von Seiten der Institution oder Verwaltung können diesen Schwierigkeiten entgegenwirken.

Nicht zuletzt stellt sich eine Herausforderung, die vielen digitalen Werkzeugen gemein ist: die Frage der Nachhaltigkeit dieser Instrumente. Zentrale Angebote zu schaffen und sie für NutzerInnen kontinuierlich weiterzuentwickeln anstatt schnelllebige Insellösungen zu schaffen, wäre im Sinne der Nachhaltigkeit von Projekten anzustreben. Mit dem zunehmenden Interesse an Online-Beteiligung von Seiten der Kommunen und regionalen AkteurInnen hat sich ein großes Angebot an kommerziellen Werkzeugen entwickelt, die im Auftrag Plattformen für Beteiligungsprozesse entwickeln. Ein entscheidender technischer Nachteil ist dabei oft, dass diese Plattformen keinen offenen Quellcode besitzen und teilweise sogar die von BürgerInnen eingestellten Inhalte der Plattformen nur gegen Lizenzgebühr für zum Beispiel eine wissenschaftliche Evaluation genutzt werden können. Diese Art von Abschottung erschwert die Anbieter-unabhängige Weiterentwicklung der Lösungen und verhindert die unabhängige Überprüfung des Programmiercodes – besonders wichtig bei Entscheidungsprozessen mit hoher Verbindlichkeit. Hinzu kommt, dass viele Anbieter nur einige Teile des breiten Spektrums von Bürgerbeteiligung abdecken, so dass Organisationen und Institutionen gezwungen sind, mehrere Tools einzusetzen oder gemeinsam mit dem Anbieter oder selbstständig zusätzlich benötigte Bestandteile zu entwickeln. All diese Aspekte sind teilweise dem noch vergleichsweise jungen Alter des Bürgerbeteiligungs-Marktes geschuldet. Prinzipien wie das der Gemeinfreiheit der Inhalte und des Programmiercodes sind jedoch wichtige Grundpfeiler, die gerade öffentliche Einrichtungen unbedingt berücksichtigen sollten.

Was das Problem der möglichst breiten Beteiligung und des ungleichen Zuganges betrifft, so bildet sich dieses jedenfalls auch in der Offline-Partizipation ab: auch hier gibt es zugangsbeschränkende Faktoren wie Benzinkosten, Mobilitätseinschränkungen und mit den Beteiligungsangeboten inkompatible Arbeitszeiten oder inkompatible Zeiten der Kinderbetreuung. Entscheidender sind aber auch hier die demografischen Faktoren der Nutzung und Medienkompetenz (wie Haushaltseinkommen und Bildungsabschluss): Solange der Zugang zum Internet und die Fähigkeiten damit umzugehen sehr ungleich verteilt sind, sind auch die Möglichkeiten, wie gut man digitale Technologien zur Beteiligung nutzt, unausgeglichen. Im politischen Bereich kommt erschwerend hinzu, dass ein grundsätzliches Interesse an und Verständnis von politischen Prozessen gepaart mit Vorwissen gefragt ist. Maßnahmen zur digitalen Inklusion und entsprechende Zusatzaktivitäten könnten dem entgegenwirken. Besonders ungleich verteilt ist der Zugang zum Internet in Mexiko (˜57 % Zugang im Jahr 2016, siehe ITU 2016[4]), deshalb ist interessant, dass in einem mexikanischen Partizipationsprojekt mehrere Kanäle zur Bekanntmachung des Projekts mit dem Ziel der Steigerung der Beteiligung genutzt wurden, und zwar das Radio, bestimmte Bildungszentren, online Videos und die gezielte Einladung von PolitikerInnen zur Teilnahme in Sozialen Medien [70]. Der von Meneses et al. [71] beschriebene Einsatz grafischer Darstellungen zum einfacheren Verständnis und Vergleich der Antworten ist ein Beispiel für eine inklusive Maßnahme. Besonders die Bildungszentren seien wichtig gewesen, um Menschen ohne Zugang zu Computern zu erreichen; zu den Empfehlungen von Meneses et al. [71] gehört es außerdem, einen Incentive zu bieten, welcher unter anderem in dem Bekenntnis des Organisators zur Übergabe der Ergebnisse an Verantwortliche mit anschließender konkreter Umsetzung liegen könne.

Stellt man sich die Frage, was die Zukunft der E-Partizipation bereithalten wird, so lässt sich mutmaßen, dass die Sicht, dass elektronische Maßnahmen mehr Partizipation ermöglichen werden, einer differenzierten Sichtweise gewichen ist, und höchstwahrscheinlich Prozesse, die auf Innovation und Ausschöpfung des kreativen Potenzials abzielen, zur verstärkten Umsetzung gelangen werden. Mobile Lösungen werden dazu führen, dass Beteiligung mehr als schon bisher an der Schnittstelle von öffentlich und privat stattfinden wird, und entsprechende Lösungen flexibel im Alltag von BürgerInnen integrierbar und abrufbar sein müssen. Des Weiteren könnte eine verstärkt datengetriebene Form der Entscheidungsfindung in den Vordergrund treten. Zukunftsvisionen malen ein Bild, bei dem Avatare an unserer Stelle Entscheidungen treffen oder diese rein automatisiert ablaufen. Würde diese Entwicklung zu einer passiveren Art der Politik führen? Oder nur eine bessere Legitimation politischer Entscheidungen bewirken? Wenn eine Stimme an ExpertInnen abgegeben wird, wären diese jedenfalls auch als Roboter vorstellbar. Die Meinung der BürgerInnen zu dieser Variante scheint gespalten: Während einige kein Problem darin sehen würden, wichtige Entscheidungen an Maschinen oder künstliche Intelligenz auszulagern, fänden andere eine derartige Vorstellung dezidiert unerwünscht. Zwischen diesen beiden Polen gibt es die Ansicht, dass dies nur unter bestimmten Bedingungen oder in bestimmten Bereichen geschehen soll. Nicht zuletzt stellen sich hier natürlich auch rechtliche Fragen der automatisierten Entscheidungsfindung und der Beziehung zwischen natürlichen Personen und Maschinen, abgesehen von der Möglichkeit, dass bestimmte Kulturtechniken mit der Auslagerung an künstliche Intelligenz verloren gehen können. Die Kritikpunkte, die an Big Data und der Verwendung von Algorithmen als Basis zur Entscheidungsfindung laut wurden, wären auch

[4] ITU (2016), ICT Development Index 2016. http://www.itu.int/net4/ITU-D/idi/2016/#idi2016countrycard-tab&MEX. Zugegriffen am 03.05.2018.

auf den Beteiligungsbereich übertragbar, und die ethischen Implikationen erfordern eine gründliche Auseinandersetzung. Die Forschung sollte thematisieren, inwieweit eine Automatisierung im Bereich der politischen Entscheidungsfindung und die Anwendung von Big-Data-Modellen zu mehr sozialer Konformität führen würde, beispielsweise indem Werte, Moral bzw. Glaubensvorstellungen, welche sich in den Codes widerspiegeln, nicht nur zu Regulierung, sondern auch zu Vorverurteilung oder ungerechten Verzerrungen führen können [72]. Und nicht zuletzt könnten Prozesse der digitalen Überwachung auch negativen Einfluss auf die Beteiligung an E-Partizipationsprojekten nehmen. Digitale Sicherheit steht daher immer in einem Spannungsverhältnis zur Beteiligungsmotivation und kann diese erhöhen, aber auch vermindern.

2.4 Zusammenfassung

Die digitale Bürgerbeteiligung bzw. elektronische Partizipation, kurz E-Partizipation, ist ein relativ junges Forschungsthema. Wie alle Bereiche, die an den Fortschritt der Technologie und digitaler Kommunikationsmedien gebunden sind, ist sie auch Wandlungsprozessen unterworfen und ist an bestimmte Phasen der Medienaneignung gebunden: so waren gerade zu Beginn eher techno-optimistische oder -pessimistische Perspektiven vorherrschend. Gerade der Einsatz Sozialer Medien in sozialen Bewegungen in Kombination mit der Forderung von BürgerInnen nach mehr Mitbestimmungsmöglichkeiten haben die Diskussion rund um eine Demokratisierung bzw. die Verstärkung direktdemokratischer Elemente über neue Medien neu aufgerollt. Diesbezüglich haben sich einige Begriffe hervorgetan, wobei diese nicht als voneinander unabhängige Begriffe zu sehen sind. Oftmals strittig unter den Überbegriff der E-Governance eingeordnet, kann man unter elektronischer Demokratie alle demokratischen Aktivitäten mit Bezug zu elektronischen Medien verstehen. E-Partizipation kann als Unterbegriff der E-Demokratie verstanden werden und ist eine interdisziplinäre Forschungsrichtung und bezieht sich auf die elektronische Unterstützung aller Aktivitäten der Öffentlichkeit, die es BürgerInnen ermöglicht, sich an gesellschaftlichen Prozessen zu beteiligen. Im Hinblick auf die Klassifizierung der Prozesse haben sich verschiedene Varianten durchgesetzt, beispielsweise nach der Entstehungsform (Bottom-up vs. Top-down) oder der Intensitätsstufen (Information, Konsultation, Kooperation, (Mit-)Entscheidung) bzw. der Anwendungsarten der Beteiligung.

Mittlerweile hat man sich in der E-Partizipation von der Pionier- in die Umsetzungsphase bewegt: Konsultationen, BürgerInnen-Haushalte, E-Voting und Stadtentwicklungsprozesse werden heute über Angebote elektronischer Partizipation umgesetzt und meist mit Offline-Verfahren kombiniert. Nun gilt es, von Seiten der Forschung und Praxis die Nutzung dieser Angebote bzw. Bedürfnisse der BürgerInnen zu evaluieren sowie bestimmte Prinzipien, beispielsweise das der E-Inklusion, umzusetzen. Darüber hinaus gilt es, sich den Herausforderungen der E-Partizipation, beispielsweise der Digitalen Spaltung, den geringeren Nutzerzahlen sowie dem Fehlen eindeutiger wissenschaftlicher

Analysen, zu stellen. In Bezug auf zukünftige Projekte lässt sich mutmaßen, dass es durch den Einsatz elektronischer Medien nicht unbedingt zu einer breiteren Partizipation kommen wird, dass jedoch innovative oder kreative Prozesse stärker durch elektronische Maßnahmen unterstützt werden könnten.

Literatur

1. Ringler P, Parycek P, Schoßböck J, Sturmberger W, Schönherr D, Oberhuber F, Aichberger I, Hacker E (2013) Internet und Demokratie in Österreich. Grundlagenstudie. SORA Forschungsbericht, SORA – Institut für Social Research and Consulting, Wien
2. Parycek P (2008) Positionspapier zu E-Democracy und E-Participation in Österreich. AG EDEM, Wien
3. Parycek P, Rinnerbauer B, Kustor P, Reichstädter P (2014) E-Government auf kommunaler Ebene. Ein rechtlich-technischer Leitfaden zur Umsetzung von E-Government, Schriftenreihe Recht & Finanzen für Gemeinden, 04–05/2014, Manz
4. Parycek P (2005) E-Government & E-Democracy. Rechtliche Systemfindung & Auswirkungen der IKT auf die Staatsfunktionen. Dissertation, Universität Salzburg
5. Armstrong C (2010) Emergent democracy. In: Lathrop D, Ruma L (Hrsg) Open government: collaboration, transparency, and participation in practice. O'Reilly Media, Cambridge, S 167–176
6. Sen A (1999) Democracy as a universal value. J Democr 10(3):3–17. National Endowment for Democracy and the Johns Hopkins University Press. http://homes.ieu.edu.tr/~ibagdadi/INT230/Amartya%20Sen%20-%20Democracy%20as%20a%20Universal%20Value.pdf. Zugegriffen am 07.09.2017
7. Bollen KA (1980) Issues in the comparative measurement of political democracy. Am Sociol Rev 45(3):370–390. American Sociological Association. http://www.jstor.org/stable/2095172. Zugegriffen am 03.08.2018
8. Lijphart A (1999) Patterns of democracy: government forms and performance in thirty-six countries. Yale University Press, New Haven
9. Lindgren S, Dahlberg-Grundberg M, Johansson A (2014) Hybrid media culture: an introduction. In: Lindgren S (Hrsg) Hybrid media culture. Sensing place in a world of flows. Routledge, London/New York, S 1–15
10. Schoßböck J, Rinnerbauer B, Sachs M, Wenda G, Parycek P (2016) Identification in e-participation: a multi-dimensional model. Int J Electron Gov (IJEG) 8(4):335–355. https://doi.org/10.1504/IJEG.2016.10003655. Zugegriffen am 03.08.2018
11. Parycek P, Rinnerbauer B, Sachs M (2014) Online-Bürgerbeteiligung für Gemeinden. Recht Finanzen Gemeinden 3:146–151
12. Arbter K (2008) Standards der Öffentlichkeitsbeteiligung. http://www.partizipation.at/fileadmin/media_data/Downloads/Standards_OeB/standards_der_oeffentlichkeitsbeteiligung_2008_druck.pdf. Zugegriffen am 07.08.2017
13. Phang D, Kankanhalli A (2008) A framework of ICT exploitation for e-participation initiatives. Mag Commun ACM 51(12):128–132, New York, based on Glass JJ (1979) Citizen participation in planning: the relationship between objectives and techniques. Am Plann Assoc J 45:180–189
14. Ergazakis K, Metaxiotis K, Tsitsanis T (2011) A state-of-the-art review of applied forms and areas, tools and technologies for e-participation. Int J Electron Gov Res 7(1):1–19
15. Böszörmenyi J, Hötzendorfer W, Rinnerbauer B (2015) Identitätsmanagement bei demokratischer Online-Beteiligung. In: Schweighofer E, Kummer F, Hötzendorfer W (Hrsg) Tagungsband

des 18. Internationalen Rechtsinformatik Symposions, IRIS 2015. Österreichische Computer Gesellschaft, Wien, S 361–370

16. Diendorfer W, Kapfer M, Urban J (2017) Virtuelle Agora und digitale Zivilcourage. Working Paper des Demokratiezentrum Wien. Heft 2. Wien. http://www.demokratiezentrum.org/fileadmin/media/pdf/Materialien/WP2_VirtuelleAgora_online_LF.pdf. Zugegriffen am 07.08.2017
17. Flanagin AJ, Stohl C, Bimber B (Hrsg) (2006) Modeling the structure of collective action. Commun Monogr 73:29–54 f
18. Gladwell M (2010) Small change: why the revolution will not be tweeted. Twitter, Facebook, and social activism. The New Yorker, October 4, 2010
19. Coleman S, Blumler JG (2009) The Internet and democratic citizenship: theory, practice and policy. Cambridge University Press, Cambridge
20. Prainsack B (2014) Rote Biowissenschaften, Biotechnologie und Biomedizin. In: Lengersdorf D, Wieser M (Hrsg) Schlüsselwerke der Science & Technology Studies. Springer, Wiesbaden, S 331–340
21. Hampton KN, Sessions LF, Her EJ (2011) Core networks, social isolation, and new media how Internet and mobile phone use is related to network size and diversity. Inf Commun Soc 14(1):130–155; ISSN 1369-118X print ISSN 1468-4462 online 2011 Taylor & Francis. https://doi.org/10.1080/1369118X.2010.513417. http://www.tandf.co.uk/journals. Zugegriffen am 03.08.2018
22. de Zúñiga HG, Jung N, Valenzuela S (2012) Social media use for news and individuals' social capital, civic engagement and political participation. J Comput-Mediat Commun 17:319–336. 2012 International Communication Association
23. Viale Pereira G, Rinnerbauer B, Ginner M, Parycek P (2017) Categorizing obstacles in e-government: formal and informal. In: Proceedings ICEGOV 2017, New Delhi, AA
24. Belanche D, Casaló LV, Flavián C (2012) Integrating trust and personal values into the Technology Acceptance Model: the case of e-government services adoption. Cuad Econ Dir Empresa 15:192–204. https://doi.org/10.1016/j.cede.2012.04.004
25. Borge R, Cardenal AS (2011) Surfing the Net: a pathway to political participation without motivation? Paper prepared for delivery at the conference „Internet, politics and policy 2010: an impact assessment“. Oxford Internet Institute, University of Oxford, 16–17 Sept. 2010, S 1–26
26. Earl J, Kimport K (2011) Digitally enabled social change: online and offline activism in the age of the Internet. MIT Press, Cambridge, MA
27. Bennett WL, Segerberg A (2012) The logic of connective action: digital media and the personalization of contentious politics. Inf Commun Soc 15(5):739–768
28. Kumar V, Mukerji B, Butt I, Persaud A (2007) Factors for successful e-government adoption: a conceptual framework. Electron J E-Gov 5:63–76
29. Toffler A, Toffler H (1995) Creating a new civilization. The politics of the third wave. Turner Publications, Atlanta
30. Negroponte N (1995) Being digital. Knopf, New York
31. Rheingold H (1993) The virtual community. Homesteading on the electronic frontier. Addison-Wesley, Reading
32. Hasinoff AA (2014) Contradictions of participation: critical feminist interventions in new media studies. Commun Crit Cult Stud 11(3):270–272
33. Boulianne S (2009) Does Internet use affect engagement? A meta-analysis of research. Polit Commun 26(2):193–211
34. Skoric M, Goh D, Pang N, Zhu Q (2016) Social media and political engagement: a meta-analytic review. New Media Soc 18(9):1817–1839
35. Burt RS (1997) The contingent value of social capital. Adm Sci Q 42(2):339–365
36. Buchner B (2017) Kommentierung zu Art. 4 Nr. 4 DSGVO. In: Kühling J, Buchner B (Hrsg) Datenschutz-Grundverordnung Kommentar. C.H. Beck, München

37. Mahrer H, Krimmer R (2005) Towards the enhancement of e-democracy: identifying the notion of the ‚middleman paradox‘. Inf Syst J 15:27–42. Blackwell Publishing
38. Crouch C (2004) Post-democracy. Polity Press, Cambridge
39. Ebdon C, Franklin A (2004) Searching for a role for citizens in the budget process. Public Budg Finance 24:32–49
40. Edelmann, N.; Cruickshank, P. (2010). Signing an e-petition as a transition from lurking to participation. In: Scholl HJ, Janssen M (Hrsg) Trauner: Linz, Electronic government and electronic participation S 275–282.
41. Ruesch MA, Märker O (2012) Real name policy in e-participation the case of Gütersloh's second participatory budget. In: Parycek P, Edelmann N (Hrsg) Sachs M (Co-Ed), Proceedings of CeDEM12, conference for e-democracy and open government, Danube University Krems, Edition Donau-Universität Krems, 3–4 May 2012
42. Svensson J (2014) Activist capitals in network societies: towards a typology for studying networking power within contemporary activist demands. First Monday (Peer-reviewed Journal on the Internet) 19(9). http://journals.uic.edu/ojs/index.php/fm/article/view/5207. Zugegriffen am 07.09.2017
43. Klinger U, Svensson J (2015) The emergence of network media logic in political communication: a theoretical approach. New Media Soc 17(8):1241–1257
44. Krygier, M, Rule of Law (and Rechtsstaat) (2015) International encyclopedia of the social & behavioral sciences, Bd 20, 2. Aufl. Elsevier Ltd, Amsterdam, S 780–787
45. Prieto-Martín P, de Marcos L, Martínez JJ (2012) A critical analysis of EU-funded eParticipation. In: Charalabidis Y, Koussouris S (Hrsg) Empowering open and collaborative governance. Springer, Berlin/Heidelberg, S 241–262
46. Janssen M, Charalabidis Y, Zuiderwijk A (2012) Benefits, adoption barriers and myths of open data and open government, an author's original manuscript of the article submitted for consideration in the Information Systems Management (ISM), published by Taylor and Francis 29(4):258–268. http://repository.tudelft.nl/view/ir/uuid:952c8b0e-c55e-4443-9b41-14c38806a840/. Zugegriffen am 07.09.2017
47. Morozov E (2009) The brave new world of slacktivism. Foreign Policy, May 19, 2009. http://www.npr.org/templates/story/story.php?storyId=104302141. Zugegriffen am 07.09.2017
48. Hindman M (2009) The myth of digital democracy. Princeton University Press, Princeton
49. Bendor R, Haas Lyons S, Robinson J (2012) What's there not to ‚like‘? The technical affordances of sustainability deliberations on Facebook. JeDEM 4(1):67–88
50. Singer JB (2006) Stepping back from the gate: online newspaper editors and the co-production of content in Campaign 2004. J Mass Commun Q 83(2):265–280
51. Eisenberger I (2001) Die Macht der Algorithmen. In: Frühwirth, Kaupa, Rössl, Stern (Hrsg für Verein Context) juridikum 4/2011. Verlag Österreich, Wien, S 517–522
52. Jenkins H (2006) Convergence culture. Where old and new media collide. New York University Press, New York
53. Bruns A (2008) Blogs, wikipedia, second life, and beyond. From production to produsage. Peter Lang, New York
54. Shirky C (2009) Here comes everybody. How change happens when people come together. Penguin Books, London
55. Van Dijk JAGM (2010) One Europe, digitally divided. In: Routledge handbook of Internet politics. Routledge, New York, S 288–304
56. Horrigan JB (2005) On demand citizens: e-government at high speed. Pew Internet & American Life Project, Washington, DC
57. Kamps K (2010) Die „Agora" des Internet. Zur Debatte politischer Öffentlichkeit und Partizipation im Netz. In: Jarren O, Imhof K, Blum R (Hrsg) Zerfall der Öffentlichkeit, Mediensymposium Luzern, Bd 6, S 227–239. https://doi.org/10.1007/978-3-663-07953-8_16
58. Sanford C, Rose J (2007) Characterizing eParticipation. Int J Inf Manag 27(6):406–421

59. DiMaggio P, Hargittai E, Celeste C, Shafer S (2004) Digital inequality: from unequal access to differentiated use. In: Neckerman KM (Hrsg) Social inequality. Russel Sage Foundation, New York, S 355–400
60. Macintosh A, Coleman S, Schneeberger A (2009) eParticipation: the research gaps. In: Macintosh A, Tambouris E (Hrsg) Electronic participation. First international conference, ePart 2009 Linz, 1–3 Sept 2009, Proceedings, S 1–11
61. Östling A (2011) How democratic is e-participation? In: CeDEM11. Proceedings of the international Converence for E-Democracy and Open Government. Druckwerk Krems, Krems, S 59–70
62. Marcantoni F, Polzonetti A (2011) Digital inclusion: a target not always desirable. In: Klun M, Decman M, Jukic T (Hrsg) The proceedings of the European conference on eGovernment, Ljubljana, 16–17. Juni 2011, S 369–376
63. Millard J (2006) eGovernance and eParticipation: lessons from Europe in promoting inclusion and empowerment. http://unpan1.un.org/intradoc/groups/public/documents/un/unpan023684.pdf. Zugegriffen am 03.08.2018
64. Kettemann MC (2008) E-inclusion as a means to bridge the digital divides. Conceptual issues and international approaches. In: Benedek W, Bauer V, Kettemann MC (Hrsg) Internet governance and the information society. Global perspectives and European dimensions. Eleven International Publishing, Portland, S 51–62
65. Mansell R (2002) From digital divides to digital entitlements in knowledge societies. Curr Sociol 50(3):407–426
66. Heußler V, Schoßböck J, Böszörmenyi J (2016) Aspekte der Inklusion aus Sicht der E-Partizipation. In: Schweighofer E, Kummer F, Hötzendorfer W, Borges G (Hrsg) Tagungsband des 19. Internationalen Rechtsinformatik-Symposions, Jusletter IT, Salzburg (Online-Datenbank der Konferenz)
67. Joinson A, McKenna K, Postmes T, Reips U-D (2007) The Oxford handbook of Internet psychology. Oxford University Press, New York
68. Initiative D21 e.V. (Hrsg) (2015) eGovernment monitor 2015. Nutzung und Akzeptanz von elektronischen Bürgerdiensten im internationalen Vergleich. http://www.egovernment-monitor.de/fileadmin/uploads/Studien/2015/150715_eGovMon2015_FREIGABE_Druckversion1.pdf. Zugegriffen am 07.08.2017
69. Eibl G, Höchtl J, Lutz B, Parycek P, Pawel S, Pirker H (2016) Rahmenbedingungen für Open Government Data Plattformen, White Paper, Projektgruppe Cooperation Open Government Data Österreich. https://www.ref.gv.at/fileadmin/user_upload/OGD_1-2-0_20161108.pdf. Zugegriffen am 03.08.2018
70. Ritter M, Schoßböck J (2017) Liquid Democracy: Konzepte und Herausforderungen in der Praxis. In: Österreichischer Bundesrat (Hrsg) Grünbuch Digitalisierung und Demokratie, S 17–26. https://www.parlament.gv.at/ZUSD/PDF/20170712_Gruenbuch_Digitalisierung_Demokratie_BR.pdf. Zugegriffen am 07.09.2017
71. Meneses ME, Nonnecke B, del Campo AM, Krishnan S, Patel J, Kim M, Crittenden C, Goldberg K (2017) Overcoming citizen mistrust and enhancing democratic practices: results from the e-participation platform México Participa. Inf Technol Int Dev 13:138–154
72. O'Neil C (2017) Weapons of math destruction: how big data increases inequality and threatens democracy. Crown, New York
73. Parycek P, Schoßböck J, Rinnerbauer B (2015) Identification in e-participation: between quality of identification data and participation threshold. In: Efthimios T, Panagiotopoulos P, Sæbø Ø, Tarabanis K, Wimmer MA, Milano M, Pardo TA (Hrsg) Electronic participation 7th IFIP 8.5 international conference, ePart 2015 Thessaloniki, 30 Aug – 2 Sept., 2015 Proceedings, Springer, S 108–119

Elektronische Bürgerbeteiligung in der Praxis 3

Anwendungsbeispiele, Chancen und Risiken

Michael Sachs, Malgorzata Goraczek, Bettina Rinnerbauer und Judith Schoßböck

Zusammenfassung

E-Partizipation ist vielfältig und lässt sich nicht anhand starrer Strukturen beschreiben, die einfach auf unterschiedliche Beteiligungssituationen und deren Anforderungen übertragen werden können. Um elektronische Beteiligung erfolgreich zu planen, müssen sich verantwortliche Personen und EntscheidungsträgerInnen auf mehreren Ebenen mit der Thematik auseinandersetzen. Wenn man elektronische Beteiligungsverfahren gestalten will, gilt es zunächst von vorhandenen Projekten – erfolgreichen und gescheiterten – zu lernen.

BürgerInnen können sich sowohl in der Gesetzgebung einbringen als auch die öffentliche Verwaltung bei der Umsetzung von Projekten und Zielen unterstützen. Um Beteiligungsverfahren in die Praxis umsetzen zu können, wird in diesem Kapitel die Planung von Beteiligungsverfahren mittels verschiedener Szenarien veranschaulicht. Den Abschluss bildet eine theoriebasierte Reflexion zu den Chancen und Risiken der elektronischen Partizipation.

Schlüsselwörter

Praxis · Chancen · Risiken · Anwendung · E-Partizipation

M. Sachs (✉) · M. Goraczek · B. Rinnerbauer
Donau-Universität Krems, Krems, Österreich
E-Mail: Michael.Sachs@donau-uni.ac.at; malgorzata.goraczek@donau-uni.ac.at; bettina.rinnerbauer@donau-uni.ac.at

J. Schoßböck
Donau-Universität Krems, Krems, Österreich
City University of Hong Kong, Hong Kong, China
E-Mail: Judith.Schossboeck@donau-uni.ac.at

M. Leitner (Hrsg.), *Digitale Bürgerbeteiligung*,
https://doi.org/10.1007/978-3-658-21621-4_3

3.1 Beispiele der elektronischen Partizipation

Elektronische Bürgerbeteiligung kann in vielen verschiedenen Ausprägungen realisiert und sowohl im legislativen als auch im exekutiven Bereich eingesetzt werden. Kap. 2 Es gibt weder einheitliche Einsatzgebiete noch Prozesse. Jedoch haben fast alle Projekte gemein, die Involvierung von BürgerInnen in die Politik und die öffentliche Verwaltung stärken zu wollen, um zivilgesellschaftliche Prozesse und Entscheidungen auf eine breitere gemeinsame Basis zu stellen. Dieses Kapitel soll die Vielseitigkeit der elektronischen Bürgerbeteiligung darstellen, die sich sowohl in der Prozessgestaltung als auch in den Ergebnissen stark unterscheiden kann.

- Elektronische Partizipation mit der öffentlichen Verwaltung kann beispielsweise mit sehr geringem Aufwand seitens der BürgerInnen umgesetzt werden. Mit nur wenigen Klicks und in wenigen Minuten können Individuen ein Verfahren anstoßen, zu dessen Abschluss sie später nicht mehr aktiv beitragen müssen, wie Abschn. 3.1.1 darstellt.
- Beispiele für aufwändigere Beteiligungsprozesse werden in Abschn. 3.1.2 dargestellt, da hier die Deliberation ein wichtiger Teil der Beteiligung sein kann. BürgerInnen müssen in deliberativen Prozessen mehr Zeit investieren, um sowohl Inhalte und Meinungen zu lesen als auch eigene Kommentare zur Diskussion beizutragen. Auch können komplexe Beteiligungsprozesse über mehrere Wochen oder Monate andauern und verschiedene Phasen durchlaufen, was die zeitlichen Aufwände aller Beteiligten erhöht.
- Abschn. 3.1.3 stellt mit der Bürgerinitiative eine elektronische Variante von bekannten direktdemokratischen Verfahren dar. BürgerInnen können hier online auf einfache Art und Weise Zustimmung bekunden, wie sie es früher mit Unterschriften auf Papier kundgetan haben.
- Eine gänzlich andere Form der Beteiligung stellt Abschn. 3.1.4 dar. Hier können BürgerInnen nur durch das Zurverfügungstellen von Ressourcen bereits die öffentliche Verwaltung informieren und unterstützen. Durch Crowdsourcing oder Crowdsensing können das Wissen, die Fähigkeiten oder die technischen Werkzeuge von sehr großen Personengruppen genutzt werden.
- Durch die wechselnden Ansprüche an die Demokratie im Zeitalter des Internets und die Komplexität der möglichen Verfahren und Einsatzgebiete befindet sich elektronische Bürgerbeteiligung auch im Interessenfeld von wissenschaftlichen Einrichtungen. In praxisorientierten Forschungsprojekten werden unterschiedliche Aspekte der Bürgerbeteiligung untersucht, wie Abschn. 3.1.5 darstellt.

Während der Fokus der Auswahl der Projekte in diesem Kapitel auf stark elektronisch betriebenen Beteiligungsverfahren lag, ist festzuhalten, dass selbst diese Beispiele nicht ohne die Verbindung von offline und online Aktivitäten im Beteiligungsprozess auskommen. Immerhin geht es bei Beteiligungsverfahren meist darum, positive Auswirkungen auf die Lebenswelten der BürgerInnen zu schaffen; sei es eine reparierte Straßenlaterne oder die Möglichkeit eine gleichgeschlechtliche Ehe einzugehen. Die Verbindung zwischen der online und offline Welt kann in verschiedenen Phasen des Beteiligungsprozesses erfolgen.

- Im Beispiel *FixMyStreet* (Abschn. 3.1.1) findet sich der Ausgangspunkt des Verfahrens offline, zum Beispiel in der Form der bereits genannten defekten Straßenlaterne. Auch die Reparatur dieser Laterne ist Teil eines erfolgreich abgeschlossenen Beteiligungsverfahrens. Die Kommunikation zwischen BürgerInnen und Behörden findet jedoch elektronisch und größtenteils automatisiert statt.
- Die Bürgerhaushalte, die in Abschn. 3.1.2 dargestellt werden, habe ihren Ausgangspunkt in Brasilien, wo sie ohne technische Unterstützung, wie sie das Internet heute bietet, initiiert wurden. Durch die Komplexität eines Bürgerhaushaltes hat sich die digitale Unterstützung der Prozesse jedoch stetig verbessert. Vornehmlich elektronisch abgebildete Bürgerhaushalte werden jedoch meist von offline Angeboten unterstützt. Diese unterstützen die Erreichbarkeit von Personen, die nicht über die Ressourcen oder Fähigkeiten der online Beteiligung verfügen, die prinzipielle Öffentlichkeitsarbeit im Sinne des Bürgerhaushaltes, und auch die unmittelbare Möglichkeit der Diskussion zwischen Interessierten.
- Auch bei so komplexen Verfahren wie der *Europäischen Bürgerinitiative* sind offline Prozesse eingeplant (Abschn. 3.1.3). Einerseits gibt es die Möglichkeit, Unterstützungserklärungen weiterhin auf Papier einzubringen, andererseits können Initiatoren erfolgreich abgeschlossener Bürgerinitiativen vor der Europäischen Kommission vorsprechen und ihre Anliegen vor dem Europäischen Parlament vorstellen.

Die im Folgenden angeführten Beispiele wurden ausgewählt, um verschiedene Varianten der Bürgerbeteiligung darzustellen. Die ergänzenden kurzen Beispiele zeigen, dass selbst innerhalb ähnlicher Beteiligungsformen unterschiedliche Ausprägungen zu finden sind.

3.1.1 Anliegenmanagement

Ein sehr erfolgreiches und bekanntes Beispiel der Bürgerbeteiligung ist *FixMyStreet*,[1] welches aus dem Bereich des Anliegenmanagements kommt. Beim Anliegenmanagement können BürgerInnen direkt bei der zuständigen Stelle der öffentlichen Verwaltung ihre Anliegen deponieren. Im Falle von *FixMyStreet* Kap. 6 geht es um Probleme im öffentlichen Raum, welche verbessert werden sollten. Die Anwendungsfälle gehen von Schlaglöchern über defekte Straßenlaternen bis zu illegalen Mülllagern. Den zuständigen Stellen der öffentlichen Verwaltung werden auf der Plattform Möglichkeiten geboten, Feedback bezüglich der Anliegen der BürgerInnen zu geben.

Die Plattform *FixMyStreet* ist ein Ergebnis des *mySociety* Projekts aus dem Vereinigten Königreich. Mittlerweile gibt es in dreizehn Ländern in Europa, Asien, Amerika, Afrika

[1] mySociety, FixMyStreet. https://www.fixmystreet.com/. Zugegriffen am 16.04.2018.

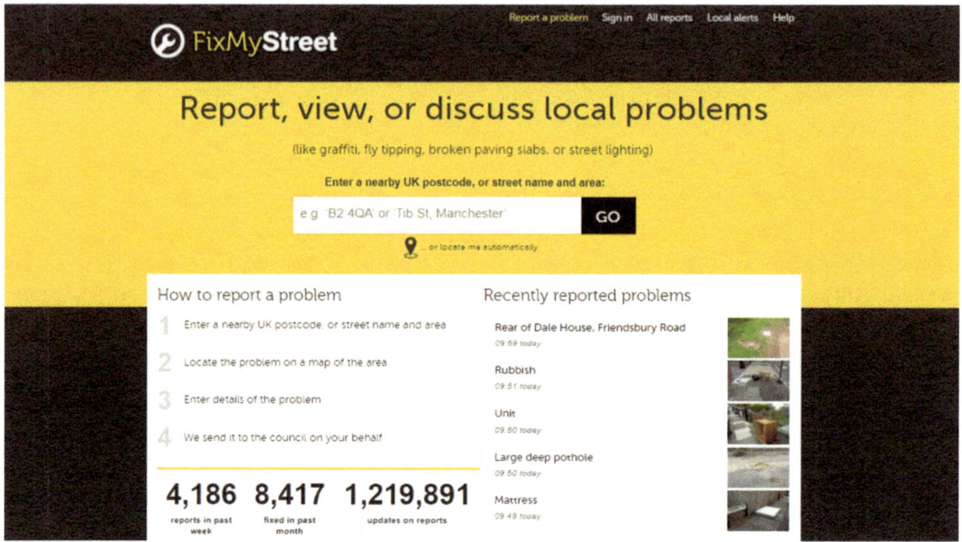

Abb. 3.1 FixMyStreet: Startseite (UK). Screenshot von https://www.fixmystreet.com/ am 08.08.2017 (Urheber: mySociety, mit freundlicher Genehmigung)

und Australien Ableger der Plattform *FixMyStreet*. Die Plattform kann als OpenSource Projekt frei implementiert werden.

Die Anwendung ist für den Nutzer und die Nutzerin einfach und fokussiert auf die relevanten Informationen. Für mobile Geräte gibt es spezielle Applikationen, um von überall jederzeit Probleme melden zu können, weil man vor allem unterwegs auf Probleme im öffentlichen Raum stößt.

Die populärste Landesplattform von *FixMyStreet* ist im Vereinigten Königreich zu finden. Die Abb. 3.1 zeigt die Startseite, auf der bereits auf einen Blick sowohl der einfache Beteiligungsprozess als auch die Erfolge der Plattform abgebildet sind.

Die Startseite der Plattform zeigt die Aktivitäten der Plattform und den einfachen Prozess der Beteiligung. Man markiert den Standort des Problems auf einer Karte und beschreibt das Problem, was auch mittels Fotobeleg gemacht werden kann. Die Plattform schickt die Informationen an die zuständige Behörde und veröffentlicht das Anliegen auf der Website. Die Behörde kann über den Status des Problems Feedback geben und über die Lösung des Problems berichten.

Eine ähnliche Anwendung in Deutschland ist zum Beispiel das Projekt *Maerker Brandenburg*,[2] an dem sich mehrere Kommunen des Landes Brandenburg beteiligen. Auch diese Applikation wird für Smartphones und Webbrowser angeboten. Die Inhalte werden transparent auf der Plattform veröffentlicht und der Fortschritt in der Bearbeitung wird mittels Ampelsystem mitgeteilt. Für Rückfragen der Fachkräfte müssen NutzerInnen Kontaktdaten hinterlassen.

[2] Ministerium des Innern und für Kommunales des Landes Brandenburg, Maerker Brandenburg. https://maerker.brandenburg.de. Zugegriffen am 16.04.2018.

In Wien ist mittlerweile die *Sag's Wien*[3] App im Einsatz, welche nur noch mittels Smartphones verwendbar ist. Die Applikation wurde in Zusammenarbeit mit Bürgern und BürgerInnen entwickelt und soll einen Beitrag zur voranschreitenden Digitalisierung der Stadt im Rahmen der Digitalen Agenda der Stadt leisten. Eine Registrierung ist nicht notwendig und BenutzerInnen haben verschiedene Möglichkeiten die eingebrachten Anliegen einzusehen und gegebenenfalls von ihnen ausgewählten Anliegen zu folgen.

3.1.2 Bürgerhaushalt

Als Ursprung der Bürgerhaushalte wird das Beispiel aus dem brasilianischen Porto Alegre aus dem Jahre 1989 gesehen. Dieser Bürgerhaushalt wurde durch den Bürgermeister der Arbeiterpartei eingeführt, um durch die Einbeziehung der BürgerInnen in die Budgetgestaltung gegen Klientelismus und Korruption vorzugehen. Die Erfolge dieses Bürgerhaushalts inspirierten verschiedene Projekte weltweit, jedoch scheitern auf Grund der komplexen Beschaffenheit der Prozesse viele dieser Folgeprojekte. So sind auch die Projektleiter in Porto Alegre in den letzten Jahren darum bemüht, die Prozesse zu simplifizieren [1].

Bürgerhaushalte gibt es in verschiedenen Ausprägungen, doch können diese Verfahren von anderen Beteiligungsverfahren anhand bestimmter Kriterien unterschieden werden. Das Berliner Centre Marc Bloch hat beispielsweise fünf solcher Kriterien definiert [2]:

1. Ziel ist eine Einbeziehung der Bürger und Bürgerinnen in die Gestaltung der öffentlichen Finanzen.
2. TeilnehmerInnen an einem Bürgerhaushalt erhalten Rechenschaft, wie die Organisatoren der Verfahren mit den eingebrachten Vorschlägen verfahren.
3. Der Bürgerhaushalt einer Stadt beschäftigt sich nicht mit Stadtteilen, sondern hat die gesamte Stadt im Blick.
4. Zwischen den TeilnehmerInnen soll ein inhaltlicher Austausch stattfinden, wodurch Verfahren der bloßen Bedarfserhebung nicht zu Bürgerhaushalten zählen.
5. Bürgerhaushalte sind keine für sich alleinstehenden Verfahren, sondern müssen im Rahmen der regulären Budgetplanung wiederholt werden.

Die Nutzung des Internets ermöglicht die komplexen Informationen und Verfahrensprozesse von Bürgerhaushalten einfacher darzustellen und umzusetzen. Heute kommt ein Bürgerhaushalt mit entsprechender Beteiligung nicht mehr ohne digitale Hilfsmittel aus.

Im deutschsprachigen Raum gilt der *Bürgerhaushalt Köln*[4] als Best Practice Beispiel. Die digitale Plattform des Bürgerhaushalts ist preisgekrönt. Das Internet bietet die Plattform für

[3] Stadt Wien, Sag's Wien – Die App für Ihre Anliegen an die Stadt. https://www.wien.gv.at/sagswien/. Zugegriffen am 16.04.2018.

[4] Stadt Köln, Bürgerhaushalt: Ein Beteiligungsangebot der Stadt Köln. https://buergerhaushalt.stadt-koeln.de/. Zugegriffen am 16.04.2018.

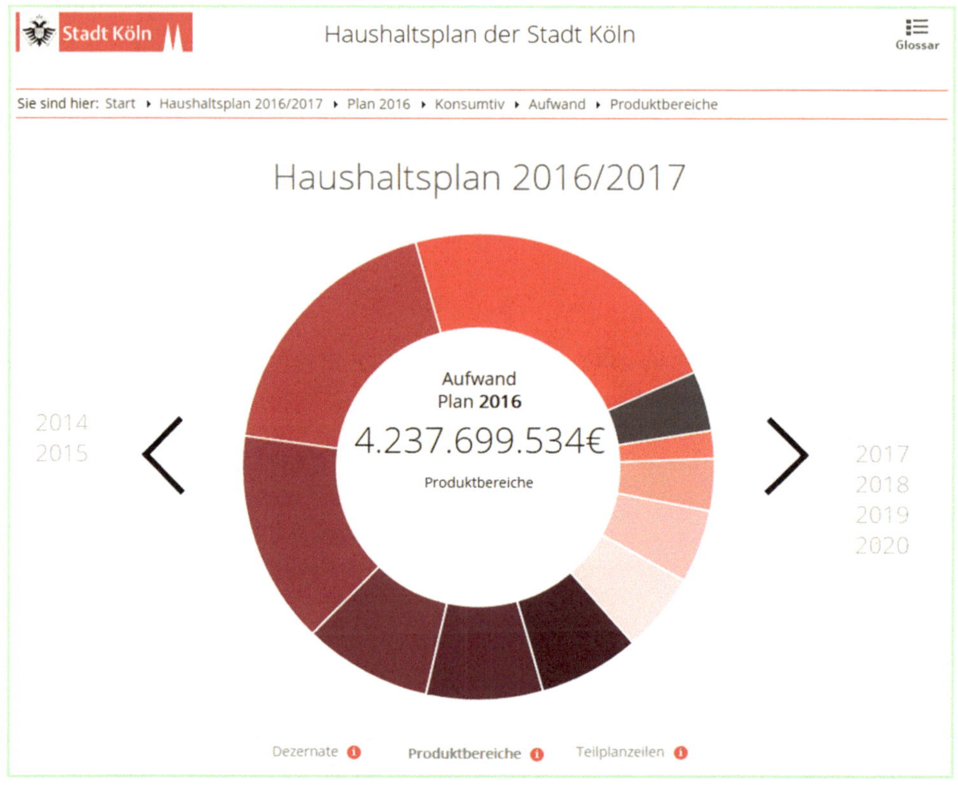

Abb. 3.2 Bürgerhaushalt der Stadt Köln: Visualisierung des Haushaltsplans. Screenshot von http://haushaltsplan.koeln/#/haushaltsplan-201617/plan-2016/konsumtiv/aufwand/produktbereiche.html am 08.08.2017 (Copyright: Stadt Köln, mit freundlicher Genehmigung)

die Diskussionen und Bewertungen, die im Rahmen der konsultativen Verfahren stattfinden. Andere Kommunikationskanäle werden von Seiten der Projektumsetzung unterstützt [3].

Die Authentifizierungsverfahren sind bewusst niedrig gehalten und erlauben eine anonyme Teilnahme. Visualisierungen des Budgets der Stadt Köln, dem Kern der Beteiligung, wie in der Abb. 3.2 zu sehen, helfen dem Verständnis der TeilnehmerInnen.

Der *Bürgerhaushalt Köln* wird in vier Stufen abgehalten [4]:

1. Beteiligungsphase: BürgerInnen können Vorschläge zum Haushalt einbringen. Rückmeldungen der Stadtverwaltung erfolgen, wenn möglich zu einem frühen Zeitpunkt.
2. Auswertung: Die 25 bestbewerteten Bürgervorschläge auf der Bezirks- und Stadtebene werden von der Stadtverwaltung kommentiert und diese Stellungnahmen können bewertet werden.
3. Beratung und Entscheidung: Die Ergebnisse werden an die Politik übergeben und der Rat der Stadt Köln trifft die letzte Entscheidung.
4. Rechenschaftsbericht: Registrierte BürgerInnen werden direkt darüber informiert, wie mit den Ergebnissen umgegangen wurde. Diese Informationen werden auch über die Presse kommuniziert.

Kein typischer Bürgerhaushalt, aber ein Beispiel eines Beteiligungsverfahrens im Rahmen der Finanzplanung ist *Solingen Spart!*[5] [5] Die Stadt Solingen sammelte auf einer Plattform Vorschläge, um Kosten zu sparen und den defizitären Haushalt zu konsolidieren. BürgerInnen konnten selbst Vorschläge einbringen und Vorschläge von BürgerInnen sowie der Verwaltung bewerten und kommentieren. Es konnte mit Hilfe der Vorschläge der BürgerInnen ein Sparpaket geschnürt werden [3].

3.1.3 Bürgerinitiativen in Europa

Im Vertrag von Lissabon wurde die Möglichkeit der Europäischen Bürgerinitiative (EBI)[6] beschlossen, die 2012 das erste Mal angewandt wurde. Die EBI ist ein europaweites direktdemokratisches Element, durch welches BürgerInnen direkt bei der Europäischen Kommission beantragen können, dass sich diese mit einem bestimmten Thema beschäftigt, was das Europäische Parlament ebenso machen kann [6]. Voraussetzung für eine erfolgreiche EBI ist, dass aus mindestens sieben Mitgliedsstaaten der Europäischen Union eine definierte Anzahl von BürgerInnen die jeweilige Bürgerinitiative unterstützt, und insgesamt mindestens eine Million Unterstützungsbekundungen vorliegen.

Eine EBI wird von einem Bürgerausschuss initiiert, der aus mindestens sieben bei Europawahlen wahlberechtigten BürgerInnen aus mindestens sieben Mitgliedsstaaten der EU bestehen muss. Die Registrierung der EBI erfolgt auf einer dafür eingerichteten Internetplattform, auf der der Bürgerausschuss die notwendigen Informationen eintragen kann. Die Europäische Kommission veröffentlicht auf dieser Plattform alle registrierten Bürgerinitiativen.

Möchte eine Bürgerinitiative online Unterstützungsbekundungen sammeln, ist eine Zertifizierung des entsprechenden Online-Sammelsystems bei der zuständigen Behörde desjenigen Mitgliedsstaats notwendig, in dem die Daten gespeichert werden. Die Europäische Kommission stellt eine Open Source Software gratis zur Verfügung, wobei auch andere Softwarelösungen akzeptiert werden können.

▶ **Tipp** Die Software zur Sammlung von Unterstützungserklärungen, die die Europäische Kommission gratis zur Verfügung stellt, heißt *ECI Online Collection Software (OCS).* Die Software ist auf der *Joinup*[7] Plattform der Europäischen Kommission zugänglich, wird kontinuierlich upgedatet und verfügt über eine ausführliche Dokumentation zur Implementierung und Anwendung.

[5] Solingen spart! http://www.solingen-spart.de/. Zugegriffen am 24.10.2017.

[6] Europäische Kommission, Die Europäische Bürgerinititive. http://ec.europa.eu/citizens-initiative/public/welcome?lg=de. Zugegriffen am 24.10.2017.

[7] Joinup, Releases for ECI Online Collection Software (OCS) solution. https://joinup.ec.europa.eu/asset/ocs/asset_release/all. Zugegriffen am 24.10.2017.

Nach der Registrierung können zwölf Monate lang die notwendigen Unterstützungserklärungen gesammelt werden. Da die Mitgliedsstaaten unterschiedliche Anforderungen an die Unterstützungsbekundungen haben, werden sowohl Online- als auch Papierformulare entsprechend angepasst. Die Unterstützungserklärungen werden von jedem Mitgliedsstaat bescheinigt, wobei unterschieden wird, ob eine Unterstützungsbekundung in Papierform, per Online-Sammelsystem oder mittels fortgeschrittener elektronischer Signatur übermittelt wurde. Anschließend werden die Bescheinigungen der Europäischen Kommission vorgelegt.

Bei Erfüllung aller Kriterien können die Organisatoren der Bürgerinitiative bei der Europäischen Kommission über ihr Anliegen im Detail vorsprechen und sie können die Initiative bei einer öffentlichen Anhörung im Europäischen Parlament vorstellen. Die Kommission veröffentlicht eine formelle und begründete Antwort, wie und ob sie Maßnahmen im Sinne der Bürgerinitiative umsetzen wird [7].

Bis Mitte 2017 haben drei Initiativen die Bedingungen der EBI erfüllt, was zeigt, dass das Sammeln der Unterstützungsbekundungen mitunter schwer sein kann. Kritik der Öffentlichkeit an der EBI und eine Evaluierung der Europäischen Kommission haben einige Schwachpunkte der EBI festgestellt. Generell gilt das Verfahren für die Initiatoren einer EBI als aufwändig und kompliziert. Viele Bürger und Bürgerinnen haben sich in einer EBI als UnterstützerInnen eingebracht, jedoch wurden die meisten Bürgerinitiativen erst gar nicht von der Kommission behandelt. Die drei erfolgreichen Bürgerinitiativen hatten allesamt große international vernetzte Organisationen und Verbände hinter sich, die sowohl die Administration als auch die Mobilisation für die Unterstützungserklärungen bewerkstelligen konnten. Auch wenn diese Bürgerinitiativen überschaubaren Einfluss auf die Politik ausüben konnten, wurden zentrale Anliegen nicht umgesetzt. Die Zulassung von Bürgerinitiativen obliegt der Kommission, wodurch einige politisch brisante Themen erst gar nicht zugelassen wurden, was wiederum Kritik an dem schwachen Instrument der EBI zur Folge hatte. Eine verpflichtende Diskussion im Europäischen Parlament über die Antwort der Kommission auf eine EBI würde zum Beispiel Bürgerinitiativen stärker im politischen Diskurs verankern. Auch eine Angleichung der Bedingungen zur Unterschrift auf das notwendigste Maß könnte die EBI zugänglicher machen. In einigen Ländern, wie zum Beispiel in Österreich, ist die Angabe der Passnummer oder Personalausweisnummer notwendig, was von Kritikern bemängelt wird [8].

Generell sind bei Beteiligungsprojekten auf europäischer Ebene sowohl die Anzahl der potenziell involvierten BürgerInnen als auch die Sprachbarrieren Herausforderungen an den Partizipationsprozess. Elektronische Beteiligung kann hier Prozesse der Teilhabe schaffen, die ohne Digitalisierung nicht möglich wären. Elektronische Lösungen sind bei der EBI zum Beispiel nicht nur zur Administration zwingend notwendig, sondern ermöglichen auch ein einfacheres Sammeln der Unterstützungsbekundungen.

Bürgerinitiativen sind jedoch keine Erfindung der Europäischen Union, weshalb auch nationale Ausprägungen dieser Beteiligungsform exemplarisch betrachtet werden sollen. Nationale Bürgerinitiativen oder die Möglichkeit der Petition sind in mehreren Staaten als Bürgerbeteiligungsform verankert. In Finnland gibt es seit 2012 gut untersuchte online

Bürgerinitiativen. UnterstützerInnen können diese mittels Bank-Nutzer-Authentifikation unterschreiben. In den Beurteilungen dieser Bürgerinitiativen lassen sich einige Anmerkungen zu Chancen und Risiken aus Abschn. 3.3 wiederfinden [9]:

- Durch die online Bürgerinitiativen konnte die Involvierung von BürgerInnen in den politischen Entscheidungsprozess verstärkt werden. Zum Beispiel wurde die Initiative für gleichgeschlechtliche Ehen innerhalb von 24 Stunden von 120.000 Personen unterstützt, wobei 50.000 Unterstützungserklärungen innerhalb von 6 Monaten als Vorgabe gelten.
- Junge Menschen können für Politik interessiert werden. Die meisten aktiven Personen sind zwischen 21 und 40 Jahren alt. Das bedeutet jedoch auch, dass eine erhöhte Repräsentativität der Bevölkerung nicht erreicht werden konnte.
- Neue und innovative Ideen werden eingebracht.
- Politische Entscheidungen basieren auf einer größeren Legitimität. Vertrauen in das politische System wird durch die Bürgerinitiative gestärkt, sofern die BürgerInnen den Prozess als transparent wahrnehmen, wobei erfolglose Bürgerinitiativen auch Enttäuschung generieren.
- TeilnehmerInnen denken, dass die Involvierung von BürgerInnen mittels Crowdsourcing-Methoden die finnische Demokratie verbessern kann.

3.1.4 Passive Partizipation

Crowdsourcing ist oft ein wichtiges Element der E-Partizipation. BürgerInnen sind gefragt, um ihre Ideen, ihr Wissen und ihre Zeit für die gemeinsame Gestaltung der Gesellschaft zur Verfügung zu stellen.

Es gibt jedoch auch Varianten der E-Partizipation, bei denen BürgerInnen vor allem ihre technischen Ressourcen zur Verfügung stellen, was auch als Crowdsensing bezeichnet werden kann (Kap. 6). Ob diese Ausprägung der Partizipation zu den in den vorherigen Abschnitten beschriebenen Formen der Bürgerbeteiligung zu zählen ist, kann diskutiert werden. Jedoch sollen diese passiven Formen der BürgerInnenbeteiligung erwähnt werden, da diese Elemente zum Beispiel in Smart Cities zunehmend eine Rolle spielen werden. Auch können neue Technologien zu neuen Formen der passiven Zusammenarbeit führen.

Im folgenden Beispiel sind wieder die Straßen und deren Beschaffenheit Ausgangspunkt für innovative Ideen, wie in Abschn. 3.1.1. Das Mayor's Office of New Urban Mechanics der Stadt Boston in den USA hat im Rahmen eines Projekts eine Applikation für Smartphones mit dem Titel *Street Bump*[8] Kap. 6 entwickeln lassen, wie in Abb. 3.3 dargestellt ist. Freiwillige können die App während der Autofahrten aktivieren und dabei die Sensoren von Smartphones verwenden, um Bodenwellen zu erfassen. Über den Accelerometer werden Erschütterungen, die während der Fahrt auftreten, gemessen und evaluiert,

[8] Mayor's Office of New Urban Mechanics in Boston, Street Bump. http://www.streetbump.org/. Zugegriffen am 24.10.2017.

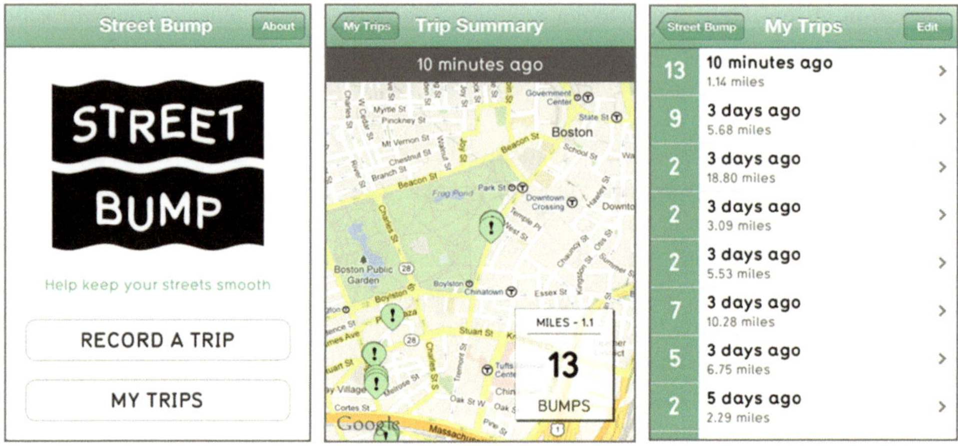

Abb. 3.3 Street Bump App: 3 Screenshots von http://www.streetbump.org/about am 11.08.2017 in einem Bild zusammengefasst

wie der Zustand der Straße ist. Diese Daten werden dann an die Stadtverwaltung weitergeleitet, welche dann entscheidet, ob ein bestimmter Straßenteil restauriert werden muss. Die Applikation steht gratis zur Verfügung [10].

Laut Website wurden zwar mehrere hundert Fahrten unternommen und mehrere tausend Bodenwellen registriert, doch von Seiten der Verwaltung wurden noch keine Verbesserungseinsätze durch den Einsatz der Applikation registriert. Auch wenn die Applikation noch nicht alle Anforderungen der NutzerInnen erfüllt, zeigt sie wie künftige Möglichkeiten der Zusammenarbeit von Verwaltung und BürgerInnen realisiert werden könnten. In diesem Bereich werden neue Technologien eine wichtige Rolle spielen.

3.1.5 Beteiligungsprojekte mit Forschungsschwerpunkten

3.1.5.1 ePartizipation – Authentifizierung bei demokratischer Online-Beteiligung

Das Projekt *ePartizipation – Authentifizierung bei direktdemokratischer Online-Beteiligung*[9] befasste sich mit Methoden und Technologien zur IKT-gestützten Beteiligung der Gesellschaft. Das Projekt wurde im Sicherheitsforschungs-Förderprogramm KIRAS vom Bundesministerium für Verkehr, Innovation und Technologie (BMVIT) finanziert. Im Fokus des Projekts standen unterschiedliche Möglichkeiten der Authentifizierung und die Anwendung dieser elektronischen Authentifizierungsverfahren in unterschiedlichen Ausprägungen der E-Partizipation.

[9] http://www.kiras.at/gefoerderte-projekte/detail/d/epartizipation-authentifizierung-bei-demokratischer-online-beteiligung/ bzw. https://www.epartizipation.info. Zugegriffen am10.12.2017.

Ziel des Projekts war unter anderem die Entwicklung eines E-Partizipationsökosystems, das mit verschiedenen Beteiligungsformen (vgl. Abschn. 3.2.1) entlang unterschiedlich ausgeprägter elektronischer Identitäten bzw. Authentifizierungsmethoden (vgl. Abschn. 3.2.2) genutzt werden kann. Ausgehend von einer Analyse bestehender Authentifizierungsverfahren und den mit ihnen assoziierten Sicherheitsniveaus wurden im Projekt mögliche Zuordnungen zu Anforderungen von Bürgerbeteiligungsmodellen erarbeitet. Dabei wurden parallel über den gesamten Projektverlauf höchste Sicherheitsstandards zum Schutz der Privatsphäre und rechtliche sowie soziale Rahmenbedingungen verstärkt berücksichtigt [11].

Das Ergebnis ist eine flexibel gestaltbare Beteiligungsplattform, die es den Organisatoren von Beteiligungsverfahren erlaubt, innerhalb kurzer Zeit sowohl einfache als auch komplexe Beteiligungsverfahren zu designen und online zu stellen. Das Hauptaugenmerk in der Entwicklung lag auf der Perspektive der Organisatoren der Beteiligung, denen die Möglichkeit geboten wird, jede Phase eines Beteiligungsverfahrens individuell an die Bedürfnisse des Verfahrens und der Zielgruppe anzupassen. Selbst während eines laufenden Verfahrens können bei Bedarf weitere Phasen erstellt werden, die auch parallel den NutzerInnen zugänglich gemacht werden können. So kann man Informations-Phasen, Abstimmungs-Phasen oder Ideen-Phasen so aneinanderreihen und mischen, dass der ideale Prozess zusammengestellt wird. Auch Möglichkeiten der Moderation wurden eingearbeitet, um der Organisation die Möglichkeit zu geben, transparent und unterstützend in Beteiligungsprozesse einzugreifen. Die Abb. 3.4 zeigt die Überblickseite eines Beteiligungsverfahrens, wo NutzerInnen zwischen unterschiedlichen Aktivitäten innerhalb eines Beteiligungsverfahrens wählen können.

Die Beteiligungsplattform des Projekts *ePartizipation* wurde zwar mit NutzerInnen getestet und evaluiert, jedoch wurde die Plattform noch nicht öffentlich eingesetzt.

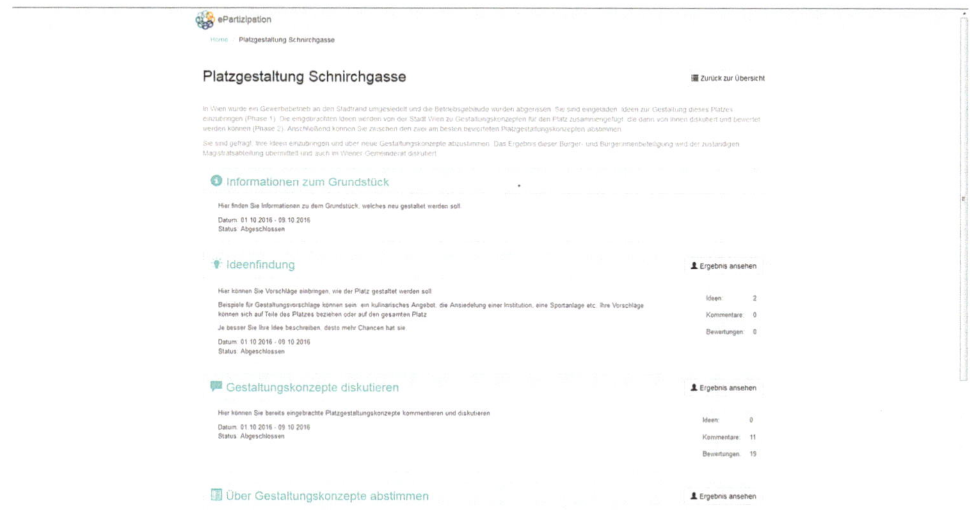

Abb. 3.4 Ausschnitt eines Bürgerbeteiligungsverfahrens auf der E-Partizipations-Plattform des Projekts „ePartizipation" [12] (mit freundlicher Genehmigung)

Die gewonnenen Erkenntnisse sind jedoch über entsprechende Publikationen zugänglich und sollen weitere Projekte bei der Gestaltung von erfolgreichen Partizipationsverfahren unterstützen.

3.1.5.2 OurSpace – The Virtual Youth Space

Das Projekt *OurSpace – The Virtual Youth Space* wurde von der Europäischen Kommission gefördert, mit dem Ziel, junge Menschen zur politischen Teilhabe zu motivieren. Es folgte dem Slogan „Have your say!" [13] Das Projekt stellte einen Online-Raum zur Verfügung, der so gestaltet war, dass sich junge europäische BürgerInnen, insbesondere aus Österreich, Tschechien, Griechenland und dem Vereinigten Königreich, aktiv einbringen konnten.

Im Fokus des Projekts standen das Engagement und die Motivation der Jugendlichen, sich für europäische Politik zu interessieren und mit PolitikerInnen auszutauschen. Dafür wurden ParlamentarierInnen des Europäischen Parlaments gewonnen, welche sich aktiv auf der Plattform einbrachten und ihre eigenen Themen platzierten. Durch verschiedene Aktivitäten wurden Jugendliche dazu motiviert, sich aktiv zu beteiligen. Effektive Aktionen der Motivation zur Beteiligung waren:

- die Verbindung mit offline Events, bei denen Deliberationsprozesse online abgebildet wurden;
- Medienkampagnen, insbesondere in Griechenland mit dem damals stattfindenden Kollaps der griechischen Finanzen;
- Elemente der Gamification, die mit einem Gewinnspiel verbunden waren.

Die Beteiligungsprozesse von *OurSpace* waren in vier Phasen gestaffelt:

- Einbringen von Themen zur Diskussion und die Bewertung des Themas.
- Diskussion der Themen und Bewertung der von NutzerInnen eingebrachten Lösungsvorschläge.
- Auswahl der relevantesten Lösungsvorschläge mittels Abstimmung.
- Zusammenfassung des Prozesses und das Verschicken von Informationen an relevante öffentliche EntscheidungsträgerInnen in diesem Themengebiet, welche wiederum Feedback auf der Plattform geben sollten.

Die Übersichtsseite des Portals zeigte die letzten Aktivitäten und die meistdiskutierten Themen, um NutzerInnen schnell per Mausklick dorthin zu bringen, wo sie sich selbst einbringen konnten. Die Plattform wurde auf Griechisch, Deutsch, Tschechisch und Englisch angeboten. In Abb. 3.5 ist ein Screenshot der deutschen Sprachvariante zu sehen.

Neben der Desktop-Version konnte *OurSpace* über die eigene Mobile App für Smartphones (Android), iGoogle Gadget oder die Facebook-App aufgerufen und somit auch mobil genutzt werden [13]. Die App auf dem Mobiltelefon verschickte etwa Benachrichtigungen, sobald die Diskussionsplattform neue Aktivitäten registrierte. Das Projekt passte

Abb. 3.5 OurSpace (deutsch). Screenshot von http://www.joinourspace.eu/PromoRegisterdeAT/tabid/310/language/de-AT/Default.aspx?newLang=de-AT am 17.10.2017

sich in diesem Aspekt dem damaligen Trend der voranschreitenden Handy- statt Laptopnutzung für bestimmte Online-Aktivitäten an [14]. Auch war die Registrierung mittels Facebook-Account für viele NutzerInnen angenehmer als das Erstellen eines weiteren Accounts nur für *OurSpace*.

Zeitgleich wurden beliebte Soziale Netzwerke wie Facebook und Twitter dazu genutzt, um aktiv für die Plattform zu werben. Die Integration von Sozialen Medien im Projekt resultierte in einem authentischen und realistischen Zugang zu Jugendlichen. *OurSpace*, so die Analyse von Lacigova et al. [14], demonstriere den Versuch, traditionelle E-Partizipationssysteme auf dominante Trends des Webs 2.0. maßzuschneidern. Dennoch konnte sich die Plattform nicht nachhaltig etablieren, und die Nutzungszahlen nahmen nach Ende der offiziellen Projektlaufzeit rasant ab.

3.2 Planung von Beteiligungsverfahren

In diesem Kapitel werden die Planung von Beteiligungsverfahren und die Erstellung von möglichen Anwendungsszenarien für diese beschrieben. Je nach den Anforderungen von Beteiligungsverfahren müssen unterschiedliche Eigenschaften vor dem Prozess der Entwicklung von Anwendungsszenarien berücksichtigt werden. Die Darstellung in Abb. 3.6 verschafft beispielhaft einen Überblick über diese Eigenschaften.

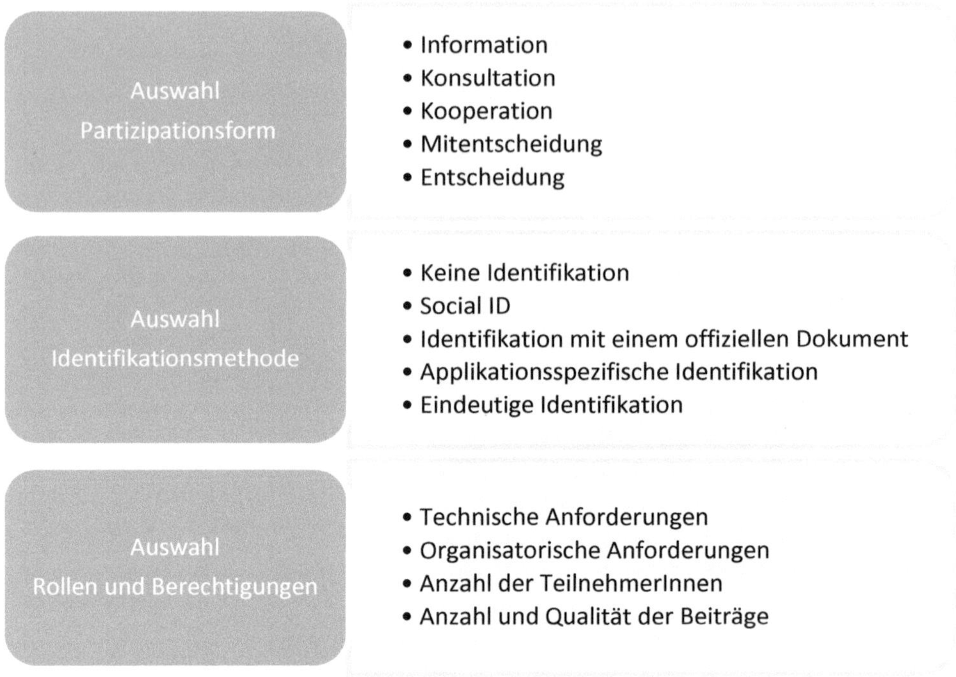

Auswahl Partizipationsform

- Information
- Konsultation
- Kooperation
- Mitentscheidung
- Entscheidung

Auswahl Identifikationsmethode

- Keine Identifikation
- Social ID
- Identifikation mit einem offiziellen Dokument
- Applikationsspezifische Identifikation
- Eindeutige Identifikation

Auswahl Rollen und Berechtigungen

- Technische Anforderungen
- Organisatorische Anforderungen
- Anzahl der TeilnehmerInnen
- Anzahl und Qualität der Beiträge

Abb. 3.6 Festlegung von Eigenschaften für Beteiligungsverfahren

3.2.1 Partizipationsformen für E-Partizipations-Plattformen

Wie aus Abb. 3.6 hervorgeht, ist es vor der Erstellung des konkreten Anwendungsszenarios wichtig zu überlegen, welches Ziel mit der Umsetzung des Beteiligungsverfahrens verfolgt wird und welche Form der Partizipation dafür ausgewählt werden sollte. Je nach Grad der Involvierung der teilnehmenden Personen kann ein Beteiligungsverfahren von der niederschwelligen Verbreitung von Informationen bis zum Einsatz bei einer Wahl reichen.

E-Partizipationsformen können wie folgt unterschieden werden [15]:

- Information: Teilnehmende Personen können Informationen einsehen und verbreiten.
- Konsultation: TeilnehmerInnen können im Zuge der Partizipation Ideen, Inhalte und Meinungen in der Plattform einbringen, kommentieren, diskutieren und bewerten.
- Kooperation: In der Partizipationsplattform können gemeinsam Ideen, Meinungen oder Ergebnisse durch die teilnehmenden Personen erarbeitet werden.
- Mitentscheidung: Den TeilnehmerInnen wird in der Plattform die Möglichkeit gegeben, sich bei der Abstimmung zu einem Thema ohne rechtliche Bindung zu beteiligen.
- Entscheidung: Die Beteiligung der TeilnehmerInnen in der Plattform ist rechtlich bindend (z. B. bei einer Interessenvertretungswahl).

Durch die Auswahl der Form der Partizipation ergibt sich die Notwendigkeit, den Kreis der teilnehmenden Personen zu definieren und entsprechend der Zielgruppe einzugrenzen. Möglichkeiten dieser Eingrenzung werden im nächsten Kapitel beschrieben.

3.2.2 Authentifizierungsmethoden für E-Partizipations-Plattformen

In der Darstellung von konkreten Anwendungsszenarien (Abschn. 3.2.4) werden mögliche Arten von Authentifizierungsmethoden bzw. Identifikationsmethoden berücksichtigt. Im Rahmen des Projekts *ePartizipation – Authentifizierung bei direktdemokratischer Online-Beteiligung* wurden beispielsweise folgende Authentifizierungsmethoden verwendet (Kap. 4):

- Keine Identifikation
- Social IDs (Identifikation über soziale Medien/Netzwerke wie z. B. Facebook, Twitter, LinkedIn etc.)
- Nummer eines offiziellen Dokuments (z. B. Passnummer)
- Applikationsspezifisches User-Management (Identifikation basiert auf dem System des Betreibers)
- Eindeutige elektronische Identifikation (z. B. elektronische Signatur)

Die angeführten Authentifizierungsmethoden zeigen das Spannungsverhältnis zwischen der Niederschwelligkeit und dem Vertrauen in die Richtigkeit der Ergebnisse von Beteiligungsverfahren. Die Entscheidung für eine bestimmte Authentifizierungsmethode kann nach unterschiedlichen Kriterien erfolgen.

Je höher das Vertrauen in die Sicherheit und die Zuverlässigkeit der Ergebnisse sein soll, desto höher sind die Anforderungen an die Identifizierung (z. B. eindeutige Identifikation).

Je höher die Anzahl der Personen, die an der Beteiligung teilnehmen sollen (mit geringer Anforderung an die Zuverlässigkeit der Ergebnisse), desto niedriger die Anforderungen an die Authentifizierungsmethoden (z. B. keine oder niederschwellige Authentifizierung).

Die Organisatoren des *Bürgerhaushalt Köln* (Abschn. 3.1.2) haben sich z. B. für eine niederschwellige Authentifizierungsmethode entschieden, um BürgerInnen nicht durch unnötige Hürden von der Beteiligung abzuhalten. Bei der Europäischen Bürgerinitiative (Abschn. 3.1.3) ist in einigen Ländern z. B. die Angabe der Passnummer bei der Unterstützungserklärung notwendig, was mitunter auch von Datenschützern kritisiert wird.

3.2.3 Rollen und Berechtigungen für E-Partizipations-Plattformen

Im letzten Schritt der Erstellung der Anwendungsszenarien werden unterschiedliche Rollen und damit verbundene Berechtigungen für unterschiedliche Arten von Beteiligungsverfahren ausgewählt. Die Auswahl und Definition von Rollen für elektronische Beteiligungsplattformen ist abhängig von den zur Verfügung stehenden Ressourcen, der Anzahl der zu erwartenden TeilnehmerInnen, der Qualität der erwarteten Beiträge (quantitativ/qualitativ), den rechtlichen Vorgaben oder anderen Einflussfaktoren. Zur Beschreibung der konkreten Anwendungsszenarien werden Rollen und Berechtigungen gewählt, die mit der Administration, Organisation, Koordination und Teilnahme an Beteiligungsverfahren verbunden sind (vgl. Kap. 7).

3.2.4 Darstellung konkreter Anwendungsszenarien für E-Partizipations-Plattformen

Wie einleitend beschrieben umfasst die Beschreibung eines Anwendungsszenarios die Darstellung der Handlungsabläufe in einem System, die auf vorher definierten Partizipationsformen, Identifikationsmethoden sowie Rollen und Berechtigungen basiert.

Vier mögliche Szenarien, die im Projekt *ePartizipation – Authentifizierung bei direktdemokratischer Online-Beteiligung* entwickelt wurden, werden hier beispielhaft vorgestellt. Es ist festzuhalten, dass die rechtlichen Rahmenbedingungen für solche Verfahren teilweise (noch) nicht gegeben sind, jedoch die Technologie dafür vorhanden ist:

- Im Anwendungsszenario 1 wird ein konkretes Beteiligungsverfahren – eine Betriebsratswahl in einem Unternehmen – beschrieben. Das Ziel dieses Beteiligungsverfahrens ist die Wahl des Betriebsrats im Einklang mit den rechtlichen Rahmenbedingungen.
- Das Anwendungsszenario 2 beschreibt die Planung eines öffentlichen Platzes mit Hilfe von E-Partizipation. Das Ziel ist die Durchführung einer Konsultation, bei der teilnehmende Personen ihre Vorschläge und Ideen einbringen können.
- Das Ziel der gemeinsamen Erstellung der Hausordnung eines Mietshauses steht bei Anwendungsszenario 3 im Vordergrund. Das gemeinsame Erarbeiten der Hausordnung soll das gegenseitige Vertrauen stärken und zu einer höheren Akzeptanz führen.
- Im Anwendungsszenario 4 werden Personen von der Gemeinde aufgefordert, in einem Beteiligungsverfahren zu entscheiden, ob die Straße in der sie wohnen, in eine Fußgängerzone umgewandelt werden soll. Das Ziel ist die Partizipation von BürgerInnen an einer konkreten verkehrspolitischen Entscheidung.

3.2.4.1 Anwendungsszenario 1 | Betriebsratswahl

Festlegung der Partizipationsform, Authentifizierungsmethode und Auswahl der Rollen und der damit verbundenen Berechtigungen im Beteiligungsverfahren

- Partizipationsform: Entscheidung
- Authentifizierungsmethode: applikationsspezifisches User-Management des Unternehmens (Wahlvorstand und Wahlberechtigte)
- Mögliche Rollen:
  - AdministratorIn: Betreiber der Plattform
  - OrganisatorIn: Person aus dem Wahlvorstand
  - TeilnehmerInnen: wahlberechtigte MitarbeiterInnen

In diesem Anwendungsszenario wird ein konkretes Beteiligungsverfahren – eine Betriebsratswahl in einem Unternehmen – beschrieben. Damit die Wahl des Betriebsrats im Einklang mit den rechtlichen Rahmenbedingungen stattfinden kann, muss die E-Partizipations-Plattform den rechtlichen Vorgaben sowie den Bedürfnissen des Unternehmens zur erfolgreichen Durchführung der Wahl entsprechen. Dies erfordert die Bereitstellung der benötigten Funktionen für die Beteiligungsform „Entscheidung“ (Wahl), wie auch die Schaffung der technischen Voraussetzungen für die Authentifizierungsmethode (nur MitarbeiterInnen des Unternehmens) und die Auswahl der möglichen Rollen und ihrer Berechtigungen.

Damit die Wahl nach den gesetzlichen Vorgaben stattfinden kann, besteht die Notwendigkeit, die Authentifizierungsmethode der TeilnehmerInnen durch ein höherwertigeres Identifizierungsverfahren sicherzustellen.

Die Rolle „AdministratorIn“ würde die Plattform für diese Wahl betreiben und technisch gewährleisten, dass nur MitarbeiterInnen teilnehmen können, nur einmal ihre Stimme abgeben können und nicht feststellbar ist, wie und ob abgestimmt wird (Wahlgeheimnis). Nach rechtlichen Vorgaben muss das Ergebnis der Wahl den teilnehmenden Personen nach der Wahl mitgeteilt werden, deshalb sollte eine Funktion erstellt werden, mittels derer den MitarbeiterInnen das Ergebnis über die E-Partizipations-Plattform mitgeteilt wird.

Im Zuge des Beteiligungsverfahrens der Betriebsratswahl könnte auch die Rolle „OrganisatorIn“ eingebunden werden. Diese könnte Funktionen und Berechtigungen umfassen, die mit der Informationsbereitstellung und Kommunikation im Zuge der Betriebsratswahl verbunden sind, wie z. B. Ankündigungen von Veranstaltungen oder das Veröffentlichen von Wahlprogrammen.

Darüber hinaus könnten Betriebsvereinbarungen und andere für MitarbeiterInnen wichtige Informationen zur Verfügung gestellt werden, die den teilnehmenden Personen das Lesen, Kommentieren, Bewerten und Erstellen von Beiträgen ermöglichen. Die Rolle „TeilnehmerIn“ würde dadurch nicht nur zur Wahl berechtigen, sondern auch zu weiteren Formen der Beteiligung im Zuge der Betriebsratswahl.

3.2.4.2 Anwendungsszenario 2 | Errichtung eines Platzes

Festlegung der Partizipationsform, Authentifizierungsmethode und Auswahl der Rollen und der damit verbundenen Berechtigungen im Beteiligungsverfahren

- Partizipationsform: Konsultation | Einbringung von Ideen, Inhalten und Meinungen
- Authentifizierungsmethode: keine Identifikation
- Mögliche Rollen:
  - OrganisatorIn: BürgermeisterIn einer Gemeinde
  - TeilnehmerInnen: BürgerInnen einer Gemeinde, weitere interessierte Personen

Dieses Anwendungsszenario beschreibt einen möglichen Ablauf der Planung eines öffentlichen Platzes mit Hilfe einer E-Partizipations-Plattform. Das Ziel des hier angeführten Szenarios ist die Durchführung der Partizipationsform Konsultation durch eine/n

BürgermeisterIn, bei der BürgerInnen und andere interessierte Personen ihre Vorschläge und Ideen zur Gestaltung des Platzes einbringen können.

Da zur Sammlung von Ideen rund um die Gestaltung des Platzes in der Gemeinde alle interessierten Personen ohne jegliche Einschränkung eingeladen sind, wird keine Authentifizierungsmethode eingerichtet. Dadurch wird die Beteiligungshürde niedrig gehalten und ermöglicht eine möglichst große Anzahl an Vorschlägen für die Gestaltung des Platzes. Da keine Authentifizierung stattfindet, können alle interessierten Personen teilnehmen und ihre Ideen sowohl anonym als auch unter der Nennung eines beliebigen NutzerInnen-Namens einbringen. Die Beiträge der TeilnehmerInnen sind öffentlich einsehbar und ermöglichen dadurch zahlreiche Diskussionen rund um die Gestaltung des Platzes.

Der/Die BürgermeisterIn (bzw. das entsprechende Büro) könnte mittels der Rolle „OrganisatorIn" Aufgaben und Funktionen wahrnehmen, die die Informationsbereitstellung und Kommunikation im Zuge der Konsultation zur Erstellung und Gestaltung des Platzes umfassen: Bereitstellung von Plänen, Kostenaufstellungen oder andere Informationen rund um den Umbau dieses Platzes oder die Anregung der durch die teilnehmenden Personen stattfindenden Diskussionen.

Je nach den Informationen, die der/die BürgermeisterIn erhalten möchte, ermöglicht der/die „OrganisatorIn" der Rolle „TeilnehmerIn" beispielsweise das Lesen, Erstellen, Kommentieren, Bewerten und Erstellen von Beiträgen. Bei Plänen können beispielsweise Textbeiträge oder Bilder von teilnehmenden Personen hinzugefügt werden, die Ideen oder Meinungen zu deren Gestaltung beinhalten. Diese könnten wiederum von anderen TeilnehmerInnen bewertet oder kommentiert werden.

3.2.4.3 Anwendungsszenario 3 | Hausordnung für ein Mietshaus

Festlegung der Partizipationsform, Authentifizierungsmethode und Auswahl der Rollen und der damit verbundenen Berechtigungen im Beteiligungsverfahren

- Partizipationsform: Kooperation | Kollaboratives Erarbeiten von Ergebnissen
- Authentifizierungsmethode: applikationsspezifisches User-Management der Hausverwaltung (Hausverwaltung und nur MieterInnen des betroffenen Hauses)
- Rollen:
  - AdministratorIn: AngestellteR der Hausverwaltung
  - OrganisatorIn: AngestellteR der Hausverwaltung
  - ModeratorIn: AngestellteR der Hausverwaltung
  - TeilnehmerInnen: nur MieterInnen des betroffenen Hauses

In diesem Anwendungsszenario wird das Vorgehen bei einem Beteiligungsverfahren zur gemeinsamen Erstellung der Hausordnung eines Mietshauses beschrieben. Das gemeinsame Erarbeiten der Hausordnung soll das gegenseitige Vertrauen stärken und zu einer höheren Akzeptanz führen.

Im Gegensatz zu den vorangegangenen Anwendungsszenarien „Betriebsratswahl" und „Errichtung eines Platzes" soll hier verdeutlicht werden, dass unterschiedliche Rollen, wie z. B. „AdministratorIn", „OrganisatorIn" und „ModeratorIn" auch gleichzeitig von einer Person in einer E-Partizipations-Plattform abgedeckt werden können. Dies könnte beispielsweise der Fall sein, wenn eine Hausverwaltung die E-Partizipations-Plattform entwickelt hat und in deren Besitz ist. Dadurch kann sie ihre Angestellten mit der selbstständigen Administration, Organisation und Moderation des Beteiligungsverfahrens betrauen. In diesem Fall ist eine Person für die richtige Konfiguration der E-Partizipations-Plattform verantwortlich, einerseits nach den Vorgaben der Hausverwaltung, anderseits nach ihren eigenen Bedürfnissen zur Durchführung des Beteiligungsverfahrens „Kooperation".

Dies umfasst die Bereitstellung der benötigten Funktionen für die Beteiligungsform „Kooperation", Schaffung der technischen Voraussetzungen für die Authentifizierungsmethode (nur MieterInnen des betroffenen Hauses) und der Zuweisung von Rollen und ihren Berechtigungen. Die Hausverwaltung garantiert nach der Authentifizierungsmethode des z. B. eigenen User-Managements, dass nur ausgewählte Personen an der Kooperation teilnehmen können und personenbezogene Daten nicht unbefugt weitergegeben werden.

Um die Ausarbeitung der Hausordnung zu leiten und vermittelnd einzugreifen, können die Berechtigungen der angestellten Person der Hausverwaltung z. B. Funktionen zur Prüfung, Änderung und Löschung von Beiträgen, die z. B. gegen rechtliche Vorgaben verstoßen, umfassen. Es könnten ebenfalls „moderierende" Funktionen zur Verfügung stehen, die beispielsweise Diskussionen und die Erstellung von Ideen anregen, sowie verschiedene Positionen darstellen und strukturieren können. Diese Funktionen sollten für teilnehmende Personen transparent und nachvollziehbar sein, um eine Beeinflussung der Ergebnisse durch die moderierende Person zu verhindern.

Die Rolle „TeilnehmerIn" berechtigt durch die Erfüllung der Kriterien (nur MieterInnen des betroffenen Hauses) zur Teilnahme am Verfahren der Kooperation. Teilnehmende Personen sind z. B. zum Lesen, Verfassen, Kommentieren und Bewerten von Beiträgen berechtigt. In der Phase der Kooperation können teilnehmende Personen unter Anleitung der moderierenden Person ihre und andere Ideen und Vorschläge zur Gestaltung der Hausordnung er- und bearbeiten. Ihnen steht dabei frei, ob ihre Beiträge (z. B. Vorschläge und Kommentare) entweder anonym oder unter Verwendung eines beliebigen Namens angezeigt werden. Diese Beiträge sind öffentlich nicht einsehbar, da nur berechtigten Personen dieses Beteiligungsverfahren zur Verfügung steht.

Nach Abschluss der Kooperation könnte die endgültige Version der Hausordnung allen MieterInnen zur Verfügung gestellt werden. Eine Möglichkeit wäre hierbei, allen teilnehmenden Personen eine Nachricht über die neue Hausordnung zu schicken, ab wann diese gültig ist und wo sie aufgerufen werden kann.

3.2.4.4 Anwendungsszenario 4 | Fußgängerzone errichten

Festlegung der Partizipationsform, Authentifizierungsmethode und Auswahl der Rollen und der damit verbundenen Berechtigungen im Beteiligungsverfahren

- Partizipationsform: Mitentscheidung | Abstimmen über Ergebnisse oder Implementationen
- Authentifizierungsmethode: Nummer eines offiziellen Dokuments (z. B. Melderegister)
- Rollen:
  - AdministratorIn: Betreiber der Plattform
  - OrganisatorIn: BürgermeisterIn einer Gemeinde
  - TeilnehmerInnen: Personen mit Wohnsitz in der betroffenen Straße

In diesem Anwendungsszenario ist ein Beteiligungsverfahren beschrieben, bei dem entschieden werden soll, ob eine Straße in eine Fußgängerzone umgewandelt werden soll. Das Ziel ist die Partizipation von BürgerInnen an einer konkreten verkehrspolitischen Entscheidung.

Um das Beteiligungsverfahren durchzuführen, könnte ein Bürgermeister oder eine Bürgermeisterin den Betreiber einer E-Partizipations-Plattform beauftragen (Administrator), die benötigten Funktionen für die Beteiligungsform „Mitentscheidung" bereitzustellen. Da nur BewohnerInnen dieser Straße (z. B. Personen mit Hauptwohnsitz) mitbestimmungsberechtigt sind, müsste der Betreiber der Plattform ebenfalls die technischen Voraussetzungen für ein höherwertigeres Identifizierungsverfahren sicherstellen. Durch die Authentifizierungsmethode (z. B. Bürgerkarte/Handy-Signatur) – mit zumindest technisch möglicher Anbindung an das Zentrale Melderegister – könnte sichergestellt werden, dass nur berechtigte Personen abstimmen können. Aufgrund rechtlicher Bestimmungen müsste ebenfalls technisch sichergestellt werden, dass eine Stimme nur einmalig abgegeben werden kann und nicht feststellbar ist, wie jemand abgestimmt hat (Wahlgeheimnis). Da die Anzeige der Information zu dieser Entscheidung öffentlich sein muss, sollten Einstellungen getroffen werden, die dieses Verfahren und die Informationen zu diesem für alle interessierten Personen auf der Plattform sichtbar machen.

Die/der BürgermeisterIn (bzw. die befugten Gemeindebediensteten) könnte organisatorische Aufgaben im Zuge der Mitentscheidung übernehmen. Diese könnten Funktionen hinsichtlich der Informationsbereitstellung im Zuge der Mitentscheidung über die Einführung der Fußgängerzone umfassen (Rolle „OrganisatorIn").

Um an der Mitentscheidung zur Einrichtung der Fußgängerzone teilnehmen zu können, werden auf der E-Partizipations-Plattform die erforderlichen Voraussetzungen für die Rolle „TeilnehmerIn" genannt. Personen, die diese Voraussetzungen nicht erfüllen, können sich für die Wahl nicht anmelden und werden mit einer Information (z. B. „Sie besitzen keine Berechtigung an dieser Wahl teilzunehmen.") vom System ausgeschlossen. Personen, die berechtigt sind, können sich mittels Bürgerkarte/Handy-Signatur erfolgreich anmelden. BewohnerInnen der Straße sind durch die erfolgreiche Anmeldung zur Mitentscheidung (Wahl) berechtigt. Durch Anklicken von Funktionen wie „ich bin für die Einführung der Fußgängerzone" oder „ich bin gegen die Einführung der Fußgängerzone" könnte gewählt werden.

Da das Ergebnis der Mitentscheidung transparent sein soll, könnte eine Funktion umgesetzt werden, die den teilnehmenden Personen eine Nachricht mit dem Endergebnis mitteilt.

3.3 Chancen und Risiken der elektronischen Partizipation

Vor dem tatsächlichen Einsatz von E-Partizipation ist eine Beleuchtung der für den konkreten Fall zu erwartenden Chancen und Risiken empfehlenswert. Die im Folgenden zusammengefassten Thesen zur Anwendbarkeit von E-Partizipation bieten weitere Anhaltspunkte, die bei der Vorbereitung von E-Partizipation berücksichtigt werden sollten. Dieser Abschnitt gibt neben den Chancen auch den Risiken Platz, da nur eine intensive Beschäftigung mit beiden friktionsfreie Umsetzungen ermöglicht.

3.3.1 Chancen

Zu den nachfolgend genannten Chancen, die E-Partizipation potenziell bietet, gehört zunächst die Aktivierung von sich passiv verhaltenden Personen und auch die Verstärkung bereits vorgenommener politischer Beteiligung, das heißt die potenzielle Steigerung der Beteiligung der BürgerInnen. Dazu kann auch die Chance der besseren Erreichbarkeit bestimmter Zielgruppen einen Beitrag leisten. Darüber hinaus werden das Potenzial zur Stärkung des Vertrauens der BürgerInnen in politische Prozesse und Verwaltungsprozesse, eine mögliche Demokratisierung von Information sowie ein „Mehr" an Demokratie diskutiert. Den im Folgenden beschriebenen Chancen stehen oft Herausforderungen gegenüber, worauf in Abschn. 3.3.2 näher eingegangen wird.

Chance: Steigerung der Beteiligung
Grundsätzlich hat sich die Forschung der letzten Jahre mit der Frage auseinandergesetzt, wie durch die Vereinfachung der Kommunikationswege durch elektronische Medien und neue Technologien im politischen Prozess BürgerInnen zu mehr Teilhabe, beziehungsweise überhaupt zur politischen oder gesellschaftlichen Teilhabe, bewegt werden können [16]. Im Rahmen der Mobilisierungsthese erhofft man durch den Einsatz von Informations- und Kommunikationstechnologien jene Gruppen zu erreichen, die bereits online sind und das Internet aktiv auch in online Communities nutzen, sich aber nur mäßig bis nicht in politischen Prozesse einbringen, und sie vermehrt für Partizipation zu begeistern. Der Netzwerkstruktur des Internets wird hier die Möglichkeit der Erweiterung von politischen Handlungs- und Deliberationsspielräumen zugesprochen [17, 18]. Zielgruppe sind unter anderem Personen, die in sozialen Netzwerken aktiv sind und

somit die Netzwerkstrukturen zur Motivation und Verbreitung der Beteiligungsangebote nutzen können.

Chance: Intensivierung der politischen Beteiligung
Die Anonymität des Internets soll es erlauben, soziale Schranken und gesellschaftliche Hemmungen einfacher zu überwinden, und sozusagen jene BürgerInnen zusammenzubringen, die sonst auf Grund ihrer unterschiedlichen Lebenswelten mit wenig Wahrscheinlichkeit in einen Diskurs miteinander treten würden. In elektronischen Foren würden Menschen folglich auch selbstbewusster agieren können als in Veranstaltungen mit persönlicher Anwesenheit vor Ort, und die Textzentriertheit erlaubt es, ohne Druck Äußerungen in der der jeweiligen Person passenden Weise zu formulieren. Die gefilterte virtuelle Realität schafft somit eine Gleichheit, die sich in der Realität so nicht abbilden lässt.

BürgerInnen haben die Möglichkeit durch Informations- und Kommunikationstechnologien in permanentem inhaltlichem Austausch mit PolitikerInnen zu stehen und Feedback zu geben. Eine so sichergestellte kontinuierliche Deliberation verbessere die Qualitäten der getroffenen Entscheidungen durch die Einbeziehung mehrerer unterschiedlicher Standpunkte [19]. Inwieweit BürgerInnen über digitale Angebote tatsächlich stärker im Austausch mit PolitikerInnen stehen können, muss jedoch erst auf Basis von Projektevaluierungen und entsprechenden Studien im Detail untersucht werden. Generell lässt sich festhalten, dass BürgerInnen die prinzipielle Möglichkeit des direkten Kontakts schätzen, PolitikerInnen diesen Austausch jedoch meist auf Grund von Zeitdruck oder anderen strukturellen Problemen nur unzureichend wahrnehmen können.

Chance: Verbesserte Erreichbarkeit bestimmter Zielgruppen
Mittels E-Partizipation kann man die digitalen Lebenswelten der BürgerInnen erreichen, in denen sie sich ohnehin bereits aufhalten, und so können über Peers bestimmte Zielgruppen gewonnen werden. Es ist beispielsweise eine besondere Herausforderung, Jugendliche und junge Erwachsene für aktive Teilhabe in der oft von älteren Personen dominierten Politik zu interessieren. Hierbei sind elektronische Beteiligungsangebote, die moderne Netzwerkkommunikation unterstützen, besonders geeignet, und es ist wichtig, den Fokus der politischen Teilhabe junger Menschen auf nicht-traditionelle und mobile Formen politischer Involvierung zu legen [20]. Festzuhalten ist, dass das Internet nicht nur für junge Menschen, sondern für eine Vielzahl von Personen die Teilhabe erleichtern kann. Das Internet ermöglicht eine weitgehend zeit- und ortsungebundene Einbeziehung von BürgerInnen, etwa von Schichtarbeitern und Menschen, die im Ausland verweilen oder wenig mobil sind [19].

Chance: Steigerung der Legitimität und des Vertrauens
Im Kontext von immer wieder in der Presse aufscheinenden nationalen und internationalen Korruptionsfällen in politischen Entscheidungen wird der Ruf nach Transparenz in der Politik lauter. Informations- und Kommunikationstechnologien bieten hier Möglichkeiten, Informationen, Grundlagen und Auswirkungen von Entscheidungen den BürgerInnen zugänglich und nachvollziehbar zu machen. Solcherart unterstützte transparente Entschei-

dungsprozesse können für Legitimität und Vertrauen in Politik und das Verwaltungshandeln sorgen [19].

Es ist anzunehmen, dass ein derartiger Vertrauensgewinn nur auf langfristige Sicht und unter kontinuierlichem Anbieten entsprechender Partizipationsangebote zu bewerkstelligen ist. Jedenfalls ist der direkte Einfluss bzw. eine Kosten-Nutzen-Rechnung derartiger Initiativen schwer zu messen, und bisherige Evaluationen bestehender E-Partizipations-Angebote betonen die Schwierigkeit einer direkt nachvollziehbaren Kosten-Nutzen-Rechnung [21].

Chance: Demokratisierung von Information
Diese These basiert auf der Annahme, dass mit dem Internet ein sehr egalitärer Raum des Informationsaustausches geschaffen wurde. Strukturen im Internet und deren Öffentlichkeit sind jedoch einem starken Wandel unterworfen. Suchmaschinen erleichtern zwar den Zugang zu Informationen, sodass theoretisch jeder Nutzer oder jeder Nutzerin Zugang zu den gleichen Informationen hat, schränken diesen aber auf der anderen Seite auch ein. Festzustellen ist jedenfalls, dass Online-Angebote an politischer Information und interaktiver Austausch in der Politik selbstverständlich geworden sind.

3.3.2 Risiken

Elektronische Beteiligung enthält Risiken, die manchmal auch im Gegensatz zu den Chancen aus Abschn. 3.3.1 stehen. Wenn Erwartungshaltungen aller Beteiligten zu hoch sind oder bestimmte Grundvoraussetzungen nicht erfüllt werden, kann sich die Beteiligung mitunter negativ auf die gewünschten Effekte und Ziele auswirken. Einige Risiken werden in diesem Kapitel diskutiert.

Risiko: Geringe Beteiligung oder Beteiligung trotz fehlender Kenntnis über Zusammenhänge
Der These der Steigerung der politischen Beteiligung stehen Tendenzen wie die steigende Politikverdrossenheit im Kontext traditioneller politischer Strukturen gegenüber. Politikverdrossenheit wird als wesentlicher Punkt für die geringere Beteiligung an Partizipationsangeboten wie auch an Politik generell gesehen [22].

Andere negativ eingestufte Auswirkungen bzw. Phänomene im Zusammenhang von Internet und Politik können unter dem Stichwort „Slacktivism“ [23] eingestuft werden (vgl. Kap. 2). Darunter versteht man eine „Feel-Good“-Partizipation, bei der die Beteiligten sich durch einen Klick beteiligen, aber von einer genaueren Analyse der Zusammenhänge oder kontinuierlicher Beteiligung absehen.

Risiko: Vergrößerung bestehender oder Schaffung neuer Ungleichheiten
Die Frage von Nutzung und Nicht-Nutzung des Internets wird seit Mitte der 1990er-Jahre allgemein unter dem Begriff „Digital Divide“ diskutiert. Dieser meint im engsten Sinn den Unterschied zwischen jenen Personen, die Zugang zum Internet haben und jenen, die

keinen Zugang zum Internet haben. Der Begriff thematisierte zu Beginn das Verhältnis der Ungleichheit zwischen Nutzern und Nichtnutzern von Informations- und Kommunikationstechnologien. Die Diskussion und Erforschung des Digital Divide beschäftigt sich seit Entstehung des Begriffs jedoch auch damit, welche Formen der Digital Divide annimmt, welche Ausmaße und welche Auswirkungen er hat. Der Höhepunkt des Forschungsinteresses ist zu Beginn des Jahrtausends zu erkennen, doch das Interesse nimmt seit 2005 in der wissenschaftlichen Aufmerksamkeit wieder ab [19].

Auch heute haben längst nicht alle Menschen Zugang zu Online-Werkzeugen. Die These eines „Democratic Divide" besagt, bereits politisch aktive und interessierte Teile der Gesellschaft würden durch das Netz an Einfluss gewinnen, unter anderem da sie auch besser über Möglichkeiten, die im Internet angeboten werden, informiert sind. Dieser gewonnene Einfluss erfolgt auf Kosten der weniger Aktiven beziehungsweise auf Kosten derer, die nicht oder nur sehr eingeschränkt auf das Netz zugreifen können [19]. Mit dem Schlagwort „Democratic Divide" wird also auf die Gefahr der Entstehung einer neuen Elite hingewiesen, bei der sowohl Bildung als auch Kompetenzen im Umgang mit dem Internet die Bruchstelle innerhalb der „Digital Natives" bilden [24]. Auch ist denkbar, dass sich die bestehenden Eliten dadurch erweitern [20]. Demokratisierungsinitiativen müssen sich nicht immer an die gesamte Bevölkerung richten, sondern können den Umweg über Eliten nehmen, um Informationen für den Großteil der Bevölkerung verfügbar und verständlich zu machen [19].

Im Kontext der gesellschaftlichen Veränderungen wird auch eine durch das Internet beförderte Individualisierung oder eine „zerstreute Gesellschaft" [25] diskutiert. Das Internet schafft für einige Menschen die Gefahr der sozialen Isolation, wobei die Integration der Informations- und Kommunikationstechnologie in den Alltag der Menschen diese These widerlegen könnte. Die technischen Fortschritte in der alltäglichen und zwischenmenschlichen Kommunikation werden weiterhin starke Auswirkungen auf das gesellschaftliche Miteinander haben.

Risiko: Beteiligungshürden

Zu hohe Beteiligungshürden können ausschlaggebend für die Annahme oder Ablehnung von Angeboten der E-Partizipation sein. Je größer und stärker die Beteiligungshürden, desto geringer fällt die Beteiligung aus. Die Registrierung auf einer Beteiligungsplattform ist eine solche Hürde. Generell ist der Vorteil einer Registrierung mit dem Problem zu hoher Identifizierungsansprüche abzuwägen. Je nach Aufgabenstellung bzw. Beteiligungslevel mag es aber auch wünschenswert sein, eine höhere Beteiligungshürde für den Vorteil einer qualitätsvolleren oder sichereren Authentifizierung oder der besseren Möglichkeit der nachhaltigen Kommunikation in Kauf zu nehmen (vgl. Abschn. 3.2.2).

Bei weniger intensiver Beteiligung, wie etwa bei der bloßen Sammlung von Ideen, kann mitunter völlig auf eine Identifizierung verzichtet werden. Im Einzelfall kann eine niederschwellige Authentifizierung genügen, wie etwa die Authentifizierung über soziale Medien (vgl. Kap. 5). Ergebnisrelevante E-Partizipations-Aktivitäten, wie eine Abstimmung über

Ergebnisse, können hingegen sicherere Authentifizierungsmethoden erfordern [15]. Es obliegt den Organisatoren der Beteiligungsverfahren zu entscheiden, welche Authentifizierungsverfahren für die jeweiligen (Phasen der) Verfahren am besten geeignet sind.

Risiko: Plattform und Vertrauen

Kritische Studien haben sich mit den wiederkehrenden Problemen bisheriger elektronischer Beteiligungsprojekte (auch auf europäischer Ebene) auseinandergesetzt. Als typische Probleme werden beispielsweise eine geringe Userfreundlichkeit, die Fehleranfälligkeit der Systeme oder zu generelle oder nicht aktuelle Werkzeuge genannt [26].

Userfreundliches Design sollte von Beginn der Entwicklung an, unter Einbeziehung von potenziellen Nutzern und Nutzerinnen, ein Anliegen von Organisatoren von Beteiligungsprozessen sein. Rechtzeitiges Feedback vermeidet Fehlentwicklungen und die Nutzung veralteter Technologien.

Vertrauen in die Technologie der Plattform der Beteiligung ist wichtig für nachhaltigen Erfolg. Transparenz kann hier Lösungen zur Fehler- oder Missbrauchsvermeidung bieten. Eine Form der Transparenz kann die Öffnung des Quellcodes sein. Dadurch erhalten zumindest Experten die Möglichkeit, einen Einblick in die Technologie zu erhalten und somit die Plattform für andere NutzerInnen zu prüfen.

Inhalte von Beteiligungsverfahren auch für nicht-teilhabende Personen einsehbar zu gestalten kann eine andere Form der Transparenz schaffen und auch weitere NutzerInnen zur Teilhabe motivieren. So kann auch eine gewisse Miteinbeziehung der Öffentlichkeit eine kontrollierende Wirkung haben. Denn auch jene Personen, die zwar Zugang zu einer Online-Community haben, aber nicht aktiv und sichtbar teilnehmen, sogenannte „Lurkers", können für die Community bedeutend sein, etwa wenn sie ihr angeeignetes Wissen an anderer Stelle weitergeben [27].

Definition Als **Lurker** bezeichnet man jene NutzerInnen von Beteiligungsplattformen und anderen Webservices, die nutzergetriebene Inhalte liefern, die sich nicht aktiv an Diskussionen etc. beteiligen. Diese Personen sind also passive NutzerInnen der Beteiligungsmöglichkeiten und nutzen Plattformen zur Information, zur Verfolgung des Diskurses und der verschiedenen Meinungen und Positionen. Lurker werden nur über die Statistik wahrgenommen und haben insofern Einfluss auf Partizipation, als sie in den Nutzungszahlen von Websites, Foren etc. erscheinen können. Lurker können sich jedoch in anderen Umgebungen, z. B. im privaten Umfeld, an der politischen Diskussion beteiligen. Sie stellen in der Regel die Mehrheit der NutzerInnen dar.

Risiko: Scheinpartizipation zur Legitimierung politischer Ziele

Partizipation ist nicht zwingend mit echter politischer Beteiligung gleichzusetzen. Als Scheinpartizipation wird eine politische Beteiligung bezeichnet, die jedoch nicht inhaltlich in die Tiefe geht und deren Ergebnisse unverbindlich bleiben [19]. Ziele sind nicht die Beteiligung der BürgerInnen, um Ergebnisse zu erhalten, und auch nicht nachhaltiges politisches Engagement zu erwirken.

„Nonparticipation" wird von vornherein nicht durchgeführt, um die Teilnahme der BürgerInnen an Planungen zu ermöglichen, sondern um TeilnehmerInnen zu „bilden", wie es beispielsweise bei einem Treffen eines BürgerInnenberatungsgremiums der Fall ist, wenn dieses nicht EntscheidungsträgerInnen berät, sondern von diesen beraten und überredet wird. Mangelnde Berücksichtigung der Bedürfnisse der BürgerInnen durch das Ergebnis ist in solchen Fällen naheliegend [28].

Bürgerbeteiligung sollte also nicht in erster Linie als Instrument zur Schaffung von Legitimität angesehen werden. Wichtig ist, dass die Ergebnisse der Beteiligungsprozesse aufgegriffen werden und – wenn möglich – zu Umsetzungen führen. Dies gilt für die elektronischen Abbildungen der Partizipation ebenso wie für die ohne die Nutzung digitaler Technologien. Wenn Bürgeranliegen nicht ernst genommen werden, bleibt auf Seiten der BürgerInnen Desillusionierung zurück und eine erneute Motivation zur Teilhabe wird extrem erschwert. Hinterfragt wird schließlich, ob eine tatsächliche Veränderung politischer Prozesse im Sinne einer Ausweitung von Mitbestimmungsmöglichkeiten durch elektronische Beteiligung stattfindet und erwünscht ist, oder ob es bei einer oberflächlichen Selbstinszenierung der politisch motivierten Initiatoren bleibt [19].

Risiko: Beschleunigung der deliberativen Demokratie

Die technische Realisierung von elektronischer Beteiligung kann insbesondere dann kosteneffizient sein, wenn sie viele Personen inkludiert und wiederholt durchgeführt wird. Die Kosten für die Implementierung rechnen sich mit jeder Nutzung der Technologie. Die Möglichkeit jederzeit mit relativ wenig Aufwand die BürgerInnen zu Problemen zu befragen, kann zu vielen kleinteiligen Abstimmungen führen, welche kurzfristige und populistische Maßnahmen bevorzugen könnten. Langwierige politische Diskussionen können dadurch an Relevanz verlieren und Entscheidungen durch den Druck der vorgegebenen Zeiträume der Verfahren der Beteiligung erzwungen werden. Die deliberativen Aspekte der Politik könnten dadurch neutralisiert werden [19].

3.4 Schlussbemerkungen

Elektronische Beteiligung kann in vielen verschiedenen Varianten realisiert werden. Sie kann nur wenige Minuten oder mehrere Monate dauern, aus einer Handvoll Klicks bestehen oder zum Verfassen von eigenen Gesetzesvorschlägen animieren.

In vielen Ländern gibt es aus unterschiedlichen Lagern (meist aus den oppositionellen Lagern) den Ruf nach mehr direktdemokratischen Beteiligungsmöglichkeiten. Direkte Demokratie hat jedoch nicht nur Vorteile und der Einsatz direktdemokratischer Elemente muss gut überlegt sein.

Menschen mehr Möglichkeiten zur Teilhabe an der Gestaltung ihrer Lebenswelten zu geben, muss nicht ausschließlich im Rahmen politischer Prozesse realisiert werden. Beteiligung kann am Arbeitsplatz, im Verein, in Organisationen und auf unterschiedlichen Ebenen der Gebietskörperschaften stattfinden.

Die Bevölkerung zu mehr Beteiligung in ihrem direkten Umfeld zu motivieren, wird ein Lernprozess für alle Beteiligten sein. Eine dauerhafte Implementierung von E-Partizipation in Entscheidungsprozessen kann eine Gesellschaft neugestalten, da sich sowohl Selbstverständnis als auch Vertrauen der BürgerInnen, der Politik und der öffentlichen Verwaltung ändern können. Direktdemokratische Elemente sollten jedoch niemals leichtfertig eingesetzt werden ohne die Auswirkungen abzuwägen.

Während die Technologie vor keinen unlösbaren Problemen mehr steht, ist die Gestaltung und Umsetzung der Beteiligungsprozesse die eigentliche Herausforderung. Die Technologie ist nur ein Werkzeug der Umsetzung, die Prozesse und Verfahren müssen jedoch an die Bedürfnisse der Anwendungsfälle und der involvierten Personen angepasst werden. Noch gibt es keine allgemeingültigen Verfahrensbeschreibungen in der elektronischen Partizipation und man muss von vorhandenen Beispielen, sowohl von erfolgreichen als auch weniger erfolgreichen, lernen.

Literatur

1. Participatory Budgeting: Porto Alegre 2005–2007. http://participedia.net/de/cases/participatory-budgeting-porto-alegre. Zugegriffen am 08.08.2017
2. Bürgerhaushalte in Europa: Zwischen partizipativer Demokratie, Verwaltungsmodernisierung und sozialer Gerechtigkeit. http://www.boell-thueringen.de/de/2014/03/13/buergerhaushalte-europa. Zugegriffen am 08.08.2017
3. Bürgerhaushalt: Informieren – Debattieren – Vernetzen. Best Practice. http://www.buergerhaushalt.org/de/best_practice. Zugegriffen am 08.08.2017
4. Stadt Köln. Häufige Fragen. https://buergerhaushalt.stadt-koeln.de/2016/faq. Zugegriffen am 08.08.2017
5. Solingen Spart! http://solingen-spart.de/. Zugegriffen am 08.08.2017
6. European Citizen Action Service (2014) The European Citizens' Initiative registration: falling at the first hurdle? http://www.ecas.org/wp-content/uploads/2014/12/ECI-report_ECAS-2014_1.pdf. Zugegriffen am 08.08.2017
7. Die Europäische Bürgerinitiative. Das Verfahren Schritt für Schritt. http://ec.europa.eu/citizens-initiative/public/how-it-works. Zugegriffen am 08.08.2017
8. Simantke E. Der große Bluff. Bilanz: Zwei Jahre Europäische Bürgerinitiative. In: Der Tagesspiegel. http://www.tagesspiegel.de/politik/bilanz-zwei-jahre-europaeische-buergerinitiative-konsequenzen-sollen-verschaerft-werden/11164518-2.html. Zugegriffen am 15.09.2017
9. Lironi E, Directorate General for Internal Policies (2016) Potential and challenges of e-participation in the European Union. http://www.europarl.europa.eu/thinktank/de/document.html?reference=IPOL_STU(2016)556949. Zugegriffen am 11.08.2017
10. About Street Bump. http://www.streetbump.org/about. Zugegriffen am 11.08.2017
11. AIT Austrian Institute of Technology GmbH (2017) ePartizipation – Authentifizierung bei demokratischer Online-Beteiligung: Offizielle Webseite. https://www.epartizipation.info/. Zugegriffen am 02.08.2017
12. Leitner M, Sachs M (2017) Digitale Bürgerbeteiligung Hintergrund, Herausforderungen und Lösungsansätze. SIAK-J Z Polizeiwiss Polizeiliche Prax (1):42–50. https://doi.org/10.7396/2017_1_D
13. Athens Technology Center (2013) OurSpace project: official website. http://www.ep-ourspace.eu/. Zugegriffen am 02.08.2017

14. Lacigova O, Maizite A, Cave B (2012) eParticipation and social media: a symbiotic relationship? Eur J ePract 16:71–76. https://joinup.ec.europa.eu/sites/default/files/b3/01/bb/ePractice%20 Journal-Vol.16-June_July%202012.pdf. Zugegriffen am 02.08.2017
15. Schoßböck J, Rinnerbauer B, Sachs M, Wenda G, Parycek P (2016) Identification in e-participation: a multi-dimensional model. Int J Electron Gov 8(4):335–355
16. Heindl P (2003) Elektronische Demokratie – Dienstleistungen des Staates: e-Voting, e-Legislation, e-Participation. In: Prosser A, Krimmer R (Hrsg) e-Democracy: Technologie, Recht und Politik. Oesterreichische Computer Gesellschaft (OCG), Wien, S 175–187
17. Dahlber L (2007) Rethinking the fragmentation of the cyberpublic: from con-sensus to contestation. New Media Soc 9(5):827–847
18. Keane J (2001) Structural transformations of the public sphere. In: Hacker KL, van Dijk J (Hrsg) Digital democracy: issues of theory and practice. SAGE, London, S 70–89
19. Ringler P, Parycek, P, Schoßböck J, Sturmberger W, Schönher D, Oberhuber F, Aichberger I, Hacker E (2013) Internet und Demokratie in Österreich: Grundlagenstudie. SORA Institute for Social Research and Consulting, Wien
20. Medimorec D, Parycek P, Schoßböck J (2011) Vitalizing democracy through e-participation and open government: an Austrian and Eastern European perspective. http://www.fundacionbertelsmann.org/cps/rde/xbcr/SID-853E53E9-9B1F1F76/bst/Daniel%20Medimorec.pdf. Zugegriffen am 15.03.2015
21. Macintosh A, Colema, S, Schneeberger A (2009) eParticipation: the research gaps. In: Macintosh A, Tambouris E (Hrsg) ePart 2009: electronic participation. Springer, Berlin/Heidelberg, S 1–11
22. Pelinka A, Rosenberger S (2000) Österreichische Politik: Grundlagen – Strukturen – Trends. WUV-Universitätsverlag, Wien
23. Morozov E (2011) The net delusion: how not to liberate the world. Penguin, New York
24. Maier-Rabler U, Huber S, Schmid A (2012) Demokratieförderung durch soziale Online-Netzwerke Politische Partizipation lernen im Web 2.0. http://www.politischebildung.com/pdfs/35umrshas.pdf. Zugegriffen am 01.08.2017
25. Sunstein C (2001) Republic.com. Princeton University Press, Princeton
26. Prieto-Martín P, de Marcos L, Martínez J J (2012) A critical analysis of EU-funded eParticipation. In: Charalabidis Y, Koussouris S (Hrsg) Empowering open and collaborative governance. Springer, Berlin/Heidelberg, S 241–262
27. Edelmann N (2012) Lurkers as actors in online political communication. https://www.sisp.it/files/papers/2012/noella-edelmann-1395.pdf. Zugegriffen am 01.08.2017
28. Arnstein SR (1969) A ladder of citizen participation. J Am Plan Assoc 35(4):216–224

4 Rechtliche Anforderungen der digitalen Bürgerbeteiligung

Erich Schweighofer, Janos Böszörmenyi
und Walter Hötzendorfer

Zusammenfassung

Die Aufgabe des Rechts in der digitalen Bürgerbeteiligung besteht darin, der potenziell chaotischen Prozessstruktur demokratischer Prozesse eine klar festgelegte Struktur zu geben, die den verfassungsrechtlichen Vorgaben und der strengen höchstrichterlichen Judikatur Rechnung trägt. Daher sind bei allen Formen der digitalen Beteiligung die Fragen der Wahl- bzw. Beteiligungsberechtigten, der Authentifizierung, des Wahlprozesses, des Informationszugangs, des Datenschutzes und der Datensicherheit entsprechend zu regulieren. Die Wahl- und Beteiligungsgrundsätze werden je nach Land durchaus unterschiedlich ausgelegt, insbesondere bei der Frage der Distanzwahl und des E-Votings. Die rechtlichen Instrumente werden laufend verbessert, um die digitale Bürgerbeteiligung zu stärken. Der Fokus dieses Kapitels liegt auf der österreichischen Rechtslage.

Schlüsselwörter

Wahl- und Beteiligungsgrundsätze · Bürgerbeteiligung · E-Voting · Accountability · ICANN

E. Schweighofer (✉)
Arbeitsgruppe Rechtsinformatik, Universität Wien, Wien, Österreich
E-Mail: erich.Schweighofer@univie.ac.at

J. Böszörmenyi
Arbeitsgruppe Rechtsinformatik, Universität Wien, Wien, Österreich
E-Mail: janos.boszormenyi@gmail.com

W. Hötzendorfer
Research Institute AG & Co KG, Wien, Österreich
Arbeitsgruppe Rechtsinformatik, Universität Wien, Wien, Österreich
E-Mail: walter.hoetzendorfer@researchinstitute.at

M. Leitner (Hrsg.), *Digitale Bürgerbeteiligung*,
https://doi.org/10.1007/978-3-658-21621-4_4

4.1 Einleitung in die wesentlichen Rechtsfragen

Demokratischen Prozessen ist aufgrund der Vielzahl der Beteiligten und einer gewünschten Kreativität eine gewisse chaotische Prozessstruktur inhärent. Aufgrund verfassungsrechtlicher Vorgaben und der strengen höchstrichterlichen Judikatur müssen diese Prozesse in eine rechtlich klar festgelegte Struktur gebracht werden. Daher sind bei allen Formen der digitalen Beteiligung die Fragen der Wahl- bzw. Beteiligungsberechtigten, der Authentifizierung, des Wahlprozesses, des Informationszugangs, des Datenschutzes und der Datensicherheit entsprechend zu regulieren (Abb. 4.1). Die Lösungen sind hierbei abhängig von der Bedeutung des jeweiligen Bürgerbeteiligungsverfahrens unterschiedlich streng und auch der Rechtsschutz ist differenziert gestaltet. Der Fokus dieses Beitrages liegt auf der österreichischen Rechtslage; Beispiele aus Deutschland und der Schweiz werden aus Gründen der Vollständigkeit aber berücksichtigt.

Österreich ist eine repräsentative, d. h. mittelbare oder parlamentarische Demokratie. Art. 1 B-VG legt fest: „Österreich ist eine demokratische Republik. Ihr Recht geht vom Volk aus.“ Die Grundordnung der österreichischen Bundesverfassung wird durch ihre leitenden Prinzipien (Baugesetze) gebildet. Diese dürfen nur nach Durchführung einer Volksabstimmung aufgegeben werden („Gesamtänderung der Bundesverfassung“; Art. 44 Abs. 3 B-VG). Die Zahl der Baugesetze ist umstritten; Einigkeit herrscht aber über das demokratische, das republikanische, das bundesstaatliche und das rechtsstaatliche Prinzip. Ausgestaltet wird das demokratische Prinzip u. a. durch Art. 26, 41 ff., 95 ff., 115 ff. B-VG (vgl. [1], Rz. 146 ff.). Somit zählt das für Wahl- und Beteiligungsrechte vordergründig relevante demokratische Prinzip, jedenfalls für diese Baugesetze.

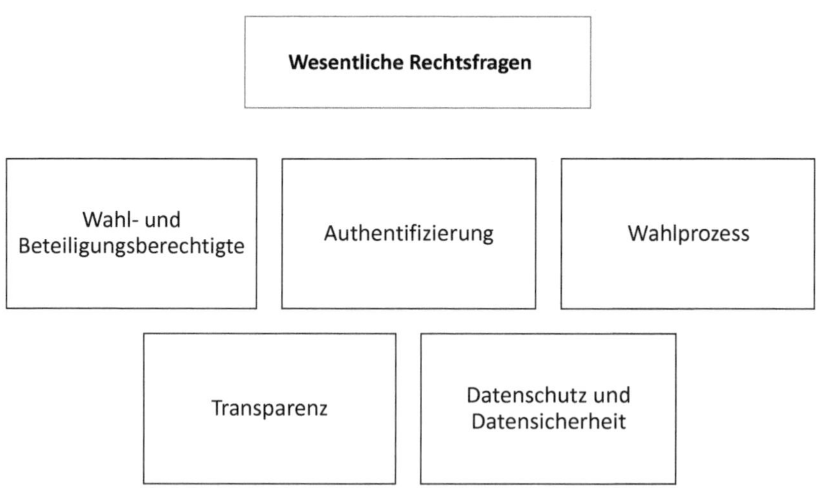

Abb. 4.1 Wesentliche Rechtsfragen

Zudem ist Österreich sowohl durch europarechtliche[1] als auch völkerrechtliche Verträge[2] zur repräsentativen Demokratie verpflichtet.

Da das demokratische Prinzip zu den Baugesetzen der Bundesverfassung zählt, bedürfte es der Durchführung einer Volksabstimmung, um dieses Prinzip aufzugeben. Dies ist für elektronische Beteiligungsrechte und insbesondere E-Voting insofern relevant, weil auch einzelne Maßnahmen gehäuft zu einer so weitreichenden Veränderung der Baugesetze führen können, dass eine Gesamtänderung der Bundesverfassung bewirkt wird (vgl. [1], Rz. 146 ff.). Hinsichtlich der Briefwahl – die in Österreich im Jahr 2007 verfassungsgesetzlich zugelassen wurde – hat der österreichische Verfassungsgerichtshof allerdings judiziert, dass sie keine Gesamtänderung der Bundesverfassung bewirkt und auch im Einklang mit dem Recht der Europäischen Union steht.[3]

Repräsentative Demokratie bedeutet, dass das Recht *nicht* unmittelbar vom Volk ausgeht, sondern das Volk von gewählten Organen repräsentiert wird. Mandatsträger üben die staatlichen Entscheidungsbefugnisse aus. Von einer Demokratie kann gesprochen werden, solange diese Befugnisse sich über eine akzeptable Zahl von vermittelnden Stufen auf das Volk zurückführen lassen. Sichergestellt wird diese Rückführung der Befugnisse (i) durch die *Wahl* der Volksvertretungen (insb. Nationalrat, Landtage, Gemeinderäte) und (ii) durch die Abhängigkeit aller übrigen Staatsorgane von diesen Volksvertretungen. Hinzu treten unmittelbar-demokratische Instrumente, wie z. B. das Volksbegehren. In Österreich wird überdies der Bundespräsident direkt vom Volk gewählt (vgl. [2], Rz. 331 f.).

Wenn auch dem B-VG eindeutig noch die analoge Gesellschaft zugrunde liegt, steht es einer Öffnung für die digitalen Optionen der unmittelbaren und mittelbaren Demokratie durchaus offen. Der Einsatz von elektronischen Informations- und Kommunikationstechnologien (IKT) für den modernen und effizienten Staat (E-Government[4]) wird immer bedeutender und die E-Demokratie in den Ausprägungsformen E-Voting und E-Partizipation muss auf diese Entwicklungen reagieren, um eine zeitgemäße Beteiligung von Bürgern am politischen Entscheidungsprozess zu ermöglichen.

Die Frage einer stärkeren zeitgemäßen Beteiligung von Bürgern stellt sich auch in internationalen Entscheidungsprozessen. Als Alternative zum unrealistischen Weltstaat wird eine Verpflichtung zur Rechenschaftslegung – Accountability – angesehen [3]. Es gibt hierfür eigene

[1] Art. 3 des „Zusatzprotokolls zur Konvention zum Schutze der Menschenrechte und Grundfreiheiten" (BGBl 1958/210 idF BGBl 1964/59; kurz: „1. ZPMRK"); Art. 2 des „Vertrages über die Europäische Union" (ABl C 2016/202, 1; kurz: „EUV").

[2] Art. 1 und 8 des „Staatsvertrages betreffend die Wiederherstellung eines unabhängigen und demokratischen Österreich" (BGBl 1955/152 idF BGBl I 2008/2; kurz: „StV v Wien").

[3] VfSlg 19.893/2014.

[4] Vgl. https://www.digitales.oesterreich.gv.at/was-ist-e-government-. Definition der EU: E-Government ist der „*Einsatz der Informations- und Kommunikationstechnologien (IKT) in öffentlichen Verwaltungen in Verbindung mit organisatorischen Änderungen und neuen Fähigkeiten, um öffentliche Dienste und demokratische Prozesse zu verbessern und die Gestaltung und Durchführung staatlicher Politik zu erleichtern.*" (zuletzt abgerufen: 01.02.2018).

Regelwerke, wie die INGO Accountability Charter.[5] Der Begriff der Accountability ist schwer zu übersetzen; praktisch verwendbar ist die Definition des One World Trust: „Accountability is the process through which an organisation actively creates, and formally structures, balanced relationships with its diverse stakeholders, empowering these to hold it to account over its decisions, activities and impacts, with a view to continuously improving the organisation's delivery against its mission." ([4, S. 30]) Accountability ist die Verpflichtung zu einem Prozess, in dem die Bedürfnisse und Interessen der jeweiligen Stakeholder im Entscheidungsprozess einbezogen und berücksichtigt werden. Accountability bedeutet für die Entscheidungsprozesse: Transparenz, offene Konsultation sowie weitgehende Berücksichtigung der Beteiligung; dazu ein Beschwerdemechanismus und regelmäßige Audits über den Accountability-Prozess.

Als vorläufige Lösung wird die Etablierung von Regulierungsnetzwerken mit vielen Schichten der Entscheidungsfindung und Rechenschaftslegung angesehen – im Jargon der globalen Regulierung wird vom Multi-Stakeholder-Modell mit Accountability gesprochen. Einfacher gesagt: Alle Interessengruppen (= Stakeholder) können sich am Beratungs- und Entscheidungsprozess beteiligen; sämtliche Argumente sind zu berücksichtigen und zu würdigen und die Auswahl der jeweiligen Repräsentanten, der Mitwirkung und deren Entscheidungsverhalten wird mittels Prinzipien der Accountability geprüft.

Durch die nunmehr stärker betonte unmittelbare Demokratie wird das chaotische Element stärker und es entsteht ein zusätzlicher Regulierungsbedarf. Es darf daher nicht verwundern, dass sowohl Verfassungsgesetzgeber als auch Verfassungsgerichtshöfe einen konservativen Kurs verfolgen, um die Wahlgrundsätze zu wahren.

Durch die nunmehr gewünschte stärkere Mitbeteiligung der Bürger wird der Grundsatz der Transparenz immer wichtiger. Die Staatsorgane haben in einem demokratischen Rechtsstaat nicht nur das Recht, sondern auch die Pflicht, über ihre Aufgabenerfüllung zu informieren. Feik ([5], 316 mwN) spricht von einem „Gebot zu aktiver Transparenz".

Nach Art. 20 Abs. 4 B-VG müssen alle Organe von Körperschaften des öffentlichen Rechts über Angelegenheiten ihres Wirkungsbereiches Auskünfte erteilen, wobei die nähere Ausgestaltung durch Gesetze und Verordnungen bestimmt wird. Der Gesetzgeber hat auch die Abwägung zwischen Transparenz und Amtsverschwiegenheit, Freiheit der Meinungsäußerung, Schutz personenbezogener Daten bzw. von Immaterialgüterrechten vorzunehmen.

Bei Bürgerbeteiligungsprozessen spielt die Unterscheidung zwischen Staatsbürgern und dauerhaft anwesenden Ausländern nach wie vor eine wesentliche Rolle. Eine gewisse Abschwächung erfolgt bei Wahlen auf kommunaler Ebene und EU-Wahlen. Auch bei E-Partizipation spielt die Staatsbürgerschaft eine geringere Rolle. Das Transparenzgebot gilt weitgehend unterschiedslos; allenfalls wird nach sachlichen Kriterien unterschieden. Die Frage der Identität bleibt bei Bürgerbeteiligungsprozessen weiterhin relevant. Durch das zunehmende Angebot von elektronischen Identifikationsmethoden wird die Einbeziehung von Ausländern wesentlich erleichtert.

[5] Website. http://www.ingoaccountabilitycharter.org/. Zugegriffen am 01.02.2018.

4.2 Wahl- und Beteiligungsgrundsätze

4.2.1 Internationale Wahl- und Beteiligungsgrundsätze

Internationale und regionale Menschenrechtskonventionen und Dokumente enthalten viele Rechte, die für eine funktionierende Demokratie wesentlich sind. Kern der politischen Rechte ist die aktive Teilnahme des Menschen an der demokratischen Willensbildung im Staat. Dies wird vornehmlich als Ausübung des aktiven und passiven Wahlrechts bei allgemeinen, gleichen, freien, geheimen und periodischen Wahlen sowie des gleichen Zugangs zu öffentlichen Ämtern verstanden (Art. 21 Allgemeine Erklärung der Menschenrechte, Art. 25 UN-Menschenrechtspakt II, Art. 23 Amerikanische Menschenrechtskonvention, Art. 13 Afrikanische Charta der Menschenrechte und der Rechte der Völker). Grundlage wirksamer Beteiligung sind die Rechte auf Gedanken-, Gewissens- und Religionsfreiheit, Meinungsfreiheit und freie Meinungsäußerung (z. B. Art. 18 und 19 UN-Menschenrechtspakt II), die Versammlungs- und Vereins-, Parteien- und Gewerkschaftsfreiheit (z. B. Art. 19 und 20 UN-Menschenrechtspakt II) und das Recht auf Privatsphäre und Datenschutz (z. B. Art. 12 UN-Menschenrechtspakt II).

Die Weiterentwicklung konzentriert sich im universellen Rahmen auf die Umsetzung dieser Rechte, die Forderung nach einem eigenen Menschenrecht auf Demokratie und die Entwicklungszusammenarbeit (z. B. die von der Menschenrechtskonferenz 1993 verabschiedete Wiener Erklärung samt Aktionsprogramm). Verstärkte Bürgerbeteiligung jenseits traditioneller Wahlen ist Thema der Staaten bzw. supranationaler Organisationen, weil nach Ansicht vieler Staaten die Gestaltung dieser Beteiligungsrechte Teil der Souveränität ist.

4.2.2 Verfassungsrechtliche Wahlgrundsätze in Österreich

Die folgende Darstellung der Wahl- und Beteiligungsgrundsätze ist auf das österreichische Verfassungsrecht fokussiert. Auf die unterschiedliche Abwägung der Grundsätze in Deutschland wird speziell hingewiesen.

In Österreich gelten die verfassungsrechtlichen Wahlgrundsätze für alle verfassungsrechtlich eingerichteten allgemeinen Vertretungskörper („Homogenitätsprinzip") (vgl. [6], Rz. I.1. zu Art. 26 B-VG). Sie ergeben sich aus Art. 23a Abs. 1 B-VG (für die Wahl der österreichischen Mitglieder des Europäischen Parlaments), Art. 26 Abs. 1 B-VG (für die Wahl des österreichischen Nationalrates), Art. 60 Abs. 1 B-VG (für die Direktwahl des österreichischen Bundespräsidenten), Art. 95 Abs. 1 B-VG (für die Wahl der Landtage der österreichischen Bundesländer) und Art. 117 Abs. 2 B-VG (für die Wahl österreichischer Gemeinderäte). Diese allgemeinen Vertretungskörper sind nach

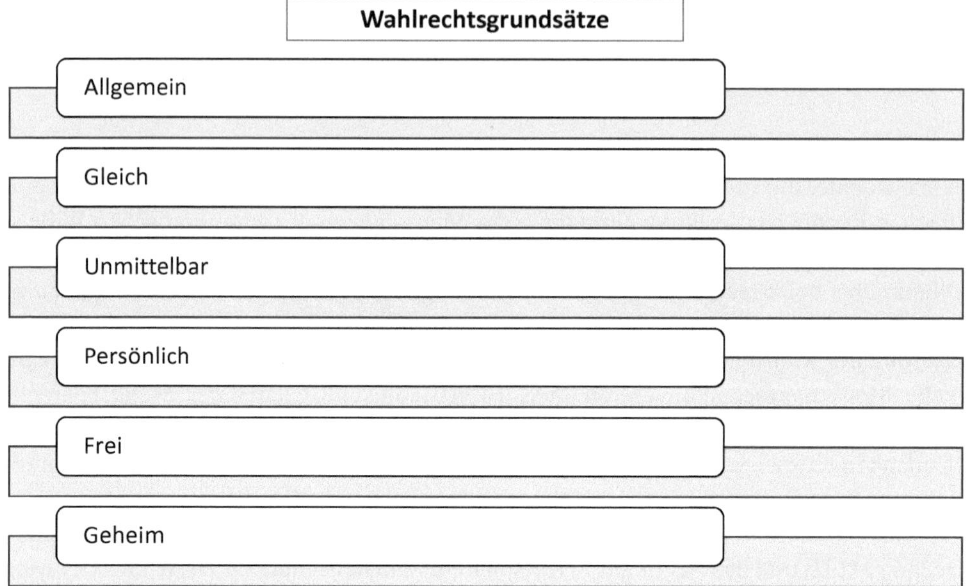

Abb. 4.2 Wahlrechtsgrundsätze

den Grundsätzen der Verhältniswahl und unter Einhaltung folgender Wahlgrundsätze (siehe Abb. 4.2) zu wählen:

- Grundsatz des allgemeinen Wahlrechts („allgemeines Wahlrecht"),
- Grundsatz des gleichen Wahlrechts („gleiches Wahlrecht"),
- Grundsatz des unmittelbaren Wahlrechts („unmittelbares Wahlrecht"),
- Grundsatz des persönlichen Wahlrechts („persönliches Wahlrecht"),
- Grundsatz des freien Wahlrechts („freies Wahlrecht") und
- Grundsatz des geheimen Wahlrechts („geheimes Wahlrecht").

Gemäß Art. 117 Abs. 6 B-VG werden Bürgermeister in Österreich grundsätzlich vom jeweils zuständigen Gemeinderat gewählt. Die Landesverfassungen dürfen jedoch die Direktwahl der Bürgermeister durch die zur Wahl des Gemeinderates Berechtigten vorsehen (dies ist z. B. in Kärnten geschehen; Art. 4 Abs. 1 der Kärntner Landesverfassung).

Für die Wahl der Organe der Selbstverwaltungskörper (Art. 120c Abs. 1 B-VG) wird lediglich normiert, dass Wahlen nach „demokratischen Grundsätzen" durchzuführen sind. Unter diesen demokratischen Grundsätzen sind ebenfalls die aufgezählten Wahlgrundsätze zu verstehen. Der österreichische Verfassungsgerichtshof hat jedoch festgehalten, dass dem einfachen Gesetzgeber für die Regelung der Durchführung dieser Wahl ein relativ weiter rechtspolitischer Spielraum zukommt. Beispielsweise darf der einfache Gesetzgeber das Verhältnis der Wahlgrundsätze zueinander anders gewichten als dies im

B-VG vorgesehen ist. Daher war es grundsätzlich auch zulässig, E-Voting für die Wahl der Österreichischen Hochschülerschaft („ÖH-Wahl 2009") vorzusehen – verfassungswidrig war jedoch die Umsetzung (vgl. [7, S. 56, 8]).

4.2.3 Öffentliches Wahlrecht in Deutschland

In Deutschland wird besondere Bedeutung auf den Grundsatz der Öffentlichkeit der Wahl aus Art. 38 in Verbindung mit Art. 20 Abs. 1 und 2 GG gelegt. Daher müssen alle wesentlichen Schritte der Wahl öffentlicher Überprüfbarkeit unterliegen. Werden elektronische Wahlgeräte eingesetzt, müssen die wesentlichen Schritte der Wahlhandlung und der Ergebnisermittlung vom Bürger zuverlässig und ohne besondere Sachkenntnis überprüft werden können.[6]

4.3 Distanzwahl

Neben der Präsenzwahl – der Abgabe der Stimme in einem Wahllokal oder einer „fliegenden Wahlkommission" – gibt es auch die Distanzwahl in zwei Ausprägungen: Briefwahl bzw. E-Voting.

4.3.1 Briefwahl

Die Briefwahl bezeichnet die Abgabe der Stimme per schriftlichem Brief anstatt im Wahllokal. Üblicherweise erfolgt dies vor dem eigentlichen Wahltag. Die Briefwahl bedingt eine Abwägung der Wahl- und Beteiligungsgrundsätze, die in den jeweiligen Ländern durchaus unterschiedlich getroffen wurde.

In Deutschland wurde die Briefwahl bereits 1957 eingeführt, um den Grundsatz des „Allgemeinen Wahlrechts" sicherzustellen. Insbesondere alten, kranken und behinderten Menschen sollte damit die Teilnahme an der Wahl erleichtert werden. Die Wertungswidersprüche mit dem Grundsatz des „Geheimen Wahlrechts" und des „Öffentlichen Wahlrechts" waren Gegenstand von Verfassungsbeschwerden.[7] Seit 2008 muss die Teilnahme an der Briefwahl nicht mehr begründet werden.[8] Der Anteil der Briefwahlwähler betrug 2013 24,3 %.

In der Schweiz wurde die Briefwahl zwischen 1978 und 2005 in allen Kantonen eingeführt. Mehr als 80 % der WählerInnen nutzen die Briefwahl, womit diese nunmehr den Normalfall des Wählens darstellt.

---

[6] BVerfGE 123, 39 – Wahlcomputer.

[7] BVerfGE 21, 200 bzw. BVerfGE 59, 119.

[8] BGBl. I 2008, S. 394; 2 BvC 7/10.

In Österreich wurde die Briefwahl lange Zeit sehr ablehnend gesehen. Der Verfassungsgerichtshof hat dies in einem Erkenntnis zur Briefwahl in niederösterreichischen Statutarstädten begründet, weil insbesondere die Briefwahl mit dem geheimen Wahlrecht, dem freien Wahlrecht und dem persönlichen Wahlrecht nicht vereinbar sei.[9]

Die niederösterreichische Landesregierung wollte die Briefwahl in die Wahlordnung für niederösterreichische Statutarstädte aufnehmen. Nach Ansicht des Verfassungsgerichtshofes war dies jedoch aus folgenden Gründen unzulässig:

- Eine Wahl ist nur dann „geheim", wenn niemand, weder die Behörde noch jemand anderer erkennen kann, wer vom Wahlberechtigten gewählt wird.
- Eine Wahl ist nur dann „frei" und „geheim", wenn der Wahlberechtigte sich sicher sein kann, dass es für jedermann unmöglich ist, seine Wahlentscheidung festzustellen oder zu beobachten.
- Der Wahlberechtigte hat vor dem Staatsorgan physisch präsent zu sein, damit festgestellt werden kann, ob die abgegebene Stimme wirklich von jener Person stammt, die sie abgibt.

Der Staat ist laut Verfassungsgerichtshof verpflichtet, wirksame Vorkehrungen zu treffen (d. h. alle notwendigen Einrichtungen zur Verfügung zu stellen), um das Wahlverhalten des einzelnen Wahlberechtigten geheim zu halten. Gleichzeitig ist der Wahlberechtigte zur geheimen Stimmabgabe verpflichtet. Die Briefwahl genüge diesen „unabdingbaren verfassungsrechtlichen Voraussetzungen" nicht, denn der Wahlberechtigte ist auf sich selbst gestellt, der Einflussnahme durch einen Dritten zu begegnen. Damit wird die Verantwortung, Wahlberechtigte vor unzulässiger Einflussnahme zu schützen, auf den einzelnen Wahlberechtigten abgewälzt. Dieser könnte somit (psychischem) Druck ausgesetzt werden oder könnte sich beobachtet fühlen. Im Ergebnis könnte dies verhindern, dass Wahlberechtigte ihren politischen Willen vollkommen frei zum Ausdruck bringen.[10]

Des Weiteren ging der Verfassungsgerichtshof auf das „persönliche" Wahlrecht ein. Vor allem argumentierte er, dass die *physische Präsenz* der Wahlberechtigten vor einem Staatsorgan notwendige Voraussetzung für eine Wahl sei. Der Verfassungsgerichtshof stützte sich insbesondere darauf, dass alle zu zählenden Stimmen wirklich von jenen Personen zu stammen haben, die sie abgegeben haben. Dies war nach Auffassung des Verfassungsgerichtshofes durch die persönliche Anwesenheit sicherzustellen.[11]

Hierzu ist jedoch auf einen wesentlichen Unterschied zwischen der Briefwahl und E-Voting hinzuweisen. Eine zuverlässige Prüfung der Unterschrift bei der Briefwahl ist nicht möglich (vgl. [7, S. 73, 8]). Für E-Voting wäre hingegen eine qualifizierte elektronische Signatur bzw. die Bürgerkarte zu verwenden. Es könnte daher auch ohne persönliche Anwesenheit des Wahlberechtigten mit viel höherer Wahrscheinlichkeit als bei der

[9] VfSlg 10.412/1985.

[10] VfSlg 10.412/1985, 20 f.

[11] VfSlg 10.412/1985, 21 f.

Briefwahl davon ausgegangen werden, dass die zu zählende Stimme wirklich von derselben Person stammt, die sie abgegeben hat. E-Voting wäre somit besser als die Briefwahl geeignet, die Einhaltung des persönlichen Wahlrechts zu gewährleisten.

Das Land Niederösterreich stützte sich als Hauptargument auf die Relation der Wahlgrundsätze zueinander: Demnach führe die Überbetonung des Grundsatzes der geheimen Wahl zu einer Vernachlässigung des allgemeinen Wahlrechtes. Das Verzichten auf die Briefwahl würde nämlich bestimmte Personen aufgrund der erforderlichen Mobilität (in den 80er-Jahren) aus beruflichen Gründen praktisch vom Wahlrecht ausschließen. Ihnen sei am Wahltag nicht möglich, in ihrer Wahlgemeinde zu sein.[12] Auch bei der ÖH-Wahl 2009 war die Mobilität, nämlich jene der Studierenden, ein wesentliches Argument, um E-Voting einzuführen (vgl. [9, S. 118 f.]).

Dennoch stellte die niederösterreichische Landesregierung klar, dass die Briefwahl nur den Ausnahmefall darstellen soll. Dementsprechend hatte man auch nur unter bestimmten Voraussetzungen – wie Glaubhaftmachung, dass man sich voraussichtlich nicht im eigenen Wahlsprengel aufhalten wird – Anspruch auf eine Wahlkarte.[13]

Nach einem politischen Kompromiss ist die Briefwahl nunmehr in Art. 26 Abs. 6 B-VG ausdrücklich zugelassen:

> „Wahlberechtigte, die voraussichtlich am Wahltag verhindert sein werden, ihre Stimme vor der Wahlbehörde abzugeben, etwa wegen Ortsabwesenheit, aus gesundheitlichen Gründen oder wegen Aufenthalts im Ausland, können ihr Wahlrecht auf Antrag unter Angabe des Grundes durch Briefwahl ausüben. Die Identität des Antragstellers ist glaubhaft zu machen. Der Wahlberechtigte hat durch Unterschrift an Eides statt zu erklären, dass die Stimmabgabe persönlich und geheim erfolgt ist.“

Aus dem Abstellen auf „Wahlberechtigte, die voraussichtlich am Wahltag verhindert sein werden“, ist ersichtlich, dass auf die Briefwahl nur ausnahmsweise zurückgegriffen werden soll. Die Abstimmung mittels Briefwahl ist jedoch keineswegs nur die Ausnahme, sondern wird bei bundesweiten Wahlen in Österreich bereits von über 10 % der Wahlberechtigten genutzt.[14]

4.3.2 E-Voting

In der Schweiz gibt es schon seit 2004 erste Versuche mit E-Voting (Projekt „Vote electronique“). Insbesondere Auslandsschweizern soll so die Stimmabgabe erleichtert werden. Am 6. April 2017 hat der Bundesrat den Grundsatzentscheid gefällt, die elektronische

[12] VfSlg 10.412/1985, 8.

[13] VfSlg 10.412/1985, 2 und 18.

[14] DerStandard.at, Neuer Rekord: 889.193 Wahlkarten ausgestellt, 13.10.2017. http://derstandard.at/2000065977101/Rekord-bei-Wahlkarten-zeichnet-sich-ab. Zugegriffen am 14.10.2017.

Stimmabgabe für alle Schweizer Stimmbürger einzuführen. Die eingesetzte technische Plattform muss aber „open source“ sein.[15] Letztlich sollen alle Elemente der Wahlen digitalisiert werden („dematerialisiert“). Auch die Stimmabgabe im Wahllokal würde dann mit einer Wahlmaschine digital erfolgen.

In Deutschland ist nach frühen Vorarbeiten nach der Entscheidung des BVerfG 2009 zu Wahlautomaten[16] keine Weiterentwicklung erkennbar, obwohl sich viele Wahlberechtigte E-Voting wünschen.[17] Die Enquete-Kommission „Internet und digitale Gesellschaft“ des Deutschen Bundestags hat 2013 Online-Wahlen wegen der Komplexität und Undurchsichtigkeit als nicht praxisgerecht bezeichnet.[18]

Aufgrund des strengen Maßstabs des österreichischen Verfassungsgerichtshofes für das geheime, das freie und das persönliche Wahlrecht wäre eine Verfassungsbestimmung für die Einführung von E-Voting in Österreich bei Wahlen der allgemeinen Vertretungskörper erforderlich.

Nach der Judikatur des Verfassungsgerichtshofes hat der einfache Gesetzgeber grundsätzlich die Möglichkeit, E-Voting bei Wahlen zu Selbstverwaltungskörpern zuzulassen. Es besteht keine genaue verfassungsrechtliche Vorgabe, wie Selbstverwaltungskörper ihre Organe zu wählen haben. Vielmehr kommt dem einfachen Gesetzgeber ein relativ weiter rechtspolitischer Gestaltungsspielraum zu und es müssen lediglich Mindeststandards erfüllt werden. Diese Mindeststandards sind laut Verfassungsgerichthof auch mittels E-Voting erfüllbar.[19]

Festgelegt werden muss, welche Verfahren bzw. technischen Systeme eingesetzt werden, um die Wahlgrundsätze des persönlichen, des geheimen und des freien Wahlrechts sicherzustellen. Unbedingt gewährleistet werden muss die Feststellung der Identität der Wählerin oder des Wählers sowie die Geheimhaltung des Wahlverhaltens. Dies ist Voraussetzung damit die Rechtsunterworfenen sich von der Einhaltung der Wahlgrundsätze überzeugen können und der Verfassungsgerichtshof deren Einhaltung überprüfen kann. Dazu muss – in dem zur Kontrolle durch die Öffentlichkeit notwendigen Ausmaß – der Quellcode der verwendeten Software veröffentlicht werden.[20]

[15] Netzwoche, 06.04.2017. http://www.netzwoche.ch/news/2017-04-06/bundesrat-will-e-voting-fuer-die-ganze-schweiz. Zugegriffen am 06.10.2017.

[16] BVerfGE, Urteil vom 3. März 2009 – 2 BvC 3/07, 2 BvC 4/07: „Die Verordnung über den Einsatz von Wahlgeräten bei Wahlen zum Deutschen Bundestag und der Abgeordneten des Europäischen Parlaments […] ist mit Art. 38 in Verbindung mit Art. 20 Abs. 1 und 2 des Grundgesetzes insoweit unvereinbar, als sie keine dem verfassungsrechtlichen Grundsatz der Öffentlichkeit der Wahl entsprechende Kontrolle sicherstellt.“

[17] Kaspersky Lab, Stimmabgabe per Klick, 2017. http://newsroom.kaspersky.eu/fileadmin/user_upload/de/Downloads/PDFs/Kaspersky-Studie_Stimmagbabe_per_Klick.pdf. Zugegriffen am 06.10.2017.

[18] Deutscher Bundestag, Drucksache 17/12290, 06.02.2013. http://dipbt.bundestag.de/dip21/btd/17/122/1712290.pdf. Zugegriffen am 06.10.2017.

[19] VfSlg 19.592/2011, 8 f.

[20] VfSlg 19.592/2011, 11 u. 13 f.

Bisher wurde diese Möglichkeit nur bei der ÖH-Wahl 2009 genutzt. Aufgrund von Beschwerden nach dieser Wahl hob der Verfassungsgerichtshof mit Erkenntnis V85/11 u. a. vom 13.12.2011 die Bestimmungen der Hochschülerinnen- und Hochschülerwahlordnung 2005 über das E-Voting wegen Gesetzwidrigkeit auf. Hingegen wurden die gesetzlichen Grundlagen des E-Votings in § 34 Abs. 4 bis Abs. 7 HSG 1998 als verfassungsrechtlich unbedenklich erkannt. Grundsätzlich kann aus diesem Erkenntnis abgeleitet werden, dass die Durchführung von E-Voting für die Wahl der Organe der Selbstverwaltung (mit Ausnahme der kommunalen Selbstverwaltung) zulässig ist. Denn das B-VG schreibt die persönliche, die geheime und die freie Wahl für diese Wahlen nicht ausdrücklich vor und somit ist es dem einfachen Gesetzgeber möglich, diesen Wahlgrundsätzen ein Verständnis zu Grunde zu legen, dass die Durchführung der Wahl mittels E-Voting beinhaltet.[21]

4.3.3 E-Voting-Standards des Europarats

Auf internationaler Ebene ist vor allem der Europarat anzuführen, der sich seit Beginn des neuen Millenniums mit der Thematik des E-Votings auseinandersetzt [10, 11]. Seit 2002 arbeitet der Europarat an intergouvernementalen Standards zu E-Voting. Die 2004 vom Ministerkomitee des Europarats angenommene E-Voting-Empfehlung – „*Recommendation Rec(2004)11 of the Committee of Ministers to member States on legal, operational and technical standards for e-voting*“ wurde durch die 2017 vom Ministerkomitee des Europarats angenommene E-Voting-Empfehlung „*Recommendation CM/Rec(2017)5 of the Committee of Ministers to member States on standards for e-voting*“ mit Annexen I (E-Voting-Standards) und II (Glossary of Terms) ersetzt. Damit wurde die Empfehlung an die technischen und gesellschaftlichen Weiterentwicklungen angepasst.

Wesentliche Grundsätze der Empfehlung in [11] sind, dass die Wahlberechtigten weder in ihrer freien Willensbildung noch in der persönlichen Stimmabgabe behindert werden. Man sollte die WählerInnen aber so durch den E-Voting-Prozess leiten, dass sie nicht überstürzt oder ohne Überlegung abstimmen. Die Wahlberechtigten sollten ihre Entscheidung bis zur tatsächlichen Abgabe der Stimme jederzeit ändern können, danach aber nicht mehr. Das E-Voting-System soll der Wählerin oder dem Wähler gegenüber klar anzeigen, wenn die Stimme abgeben und das Wahlverfahren erfolgreich abgeschlossen wurde. Der Wähler soll individuell verifizieren können, ob die Stimmabgabe im E-Voting-System erfolgreich durchgeführt wurde.

4.3.4 Verhältnis der Wahlgrundsätze bei Distanzwahl

Eine Änderung des Verhältnisses der Wahlgrundsätze wurde in Österreich bereits durch die Einführung der Briefwahl bewirkt. Diese ist – sofern sie durch eine Verfassungsbestimmung durchgeführt wird – auch zulässig.[22] Für die Wahl der Organe von „sonstigen

[21] VfSlg 19.592/2011.

[22] VfSlg 19.893/2014.

Selbstverwaltungskörpern" ist überdies auch eine Einführung von Distanzwahlen durch den einfachen Gesetzgeber zulässig.[23]

Die primäre Frage ist daher, weshalb die Briefwahl zugelassen, E-Voting hingegen untersagt werden soll. Durch einen systematischen Vergleich der beiden Distanzwahlvarianten haben Balthasar und Prosser [8] erarbeitet, dass E-Voting grundsätzlich gegenüber der Briefwahl zu bevorzugen ist.

Die Briefwahl hat in der Vergangenheit auch immer wieder zu Problemen geführt. Obwohl durch Nachschärfen der Wahlordnungen die Quote der nicht-miteinzubeziehenden Briefwahl-Stimmen deutlich reduziert werden konnte ([12], Rz. 11 zu § 60 NRWO), treten insbesondere in Übersee immer wieder Schwierigkeiten auf.[24] Auch die österreichischen Bundespräsidentenwahlen 2016 waren vor allem wegen mit der Briefwahl in Zusammenhang stehenden Bedenken aufzuheben.[25]

Grundsätzlich führt E-Voting im Vergleich zur Briefwahl zu einer geringeren Verschiebung der Relation zwischen den Wahlgrundsätzen bzw. ist sie besser als die Briefwahl geeignet, um alle Wahlgrundsätze möglichst weitgehend zu wahren.

Allerdings kann E-Voting nach derzeitigem Stand der Technik nicht so umgesetzt werden, dass Manipulationen und Programmierfehler ausgeschlossen werden könnten. Zu bedenken ist auch, dass bereits die bloße Vermutung von Manipulationen – z. B. im Lichte wachsender Cyberbedrohungen aus dem Ausland – bereits zu ernsten demokratiepolitischen Verwerfungen führen kann. Eine solche Vermutung wäre nur schwer zu widerlegen, insbesondere wenn in Teilen der Bevölkerung eine entsprechende Stimmung herrscht oder von einzelnen wahlwerbenden Gruppen sogar bewusst geschürt wird (vgl. [13]).

Zu überlegen wäre aber eine Einführung von E-Voting für Wahlberechtigte mit Wohnsitz außerhalb der Europäischen Union. Aufgrund ihrer vergleichsweise geringen Anzahl könnte die Manipulation ihrer abgegebenen Stimmen das Wahlergebnis nur geringfügig beeinflussen. Nach Schätzungen wären zwar rund 400.000 Auslandsösterreicher wahlberechtigt, tatsächlich eingetragen in die Wählerevidenz sind jedoch nur 60.749 Wahlberechtigte. Dies entspricht 0,95 % der Wahlberechtigten.[26] Die Eintragung in die Wählerevidenz ist Voraussetzung für die Stimmabgabe. Diese Zahl beinhaltet auch Auslandsösterreicher im EU-Ausland und würde daher noch mal deutlich sinken, wenn EU-Ausländer herausgerechnet werden. Auch wenn – und dies wäre ja Ziel der Maßnahme – durch die Einführung von E-Voting die Zahl der Auslandsösterreicher, die sich in die Wählerevidenz eintragen lassen, wachsen würde, wäre die Gesamtzahl der zur Stimmabgabe zugelassenen

[23] VfSlg 19.592/2011.

[24] Vgl. derStandard, Etliche Stimmen von Auslandsösterreichern womöglich nie angekommen – derstandard.at/2000044261695/Etliche-Stimmen-womoeglich-nie-angekommen, 13.09.2016. http://derstandard.at/2000044261695/Etliche-Stimmen-womoeglich-nie-angekommen. Zugegriffen am 14.10.2017.

[25] VfSlg 20.071/2016.

[26] Vgl. Die Presse, Rekord an Wahlberechtigten, 19.09.2017. http://diepresse.com/home/innenpolitik/nationalratswahl/5288033/Rekord-an-Wahlberechtigten_Mehr-Auslandsoesterreicher-weniger-Frauen. Zugegriffen am 14.10.2017.

Auslandsösterreicher trotzdem noch gering. Sofern beträchtliche Strafen für (versuchte) Manipulationen angedroht werden, würde auch die Strafdrohung abschreckend wirken, weil kaum ein Nutzen aus der Manipulation gezogen werden könnte.

E-Voting ist, abgesehen von möglichen Manipulationen, der Briefwahl vorzuziehen und bietet insbesondere die Möglichkeit zur Feststellung der Identität mittels Verwendung der Bürgerkarte oder vergleichbarer Lösungen sowie Eintragung in die Wählerevidenz auf elektronischem Weg [13].

4.4 Instrumente der direkten Demokratie

In der **Schweiz** ist die direkte Demokratie ein zentrales Element der Staatsordnung. Nirgendwo gibt es so weitgehende direkte Volksrechte, damit der Stimmbürger als Souverän auch in Sachfragen endgültig entscheiden kann. Die BürgerInnen können an Abstimmungen aufgrund fakultativer oder obligatorischer Referenden teilnehmen. Diese haben das Recht, Volksinitiativen und Referendumsbegehren einzureichen [14].

In **Deutschland** sind aufgrund der Erfahrungen der Weimarer Verfassung direktdemokratische Verfahren auf Bundesebene nur schwach ausgeprägt (Ablösung des Grundgesetzes durch eine neue Verfassung bzw. Neugliederung des Bundesgebietes). Ansonsten sind Sachentscheidungen durch repräsentative Vertreter zu treffen [15].

In **Österreich** vorgesehene Instrumente der direkten Demokratie auf Bundesebene sind die Volksabstimmung (Art. 43 B-VG), die Volksbefragung (Art. 49b B-VG), das Volksbegehren (Art. 41 Abs. 2 u. 3 B-VG), die Bürgerinitiative und die parlamentarische Online-Petition.[27]

Auf Ebene der **Europäischen Union** (nachfolgend Union) ist BürgerInnen und repräsentativen Verbänden die Möglichkeit einzuräumen, ihre Ansichten im Bereich des Handelns der Union bekannt zu geben (Art. 11 Abs. 1 EUV). Die Organe der Union sind verpflichtet einen offenen, transparenten und regelmäßigen Dialog mit den repräsentativen Verbänden und der Zivilgesellschaft zu führen (Art. 11 Abs. 2 EUV). Die Europäische Kommission („Kommission“) ist verpflichtet, umfangreiche Anhörungen der Betroffenen durchzuführen, um die Kohärenz und Transparenz der Betroffenen zu gewährleisten (Art. 11 Abs. 3 EUV).

Schließlich sieht Art. 11 Abs. 4 EUV die Europäische Bürgerinitiative (EBI)[28] vor. Diese kann von mindestens einer Million UnionsbürgerInnen aus einer erheblichen Anzahl von EU-MS eingebracht werden. Sie muss einen Rechtsakt (nicht Primärrecht!) der

---

[27] § 100 des Bundesgesetzes vom 4. Juli 1975 über die Geschäftsordnung des Nationalrates (BGBl 410/1975 idF BGBl I 41/2016).

[28] Art. 11 Abs. 4 EUV und Art. 24 Abs 1 AEUV; Verordnung (EU) Nr. 211/2011 des Europäischen Parlaments und des Rates vom 16. Februar 2011 über die Bürgerinitiative, ABl L 65/2011, 1 idF ABl L 178/2015, 1; Europäische-Bürgerinitiative-Gesetz – EBIG, BGBl I 12/2012; Europäische Kommission, Einrichtung Ihres Online-Sammelsystems. http://ec.europa.eu/citizens-initiative/public/prepare-system. Zugegriffen am 15.10.2017.

Union betreffen. Mindestens aus einem Viertel der Mitgliedsstaaten (7 EU-MS) muss die jeweils in Anhang I der VO genannte Mindestzahl der BürgerInnen die Bürgerinitiative unterstützen (Art. 7). Neben der Papierform können Unterstützungsbekundungen auch mittels eines Online-Sammelsystems abgegeben werden.

Die technischen Spezifikationen für dieses Online-Sammelsystem wurden auf das Dokument Top 10 2010 des OWASP-Projekts aufbauend festgelegt. Die Organisatoren einer Bürgerinitiative können die von der Kommission bereitgestellte Software nutzen oder eine eigene Software entwickeln, die alle durch eine EU-Durchführungsverordnung vorgegebenen Anforderungen erfüllt.[29]

Art. 24 AEUV präzisiert einige der in Art. 11 EUV vorgegebenen Partizipationsrechte der UnionsbürgerInnen. Das Verfahren und die Bedingungen der Europäischen Bürgerinitiative sollen in einer Verordnung des Europäischen Parlaments (EP) und des Rates im ordentlichen Gesetzgebungsverfahren festgelegt werden (Art. 24 Abs. 1 AEUV). Jede/r UnionsbürgerIn hat das Recht, eine Petition an das Europäische Parlament zu richten (Art. 24 Abs. 2 AEUV, Art. 227 AEUV, Art. 44 EU-GRC). Des Weiteren kann sich jede/r UnionsbürgerIn an den Europäischen Bürgerbeauftragten wenden (Art. 24 Abs. 3 und Art. 228 AEUV, Art. 43 EU-GRC) und jede/r UnionsbürgerIn kann sich schriftlich in allen 24 Amtssprachen der Union an deren in Art. 13 EUV genannten Organe (das Europäische Parlament, der Europäische Rat, der Rat, die Europäische Kommission, der Gerichtshof der Europäischen Union, die Europäische Zentralbank und der Rechnungshof) wenden und erhält in derselben Sprache eine Antwort (Art. 24 Abs. 4 AEUV iVm Art. 55 EUV; Art. 14 Vertrag über den Beitritt Kroatiens[30]).

Um die Bürgerbeteiligung zu erleichtern bzw. bessere Transparenz zu gewährleisten, präsentiert die Kommission ihr Arbeitsprogramm[31] und Listen über geplante Initiativen im Bereich der Gesetzgebung jeweils zu Beginn des Kalenderjahres. Dies ist eine erste Möglichkeit für BürgerInnen sich über die Vorhaben der Kommission zu informieren.

4.5 Anforderungen an die Stimmabgabe von WählerInnen

Bei Wahlen ist es in der Regel erforderlich, vor der Stimmabgabe die Identität der WählerInnen festzustellen. Dies erfolgt im Wesentlichen aus zwei Gründen: erstens um festzustellen, ob die jeweilige Person berechtigt ist, an der Wahl teilzunehmen und zweitens um sicherzustellen, dass eine Person nicht mehrfach abstimmt. Beide Anforderungen, oder auch nur die Anforderung, das mehrfache Abstimmen zu verhindern, gelten auch für viele

[29] Durchführungsverordnung (EU) Nr. 1179/2011 der Kommission vom 17. November 2011 zur Festlegung der technischen Spezifikationen für Online-Sammelsysteme gemäß der Verordnung (EU) Nr. 211/2011 des Europäischen Parlaments und des Rates über die Bürgerinitiative, ABl L 301/2011, 3.

[30] ABl L 112/2012, 21.

[31] Siehe. http://ec.europa.eu/atwork/key-documents/index_de.htm. Zugegriffen am 01.02.2018.

(elektronische) Bürgerbeteiligungsverfahren, nicht jedoch für alle. Eine weitere wichtige Anforderung ist, dass es nach dem Grundsatz der geheimen Wahl nicht möglich sein darf, das Abstimmungsverhalten mit der Identität des/der Abstimmenden in Verbindung zu bringen. Insbesondere bei der elektronischen Durchführung ist es eine große Herausforderung, diese beiden prinzipiell gegensätzlichen Anforderungen der Identifizierung einerseits und der geheimen Abstimmung andererseits zu erfüllen.

4.5.1 Wahl- bzw. Beteiligungsberechtigte

Die Erfassung der Wahl- bzw. Beteiligungsberechtigten erfolgt durch die Wählerevidenz, die auf Grundlage des Melderegisters erstellt wird. Mit 01.01.2018 trat das Wählerevidenzgesetz 2018 in Kraft, mit dem insbesondere das „Zentrale Wählerregister" (ZeWaeR) eingeführt wurde.[32] Das BMI ist als Dienstleister für die Gemeinden (Auftraggeber) tätig (§ 4 WEviG).

Der Entwurf[33] wurde wiederum vom BMI erstellt und war identisch mit dem Entwurf aus dem Jahr 2012.[34]

Das „Zentrale Wählerregister" ist in Art. 26a Abs. 2 B-VG geregelt:

> „(2) Die Führung der Wählerevidenz und die Anlegung der entsprechenden Verzeichnisse bei einer Wahl zum Europäischen Parlament, einer Wahl zum Nationalrat, einer Wahl des Bundespräsidenten, einer Volksabstimmung und einer Volksbefragung obliegt der Gemeinde im übertragenen Wirkungsbereich. Die Speicherung der Daten der Wählerevidenzen erfolgt in einem zentralen Wählerregister, in dem auch Wählerevidenzen aufgrund der Landesgesetzgebung gespeichert werden können; die Länder und Gemeinden können diese Daten für solche Verzeichnisse in ihrem Zuständigkeitsbereich verwenden."

Die wesentlichen Änderungen zur Implementierung des „Zentralen Wählerregisters" sind:[35]

Unterstützungserklärungen und Eintragungen für Volksbegehren können in Papierform bzw. auch online (mittels qualifizierter digitaler Signatur, auch mit Handy-Signatur) in

[32] Bundesgesetz über die Führung ständiger Evidenzen der Wahl- und Stimmberechtigten (Wählerevidenzgesetz 2018 – WEviG) BGBl I 2016/106.

[33] Vgl. IA 1809/A XXV. GP.

[34] Als Basis wurde die Fassung des Entwurfs vom 28. Juni 2013 herangezogen (Berücksichtigung der datenschutzrechtlichen Aspekte). Vgl. zum Entwurf 2013: [16].

[35] Quelle: Selbständiger Antrag der Abgeordneten Mag. Wolfgang Gerstl, Dr. Peter Wittmann, Kolleginnen und Kollegen betreffend ein Bundesgesetz, mit dem das Bundes-Verfassungsgesetz (B-VG), die Nationalrats-Wahlordnung 1992, das Bundespräsidentenwahlgesetz 1971, die Europawahlordnung, das Europa-Wählerevidenzgesetz, das Volksabstimmungsgesetz 1972, das Volksbefragungsgesetz 1989 geändert sowie das Volksbegehrengesetz 2018 und das Wählerevidenzgesetz 2018 erlassen werden (Wahlrechtsänderungsgesetz 2017), 1809/A XXV. GP.

jeder Gemeinde getätigt werden. Damit können sich Auslandsösterreicher auch effektiv an Volksbegehren beteiligen.

Das neue „Zentrale Wählerregister" (ZeWaeR) bringt wesentliche Erleichterungen für Volksbegehren. Die Unterstützungserklärung über die Einleitung als auch die Eintragung selbst kann vor jeder Gemeindebehörde persönlich geleistet werden, weil der Abgleich der/des Unterstützenden mit der Wählerevidenz von überall erfolgen kann (vgl. [16], Rz. 4 u. 6). Des Weiteren kann sowohl die Unterstützungserklärung als auch die Eintragung nunmehr auch online mittels der qualifizierten elektronischen Signatur abgegeben werden (§ 11 Volksbegehrengesetz 2018 – VoBeG). Die Unterstützungserklärung wird durch eine bereichsspezifische Personenkennzahl vorgemerkt, die für die anderen Gemeinden nicht personenbezogen zugeordnet werden kann.[36]

4.5.2 Identität

Das Wahlrecht ist ein höchstpersönliches Recht und muss selbst ausgeübt werden. Jeder Wähler muss seine Identität einwandfrei der Wahlbehörde nachweisen.

Bei der Briefwahl kann die Stimmabgabe mittels Wahlkarte erfolgen, jedoch ist bei der Antragstellung bzw. bei der Zustellung die Identität festzustellen.

Bisher stehen die Gesetzgeber der Einführung einer elektronischen Identifikation eher ablehnend gegenüber, obwohl diese für Verwaltung und Gerichtsverfahren festgelegt, auch immer mehr erwünscht bzw. sogar vorgeschrieben wird.

Grundsätzlich hat jede/r Stimmberechtigte vor der örtlich zuständigen Wahlbehörde zu erscheinen. Die bislang einzige Ausnahme hiervon stellt die Wahl mittels Wahlkarte dar (§ 2 Abs. 2 iVm § 37 Abs. 2 NRWO). Auch die Briefwahl erfolgt mittels Wahlkarte. Die Identität des Antragstellers muss glaubhaft gemacht werden, hingegen muss der Grund gem. § 38 NRWO nur angegeben werden. Zur Glaubhaftmachung der Identität ist bei elektronischem Antrag eine qualifizierte elektronische Signatur, die Angabe der Passnummer, die Vorlage der Ablichtung eines amtlichen Lichtbildausweises oder eine andere Weise des Identitätsnachweises vorgesehen (§ 39 Abs. 1 NRWO).

4.5.3 Elektronische Identifikation und Authentifizierung

Technologien zur Authentifizierung werden in Kap. 5 thematisiert. Im Folgenden werden die rechtlichen Aspekte behandelt.

Nach Art. 3 Z 1 eIDAS-VO ist die elektronische Identifizierung „der Prozess der Verwendung von Personenidentifizierungsdaten in elektronischer Form, die eine natürliche oder juristische Person oder eine natürliche Person, die eine juristische Person vertritt,

[36] Die geplante Vormerkung wurde aus datenschutzrechtlichen Gründen gestrichen. Vgl. Meyer [17], Rz. 16).

eindeutig repräsentieren." Erst mit dem Schritt der (erfolgreichen) Authentifizierung wird die Richtigkeit einer solchen Behauptung bestätigt. In diesem Sinne ist Authentifizierung in Art. 3 Z 5 eIDAS-VO definiert als „ein elektronischer Prozess, der die Bestätigung der elektronischen Identifizierung einer natürlichen oder juristischen Person oder die Bestätigung des Ursprungs und der Unversehrtheit von Daten in elektronischer Form ermöglicht." Diese Definition der eIDAS-VO spricht zwei verschiedene Fälle an, die beide von folgender sehr weiten Definition zusammengefasst werden „‚[A]uthentication' refers to a process whereby confidence in some assertion is gained, or the degree of confidence that is justified about the truth of some assertion is assessed." ([18, S. 28, 8]). Im Folgenden wird dieses Begriffsverständnis als Authentifizierung im weiteren Sinn (iwS) bezeichnet.

Je nach Intensität der Beteiligung können verschiedene Identitätsstufen gewählt werden. Sehr üblich und einfach realisierbar ist die Identifikation mittels Eingabe eines Benutzernamens und eines Passworts (vgl. Kap. 5). Der Benutzername kann entweder anonym/selbstbehauptet oder auch mit einem öffentlichen oder privaten Register verbunden sein (z. B. Facebook oder Google), was die Qualität der Identifikation verbessern kann. Als Identitätsschema zur sicheren Identifikation und Authentifizierung mit Identitätsdaten aus staatlichen Registern besteht in Österreich die Bürgerkarte bzw. E-ID. Technisch kann dabei die Identifikation und Authentifizierung entweder mittels Signaturkarte oder mittels Handy-Signatur erfolgen.

4.5.3.1 Österreichische Bürgerkarte und E-ID

Mit einer umfassenden Novelle des E-GovG, BGBl. I 2017/121 vom 31. Juli 2017 wurde die Funktion Bürgerkarte in „E-ID" umbenannt und um die Möglichkeit des Nachweises weiterer Merkmale aus staatlichen Registern erweitert. Diese Änderungen traten mit Kundmachung in Kraft, finden jedoch gemäß § 24 Abs. 6 E-GovG erst Anwendung „wenn die technischen und organisatorischen Voraussetzungen für den Echtbetrieb des E-ID vorliegen."

4.5.3.2 Elektronische Identitäten und Authentifizierung nach der eIDAS-VO

Die eIDAS-VO umfasst zwei grundsätzlich voneinander zu unterscheidende Materien, einerseits die elektronische Identifizierung und andererseits elektronische Signaturen und andere Vertrauensdienste. Hier soll die elektronische Identifizierung behandelt werden, somit Kapitel II der eIDAS-VO.

Betreffend die elektronische Identifizierung regelt die eIDAS-VO nur grenzüberschreitende Aspekte. Die elektronischen Identifizierungsmittel selbst sind nach wie vor national geregelt, in Österreich wie erwähnt im E-GovG. Die eIDAS-VO enthält auch keine Vorschriften darüber, wie diese auszugestalten sind. Der Begriff „elektronisches Identifizierungsmittel" wird in Art. 3 Z 2 eIDAS-VO definiert als „eine materielle und/oder immaterielle Einheit, die Personenidentifizierungsdaten enthält und zur Authentifizierung bei Online-Diensten verwendet wird", wobei Personenidentifizierungsdaten in

Z 3 leg cit definiert werden als „ein Datensatz, der es ermöglicht, die Identität einer natürlichen oder juristischen Person oder einer natürlichen Person, die eine juristische Person vertritt, festzustellen." Da nichts Näheres festgelegt ist, verbleibt sowohl die Auswahl, welche Daten dies sind, als auch die Festlegung von deren exakter Bedeutung bei den Mitgliedsstaaten und ist somit nicht harmonisiert. Ein elektronisches Identifizierungssystem ist definiert als „ein System für die elektronische Identifizierung, in dessen Rahmen natürlichen oder juristischen Personen oder natürlichen Personen, die juristische Personen vertreten, elektronische Identifizierungsmittel ausgestellt werden" (Art. 3 Z 4 eIDAS-VO).

Zentraler Regelungsgegenstand ist das Prinzip der gegenseitigen Anerkennung, wonach jeder Mitgliedsstaat elektronische Identifizierungssysteme, die er selbst im Rahmen des E-Government verwendet, auf eine Liste setzen lassen – notifizieren – kann; diese müssen dann von allen anderen Mitgliedsstaaten, für jene E-Government-Verfahren anerkannt werden, für die die Verwendung elektronischer Identifizierungsmittel innerstaatlich erforderlich ist. Ein Mitgliedsstaat ist somit nicht verpflichtet, elektronische Identifizierungsmittel anderer Mitgliedsstaaten für Verfahren anzuerkennen, für die bisher keine elektronischen Identifizierungsmittel verwendet werden konnten. Es ergibt sich aus der eIDAS-VO also kein Zwang zur Einführung von E-Government-Diensten. Ebenso ergibt sich kein Zwang für die Mitgliedsstaaten zur Einführung elektronischer Identifizierungssysteme (vgl. [19, S. 113]).

Gemäß Art. 12 Abs. 1 eIDAS-VO müssen die notifizierten nationalen elektronischen Identifizierungssysteme interoperabel sein. In der Durchführungsverordnung über den Interoperabilitätsrahmen[37] wird dies konkretisiert. Die grenzüberschreitende Authentifizierung erfolgt über Anschlusspunkte, *Knoten* genannt, die die Verbindung zwischen der jeweiligen nationalen elektronischen Identifizierungsinfrastruktur zweier Mitgliedsstaaten herstellen (Art. 2 Z 1 Durchführungs-VO). Neben Informationssicherheits- und Datenschutzanforderungen enthält die Durchführungsverordnung auch einen Mindestsatz von Personenidentifizierungsdaten, die eine natürliche Person eindeutig repräsentieren. Dies umfasst mindestens den/die derzeitigen Familiennamen, den/die derzeitigen Vornamen, das Geburtsdatum und eine eindeutige Kennung, die vom übermittelnden Mitgliedsstaat entsprechend den technischen Spezifikationen für die Zwecke der grenzüberschreitenden Identifizierung erstellt wurde und möglichst dauerhaft fortbesteht.

Mit der eIDAS-VO wurden somit die Voraussetzungen für den grenzüberschreitenden Einsatz nationaler elektronischer Identifizierungssysteme wie der österreichischen Bürgerkarte (künftig E-ID) geschaffen. Dies wird in den nächsten Jahren langsam aber

[37] Durchführungsverordnung (EU) 2015/1501 der Kommission vom 8. September 2015 über den Interoperabilitätsrahmen gemäß Art. 12 Abs. 8 der Verordnung (EU) Nr. 910/2014 des Europäischen Parlaments und des Rates über elektronische Identifizierung und Vertrauensdienste für elektronische Transaktionen im Binnenmarkt, ABl. L 2015/235, 1.

sicher in die Praxis umgesetzt werden und ermöglicht dann insbesondere EU-Bürgern, die in einem anderen Mitgliedsstaat leben, auch die Beteiligung an elektronischen Partizipationsverfahren.

4.5.3.3 Technische Verbindung mit den Registern

Um im Rahmen von Beteiligungsverfahren potenziell berechtigte Personen für Abstimmungen, Wahlen oder sonstige Verfahren identifizieren zu können, könnten bestehende oder zukünftige Register genutzt werden. Exemplarisch können hier das ZMR und ERnP (Zentrales Melde- und Ergänzungsregister für natürliche Personen), das Strafregister und das ZPR (Zentrales Personenregister) genannt werden. Insbesondere ist das künftige zentrale Wählerregister zu erwähnen (siehe Abschn. 4.5.1).

4.6 Umsetzung des Grundsatzes der Transparenz

Die staatlichen Organe müssen über Angelegenheiten ihres Wirkungsbereiches Auskünfte erteilen, wobei die nähere Ausgestaltung durch Gesetze und Verordnungen bestimmt wird (Art. 20 Abs. 4 letzter Satz B-VG). Die staatliche Öffentlichkeitsarbeit muss verhältnismäßig zum Schutz der Amtsverschwiegenheit (Art. 20 Abs. 3 B-VG), zum Datenschutz (§ 1 DSG), zum Schutz von Immaterialgütern und zum Effizienzgebot erfolgen. Das Objektivitätsgebot verpflichtet zur wahrheitsgemäßen Information (vgl. [5, S. 316 f.]). Die Transparenz ist für Gerichtsbarkeit (Art. 90 B-VG), Gesetzgebung und Verwaltung unterschiedlich geregelt. Die folgende Darstellung beschränkt sich auf die Transparenz der Verwaltung.

4.6.1 Transparenz der Verwaltung

Es kann zwischen vier Arten der Transparenz unterschieden werden: individualbezogene Informationstätigkeit, Bürgerbeteiligungsverfahren im Verwaltungsverfahren, öffentlichkeitsbezogene Informationstätigkeit und öffentliche Informationstätigkeit mit informeller Partizipation (siehe Abb. 4.3).

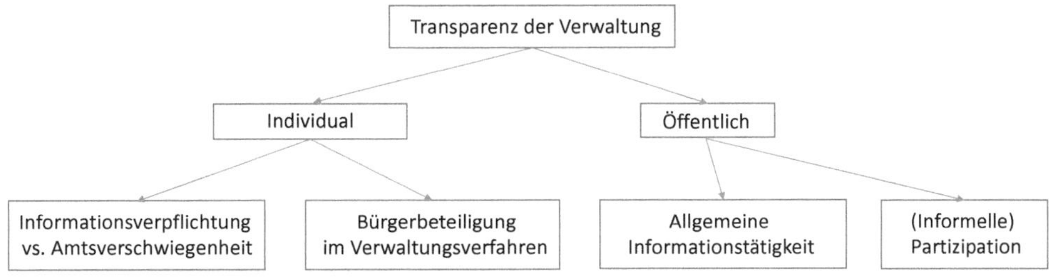

Abb. 4.3 Transparenz der Verwaltung

4.6.2 Individualbezogene Informationstätigkeit

Die individualbezogene Informationstätigkeit ist für die Beteiligung besonders bedeutsam, weil hiermit eine effektive Kontrolle des Verwaltungshandelns für alle Bürger möglich wird. Verwaltungstechnisch wird von Auskunftspflichten gesprochen, wie nach Art. 20 Abs. 4 B-VG iVm dem AuskunftspflichtG des Bundes und der Länder, § 26 DSG 2000 und § 4 Umweltinformationsgesetz (UIG) festgelegt sind.

Schon im Jahr 2014 wurde eine Regierungsvorlage betreffend eine B-VG-Novelle – Abschaffung der Amtsverschwiegenheit und Schaffung einer Informationsverpflichtung im Parlament eingebracht.[38] Dazu gibt es zwei Initiativanträge von Angehörigen des Klubs von NEOS[39] bzw. des Grünen Klubs (18/A[40]) sowie einen Initiativantrag der Regierungsklubs für ein „Informationsfreiheitsgesetz des Bundes – IFG" (1/AUA[41]). Zu einer Beschlussfassung ist es in der XXV. Gesetzgebungsperiode nicht mehr gekommen.

Die Amtsverschwiegenheit soll in plakativer Weise abgeschafft und durch die Informationsverpflichtung ersetzt werden. Leider ist diese sehr weitgehend eingeschränkt, so dass sich wenig an der geübten Praxis der Amtsverschwiegenheit ändern wird. Nach dem vorgeschlagenen Art. 22a Abs. 1 B-VG greift die proaktive Verpflichtung zur Information nur, „soweit nicht eine Verpflichtung zur Geheimhaltung gemäß Abs. 2 besteht."[42] Keine Informationspflicht besteht daher bei „… zwingenden außen- und integrationspolitischen Gründen, im Interesse der nationalen Sicherheit, der umfassenden Landesverteidigung oder der Aufrechterhaltung der öffentlichen Ruhe, Ordnung und Sicherheit, zur Vorbereitung einer Entscheidung, im wirtschaftlichen oder finanziellen Interesse einer Gebietskörperschaft oder eines sonstigen Selbstverwaltungskörpers oder zur Wahrung überwiegender berechtigter Interessen eines anderen erforderlich oder zur Wahrung anderer gleich wichtiger öffentlicher Interessen durch Bundes- oder Landesgesetz ausdrücklich angeordnet ist." Trotz gegenteiliger Terminologie erkennen sämtliche Entwürfe die Notwendigkeit der Geheimhaltung amtlicher Informationen bei Vorliegen bestimmter Gründe an. Diese Tatbestände sind nur mit offenen Begriffen umschrieben; § 6 des Entwurfs eines Informationsfreiheitsgesetzes (IFG) präzisiert dies nur unzureichend. Klargestellt wird, dass Datenschutz, die Wahrung von IP-Rechten und die Wahrung von Berufs-, Geschäfts- oder Betriebsgeheimnissen eine Geheimhaltung ermöglicht.

[38] 395 Blg NR XXV. GP. https://www.parlament.gv.at/PAKT/VHG/XXV/I/I_00395/index.shtml. Siehe dazu: [20–23].

[39] http://www.parlament.gv.at/PAKT/VHG/XXV/A/A_00006/imfname_329768.pdf. Zugegriffen am 01.02.2018.

[40] http://www.parlament.gv.at/PAKT/VHG/XXV/A/A_00018/fname_329851.pdf. Zugegriffen am 01.02.2018.

[41] http://www.parlament.gv.at/PAKT/VHG/XXV/AUA/AUA_00001/. Zugegriffen am 01.02.2018.

[42] Nur unwesentlich anders § 5 IFG: „… soweit sie nicht der Geheimhaltung unterliegen".

4.6.3 Bürgerbeteiligung im Verwaltungsverfahren

Bei der direkten Anwendung auf ein Verwaltungsverfahren kommt der elektronischen Partizipation insbesondere mit Hinblick auf Großverfahren nach § 44a ff AVG eine wichtige Rolle zu. Ein Großverfahren im Sinne des § 44a AVG kann durchgeführt werden, wenn an einer Verwaltungssache voraussichtlich mehr als 100 Personen beteiligt sein werden. Das Verfahren wird damit weitgehend öffentlich. Die Entscheidung der Behörde für ein Großverfahren ist durch Edikt kundzumachen (§ 44a Abs 3 AVG). Des Weiteren kann die Behörde eine öffentliche Erörterung des Vorhabens durchführen (§ 44c AVG). Die Verlautbarung des Edikts sowie die Durchführung der öffentlichen Erörterung könnten elektronisch unterstützt werden. Wird ein IT-System zur Bürgerbeteiligung im Verwaltungsverfahren herangezogen, sollte dieses eine Applikation für die Kommunikation, eine Applikation für die Verbreitung von Informationen und eine Applikation für die Vorbereitung der öffentlichen Erörterung beinhalten [8]. Auch Simulationen sollten möglich sein.

4.6.4 Allgemeine Verwaltungsführung

Daneben ist aber auch an jede Art der Information durch und Kommunikation mit der Verwaltung zu denken. Wie [24, S. 188] anschaulich darstellt, kann der Zugang zu Verwaltungsdiensten über das Internet ermöglicht werden. Die Menschen können sich informieren, sie können Anfragen stellen, d. h. mit der Behörde kommunizieren und ganze Verwaltungsverfahren abwickeln. Dabei werden allerdings manche Personengruppen benachteiligt. Daher wird empfohlen, den Zugang zu Behörden auch durch persönlichen Kontakt, z. B. im Rahmen von Amtsstunden, zu erhalten.

Eine Vereinfachung für die zu beteiligenden Menschen ergibt sich auch, wenn sie sich an lediglich eine/n AnsprechpartnerIn wenden müssen im Sinne eines „One-Stop-Shop". Allerdings ist hierbei zu bedenken, dass aus Sicht der Betroffenen Zuständigkeiten und Verantwortlichkeiten bei der Behörde unkenntlich werden, wenn für die gesamte Behörde ein/e AnsprechpartnerIn zur Verfügung steht (vgl. [24]). Dem kann etwa durch ein übersichtliches Organigramm entgegengewirkt werden.

4.6.4.1 Öffentlichkeitsbezogene Informationstätigkeit

Zur öffentlichkeitsbezogenen Informationstätigkeit zählen unter anderem die „allgemeine" Öffentlichkeitsarbeit und die informationellen Lenkungsmittel, wie Warnungen, Empfehlungen, Aufklärung und Hinweise (vgl. [5, S. 10 f.]). Die staatliche Informationstätigkeit ist nicht an eine Form gebunden, sie kann sowohl als hoheitliches Handeln, als privatwirtschaftliches Handeln als auch als schlichthoheitliches Handeln in Erscheinung treten (vgl. [5, S. 5]). Die Aussagen des öffentlichkeitsbezogenen Informationshandelns müssen „wahrhaftig, umfassend, sachlich, klar und eindeutig sein" ([5, S. 18]). In einer Demokratie ist Information notwendig, damit die BürgerInnen frei entscheiden können. In dieser Freiheit werden sie durch Desinformation und das Vorenthalten relevanter

Informationen eingeschränkt. Informationen müssen der Öffentlichkeit diskriminierungsfrei zur Verfügung gestellt werden, außer es besteht eine sachliche Rechtfertigung, dies nicht zu tun (vgl. [5, S. 54 f.]).

4.6.4.2 Öffentliche Informationstätigkeit mit informeller Partizipation

Von der öffentlichkeitsbezogenen Informationstätigkeit ist es nicht mehr weit zur informellen Öffentlichkeitsbeteiligung. Parycek, Rinnerbauer und Sachs definieren informelle Arten der Beteiligung als *„den formellen Akten der Beteiligung nicht zuordenbare Varianten, die Öffentlichkeit teilhaben zu lassen oder von dieser Daten/Ressourcen zur Verfügung gestellt zu bekommen*" [25]. Informelle Beteiligungsarten sind keinen speziellen (Verfahrens-)Regelungen unterworfen [25]. In der Literatur werden für die informelle Öffentlichkeitsbeteiligung verschiedene Begriffe verwendet. Gamper [26] spricht z. B. von formloser Bürgerbeteiligung. Die informelle Öffentlichkeitsbeteiligung kann zudem auch offline erfolgen. Unter anderem können Stammtische, Bürgerforen und Bürger-Beiräte eingerichtet werden. Des Weiteren können verschiedene Gruppen in die „innere" Gemeindeorganisation durch „Beiräte" einbezogen werden, z. B. Jugend-, Senioren-, Frauen- oder Ausländerbeiräte (vgl. [27, S. 147 f.]).

4.6.5 ICANN

International ist mit der Internet Corporation for Assigned Names and Numbers (ICANN) eine sehr weit entwickelte Form eines transparenten Mitwirkungsprozesses vorhanden. Die ICANN ist eine privatrechtlich gegründete Non-Profit-Organisation nach kalifornischem Recht mit Sitz in Los Angeles. Ihre Aufgabe ist die Ausübung der sogenannten IANA-Funktionen – Protokoll, IP-Adressen, Domainnamen und Root-Zone-Management.[43] Für das Funktionieren des Internets ist es entscheidend, dass hier weltweit eine einheitliche Registrierung und Vergabe besteht, damit – verkürzt gesagt – jedes mit dem Internet verbundene Gerät (einschließlich der Webserver) eindeutig adressierbar ist. Die ICANN koordiniert mit einer Vielzahl von weiteren Organisationen – IETF, Vergabestellen für ccTLDs bzw. gTLDs sowie regionalen IP-Adressen Vergabestellen – die eindeutige Zuteilung der IP-Adressen und Domainnamen.

Ursprünglich basierte die Autorität der ICANN auf der Übertragung der „Kompetenzen" durch die US-Regierung (vgl. [3]). Dies änderte sich 2009, als die US-Regierung der ICANN die Unabhängigkeit in Aussicht stellte, unter der Bedingung, dass es einen funktionierenden Multi-Stakeholder-Prozess geben müsse (vgl. [3]). Nach einem umfangreichen internen Prozess mit wesentlichen Änderungen der ICANN-Struktur hat die US-Regierung Ende September 2016 den IANA-Vertrag auslaufen lassen. Seither ist die ICANN nach einem „international, bottom-up and multi-stakeholder operating model"[44] organisiert.

[43] https://www.icann.org/en/system/files/files/iana-functions-18dec15-en.pdf. Zugegriffen am 01.02.2018, siehe dazu [28].

[44] Vgl. ICANN Accountability & Transparency. https://www.icann.org/resources/accountability. Zugegriffen am 06.09.2017.

Als Ersatz für die IANA wurde die Post-Transition IANA (PTI) als Zweiggesellschaft *(subsidiary)* der ICANN gegründet, welche als IANA Functions Operator (IFO) fungiert. Diese formelle Teilung ermöglicht eine später allenfalls nötige Trennung der IANA-Funktionen von der ICANN.

Die Entscheidungsfindungs- und Verwaltungsprozesse in der ICANN sind jedoch seither autonom unter den Schlagworten Multi-Stakeholder-Modell und Accountability organisiert (vgl. [3, S. 472]). Schweighofer [3, S. 472] bezeichnet Multi-Stakeholder-Modell und Accountability als „Substitut einer demokratischen Legitimität einer internationalen Institution", weil eine solche auf weltweiter Ebene unrealistisch erscheine. Die Legitimität könne nur auf einer ausreichenden Partizipation der globalen Stakeholder beruhen (vgl. Schweighofer [3, S. 475]). Insofern ist die ICANN ein bedeutendes Beispiel für die Organisation von geografisch sehr weit reichenden (im konkreten Fall: weltweiten) Partizipationsprozessen im digitalen Umfeld. Zu betonen ist jedoch, dass dies nicht gleichbedeutend ist mit einer sehr großen Zahl von tatsächlichen TeilnehmerInnen an den einzelnen Partizipationsprozessen.

Garant der bestehenden Internet Governance sind nunmehr alle wesentlichen Stakeholder, die ihre Rechte im Mechanismus der *Empowered Community* wahrnehmen können. Alle Supporting Organizations (Address Supporting Organization – ASO, Country Code Names Supporting Organization – ccNSO, Generic Names Supporting Organization – GNSO) sowie das At-Large Advisory Committee (ALAC) und das Governmental Advisory Committee (GAC) sind Teil dieses Gremiums.[45] Diese Empowered Community hat die Kompetenzen eines „Sole Designator" nach kalifornischem Vereinsrecht, d. h. sie kann wesentliche Kontrollrechte über den Vorstand ausüben, wie das Recht der Ernennung bzw. Abberufung von Vorstandsmitgliedern und auch andere Rechte wie die Annahme oder Ablehnung von Änderungen der Articles of Incorporation und der Bylaws, dem Untersuchungsrecht etc.

Die komplexe Organisationsstruktur ist am besten mit einer Grafik der ICANN zu überblicken.[46] Auch die Staaten und internationalen Organisationen sind in die ICANN in Form des Governmental Advisory Committee (GAC) eingebunden. Das GAC hat an sich nur beratende Funktion, übt jedoch durch den sogenannten „GAC advice" wesentlichen Einfluss auf den ICANN-Vorstand aus.

Von Interesse und Relevanz aus der Sicht des Projekts ePartizipation sind in der ICANN weniger die Abstimmungsprozesse, die in den oben beschriebenen Organisationsstrukturen vorwiegend nicht in elektronischer Form stattfinden, sondern vielmehr die dokumentenzentrierten Konsultationsprozesse zur Behandlung von Sachthemen (Policy Development Process, PDP und Public Comment). Diese beginnen mit einem Aufruf an alle an einem bestimmten Thema Interessierten, sich zu beteiligen, oder bottom-up, indem ein bestimmtes Thema in der Community aufgeworfen wird.[47] Im Sinne der Transparenz werden die

[45] https://www.icann.org/ec. Zugegriffen am 15.10.2017.

[46] ICANN Organigramm. https://www.icann.org/sites/default/files/assets/org-chart-1800x1000-04mar14-en.png. Zugegriffen am 15.10.2017.

[47] Vgl. Welcome to ICANN!. https://www.icann.org/resources/pages/welcome-2012-02-25-en. Zugegriffen am 15.10.2017.

relevanten Unterlagen veröffentlicht. Am eigentlichen Konsultationsprozess können alle teilnehmen, die teilnehmen wollen, wobei eine Gewichtung und Wertung der einzelnen Beiträge durch die soziale Dynamik erfolgt. Für die Abgabe von Public Comments ist die Erstellung eines Accounts auf der ICANN-Website erforderlich oder alternativ der Log-in über ein LinkedIn-Profil.

Eine entscheidende Besonderheit der ICANN-Konsultationsprozesse ist deren nachträgliche Überprüfung und Bewertung durch Reviews, die Kontrollmöglichkeiten der Empowered Community, die individuellen Optionen des Reconsideration Request und des Independent Review Process sowie des Ombudsman. Das Accountability and Transparency Review Team prüft regelmäßig das Funktionieren des Prozesses. Damit soll die hohe Qualität der Accountability und Transparenz in der gesamten ICANN sichergestellt und weiter verbessert werden. Die Cross Community Working Group on Accountability arbeitet seit 2013 an einer Verbesserung des Accountability Prozesses. Die Ergebnisse der 1. Phase (workstream 1) wurden beim ICANN Public Meeting 55 in Marrakesch angenommen. Damit wurde die Forderung der US-Regierung nach einer ausreichenden Accountability gegenüber der globalen Internet Community erfüllt. In der derzeit noch laufenden 2. Phase (workstream 2) sollen diese Instrumente weiter verbessert werden.

Zu erwähnen ist die Kritik, die an dieser – von der ICANN sehr stark betonten und geförderten – Partizipation geübt wird.[48] Mueller[49] argumentiert, die ICANN weise ein Defizit an Accountability auf, weil sie weder Anteilseignern gegenüber verantwortlich sei, noch einer Regulierungsbehörde unterstehe und sich auch nicht auf einem Markt bewähren müsse, und je mehr öffentliche Partizipation in der ICANN stattfinde, desto mehr würde ihr Handeln legitimiert, ohne dass tatsächlich direkte öffentliche Accountability bestehe [29]. In diesem Sinne substituiere öffentliche Partizipation öffentliche Accountability.

4.7 Datenschutz und Datensicherheit

Bei elektronischen Bürgerbeteiligungsverfahren ist fast immer die Verarbeitung personenbezogener Daten erforderlich. Somit ist das Datenschutzrecht zu beachten und es sind angemessene Datensicherheitsmaßnahmen zu treffen, um die Daten vor unberechtigtem Zugriff, unberechtigter Veränderung etc. zu schützen. Das Datenschutzrecht erfuhr auf EU-Ebene in den letzten Jahren eine bedeutende Reform, deren Kern die neu geschaffene

[48] Siehe z. B. Mueller, ICANN, Inc.: Accountability and participation in the governance of critical Internet resources, 2009. http://www.internetgovernance.org/wordpress/wp-content/uploads/ICANNInc.pdf. Zugegriffen am 15.10.2017, Weber (2012) und Palfrey, Chen, Hwang, Eisenkraft, Public Participation in ICANN: A Preliminary Study. http://cyber.law.harvard.edu/icann/publicparticipation/. Zugegriffen am 15.10.2017.

[49] Mueller, ICANN, Inc.: Accountability and participation in the governance of critical Internet resources, 2009. http://www.internetgovernance.org/wordpress/wp-content/uploads/ICANNInc.pdf. Zugegriffen am 15.10.2017.

Datenschutz-Grundverordnung (DSGVO)[50] bildet. In Ergänzung dazu wird derzeit auch eine E-Privacy-Verordnung verhandelt, die spezifische Datenschutzbestimmungen für den Bereich der elektronischen Kommunikation und somit auch für Betreiber von Websites enthalten wird, deren Inkrafttreten aber derzeit noch nicht absehbar ist. Die DSGVO ist seit 24. Mai 2016 in Kraft und wird mit 25. Mai 2018 wirksam und damit die bisherige Datenschutzrichtlinie (DSRL)[51] aus dem Jahr 1995 ablösen. Als Verordnung ist die DSGVO unmittelbar in den Mitgliedsstaaten anwendbar, erlaubt diesen jedoch durch sogenannte Öffnungsklauseln in bestimmten Punkten Konkretisierungen im nationalen Recht [30].

Bis zum 25. Mai 2018 ist die zentrale Rechtsquelle des österreichischen Datenschutzrechts das Datenschutzgesetz 2000 (DSG 2000); danach tritt die Datenschutz-Grundverordnung (DSGVO) in Geltung und löst ab diesem Zeitpunkt das DSG 2000 als zentrale Rechtsquelle des Datenschutzrechts ab. Ergänzend zur DSGVO gilt dann in Österreich weiterhin ein Datenschutzgesetz (DSG) in der Fassung des Datenschutz-Anpassungsgesetzes 2018, einer umfassenden Novelle zur Anpassung der nationalen Rechtslage an die DSGVO. Der Namenszusatz „2000" entfällt.

In der Systematik, den Grundsätzen, Definitionen und Zulässigkeitsvoraussetzungen für die Verarbeitung personenbezogener Daten knüpft die DSGVO eng an die bisherige Rechtslage nach der DSRL an. Neben einigen grundlegenden Neuerungen, wie z. B. der Pflicht zu Privacy by Design und by Default zur Durchführung einer Datenschutzfolgenabschätzung bei voraussichtlich hohen Risiken und zur Bestellung eines Datenschutzbeauftragten in bestimmten Fällen, zielte die Reform vor allem auf wirksamere Rechtsdurchsetzung ab. Mehr Eigenverantwortung der Daten verarbeitenden Organisationen (als „Verantwortliche" bezeichnet), härtere Strafen, umfassendere behördliche Befugnisse und ein leichterer Zugang zu Verfahren für Betroffene sollen dem Datenschutzrecht zu mehr Durchsetzung verhelfen.

Personenbezogene Daten sind gemäß Art. 4 Z 1 DSGVO alle Informationen, die sich auf eine identifizierte oder identifizierbare natürliche Person beziehen. Es reicht aus, wenn die Person mittelbar identifiziert werden kann. Dabei sind alle Mittel zu berücksichtigen, „die von dem Verantwortlichen oder einer anderen Person nach allgemeinem Ermessen wahrscheinlich genutzt werden, um die Person zu identifizieren" (vgl. ErwGr. 26 der DSGVO). Daten über Stimmabgaben sowie politische Meinungsäußerungen fallen unter die sog. besonderen Kategorien personenbezogener Daten, die besonderen Schutz genießen. Besondere Kategorien personenbezogener Daten sind gemäß Art. 9 DSGVO Daten,

[50] Verordnung (EU) 2016/679 des Europäischen Parlaments und des Rates vom 27. April 2016 zum Schutz natürlicher Personen bei der Verarbeitung personenbezogener Daten, zum freien Datenverkehr und zur Aufhebung der Richtlinie 95/46/EG (Datenschutz-Grundverordnung), ABl. L 2016/119, 1.

[51] Richtlinie 95/46/EG des Europäischen Parlaments und des Rates vom 24. Oktober 1995 zum Schutz natürlicher Personen bei der Verarbeitung personenbezogener Daten und zum freien Datenverkehr, ABl. L 1995/281, 31.

aus denen die rassische und ethnische Herkunft, politische Meinungen, religiöse oder weltanschauliche Überzeugungen oder die Gewerkschaftszugehörigkeit hervorgehen, sowie genetische Daten, biometrische Daten zur eindeutigen Identifizierung einer natürlichen Person, Gesundheitsdaten oder Daten zum Sexualleben oder der sexuellen Orientierung einer natürlichen Person. Fraglich ist, wie weit der Begriff der politischen Meinung auszulegen ist. Nach Jahnel kann sich „auch durch ein unmissverständlich zum Ausdruck kommendes politisches Engagement für ein bestimmtes Thema (z. B. im Rahmen eines Volksbegehrens, einer Bürgerinitiative oder Veranstaltung) eine politische Meinung ergeben" ([31], Rz. 3/93).

4.7.1 Datenschutzrechtliche Zulässigkeitsprüfung

Im Datenschutzrecht gilt das Verbotsprinzip: Eine Datenverwendung ist grundsätzlich nicht zulässig, sofern sich nicht aus dem Gesetz ihre Zulässigkeit ergibt. Es ist daher die Rechtmäßigkeit jeder beabsichtigten Datenverwendung zu prüfen. Dies erfolgt anhand von Art. 6 DSGVO und für besondere Kategorien personenbezogener Daten anhand der strengeren Voraussetzungen von Art. 9 DSGVO. Im Zusammenhang mit elektronischer Bürgerbeteiligung sind daher insbesondere folgende Zulässigkeitstatbestände relevant:

- Die betroffene Person hat in die Verarbeitung der personenbezogenen Daten für einen oder mehrere festgelegte Zwecke ausdrücklich eingewilligt (Art. 9 Abs. 2 lit. a DSGVO).
- Die Verarbeitung bezieht sich auf personenbezogene Daten, die die betroffene Person offensichtlich öffentlich gemacht hat (Art. 9 Abs. 2 lit. e DSGVO).
- Die Verarbeitung ist auf der Grundlage des Unionsrechts oder des Rechts eines Mitgliedsstaats, das in angemessenem Verhältnis zu dem verfolgten Ziel steht, den Wesensgehalt des Rechts auf Datenschutz wahrt und angemessene und spezifische Maßnahmen zur Wahrung der Grundrechte und Interessen der betroffenen Person vorsieht, aus Gründen eines erheblichen öffentlichen Interesses erforderlich (Art. 9 Abs. 2 lit. g DSGVO).

Die Rechtmäßigkeit der jeweiligen Datenverwendung ist im jeweiligen Einzelfall entsprechend zu prüfen. Der erste Schritt wird dabei die Suche nach einer ausreichend determinierten Ermächtigung zur Verwendung der Daten in den anwendbaren Wahl- bzw. Beteiligungsgesetzen (Art. 9 Abs. 2 lit. 2 DSGVO) sein.

4.7.2 Datensicherheit und Privacy by Design

Bei der Verarbeitung personenbezogener Daten sind die Datenschutzgrundsätze des Art. 5 DSGVO einzuhalten. Zu diesen zählen u. a. der Grundsatz der Datenminimierung, wonach Daten auf das für die Zwecke der Verarbeitung notwendige Maß beschränkt sein müssen und der Grundsatz der Datensicherheit („Integrität und Vertraulichkeit"). In Art. 32 DSGVO wird näher bestimmt, in welchem Maße und durch welche Maßnahmen der Verantwortliche für die Sicherheit der Verarbeitung zu sorgen hat. Dies beginnt jedoch nicht erst mit Aufnahme der Datenverarbeitung, sondern der Verantwortliche hat bereits bei der Gestaltung der Datenverarbeitung entsprechende Maßnahmen zu treffen, um die Datenschutzgrundsätze wie etwa Datenminimierung wirksam umzusetzen und die notwendigen Garantien in die Verarbeitung aufzunehmen, um den Anforderungen der DSGVO zu genügen und die Rechte der betroffenen Personen zu schützen. Das ist der Wesensgehalt des neuen elementaren Grundsatzes der DSGVO, Privacy by Design, der in Art. 25 Abs. 1 DSGVO normiert wird.

Privacy by Design bedeutet, dass der Schutz der Privatsphäre und der Datenschutz in den gesamten Technologie-Lebenszyklus integriert werden, vom frühen Entwurfsstadium bis zu deren Einführung, Nutzung und letztendlichen Außerbetriebnahme.[52] Wie in dieser knappen und treffenden Definition der Europäischen Kommission deutlich wird, ist es das Kernelement des Prinzips Privacy by Design, den Schutz der Privatsphäre und den Datenschutz nicht auf ein bereits entwickeltes System aufzusetzen, sondern bereits im Entwicklungsprozess des Systems in dieses „einzubauen". Privacy by Design kann mit „eingebauter Datenschutz"[53] oder „Datenschutz durch Technikgestaltung"[54] übersetzt werden, hier wird aber der englischen Bezeichnung der Vorzug gegeben.

Gemäß Art. 25 Abs. 1 DSGVO müssen nach einer Verhältnismäßigkeitsabwägung unter Berücksichtigung des Stands der Technik, der Implementierungskosten und der Art, des Umfangs, der Umstände und der Zwecke der Verarbeitung sowie der mit der Verarbeitung verbundenen Risiken für die Rechte und Freiheiten natürlicher Personen geeignete technische und organisatorische Maßnahmen getroffen werden, um diesen Grundsatz umzusetzen.

Art. 25 Abs. 2 DSGVO normiert den Grundsatz Privacy by Default, wonach durch geeignete technische und organisatorische Maßnahmen sicherzustellen ist, dass durch Voreinstellung grundsätzlich nur personenbezogene Daten, deren Verarbeitung für den jeweiligen bestimmten Verarbeitungszweck erforderlich ist, verarbeitet werden. Der Betroffene kann diese Voreinstellungen bei Bedarf ändern. Diese Verpflichtung gilt für die Menge der erhobenen personenbezogenen Daten, den Umfang ihrer Verarbeitung, ihre Speicherfrist und ihre Zugänglichkeit. Solche Maßnahmen müssen insbesondere sicherstellen, dass personenbezogene Daten durch Voreinstellungen nicht ohne Eingreifen der Person einer unbestimmten Zahl von natürlichen Personen zugänglich gemacht werden.

---

[52] Europäische Kommission, Eine Digitale Agenda für Europa, KOM(2010)245 endg., 19. Mai 2010, 20.

[53] So Art. 12 Abs. 3 lit. c eIDAS-VO (Verordnung (EU) Nr. 910/2014 des Europäischen Parlaments und des Rates vom 23. Juli 2014 über elektronische Identifizierung und Vertrauensdienste für elektronische Transaktionen im Binnenmarkt und zur Aufhebung der Richtlinie 1999/93/EG, ABl L 247, 73 vom 28.08.2014), Vergleich der deutschen mit der englischen Fassung.

[54] Art. 25 DSGVO.

Datensicherheit, Privacy by Design und Privacy by Default sind bei der Entwicklung von Software zur elektronischen Bürgerbeteiligung von Beginn an zu berücksichtigen. Ein Kernelement von Privacy by Design ist die Datenminimierung [19]. Laufend ist daher zu hinterfragen, ob die Verwendung einer bestimmten Datenkategorie in einem bestimmten Kontext das gelindeste Mittel darstellt, ob der Zugriff auf die Daten auf das Erforderliche beschränkt ist, ob die Speicherdauer auf das Erforderliche beschränkt ist etc. Dies gilt auch für Metadaten, die ebenfalls nur im unbedingt erforderlichen Ausmaß verarbeitet werden dürfen.

Literatur

1. Mayer H, Kucsko-Stadlmayer G, Stöger K (2015) Bundesverfassungsrecht, 11. Aufl. Manz, Wien
2. Öhlinger T, Eberhard H (2014) Verfassungsrecht, 10. Aufl. Facultas, Wien
3. Schweighofer E (2011) Ist ICANN die Kolonialregierung des Internet? juridicum 4:471
4. Hammer M, Lloyd R (2011) Pathways to accountability II: the 2011 revised global accountability framework. One World Trust, London
5. Feik R (2007) Öffentliche Verwaltungskommunikation. Springer, Wien
6. Mayer H, Muzak G (2015) Bundes-Verfassungsrecht, 5. Aufl. Manz, Wien
7. Balthasar A, Prosser A (2012) E-Voting in der „sonstigen Selbstverwaltung" – Anmerkungen zum Beschluss des VfGH vom 30. Juni 2011, B 1149, und zum Erkenntnis des VfGH vom 13. Dezember 2011, V 85–96. JRP 20:47–98
8. Balthasar A, Müller-Török R, Prosser A (2011) eParticipation in the field of administrative law: an Austrian initiative to meet European challenges. In: Benedek W, Benoît-Rohmer F, Karl W, Nowak M (Hrsg) European handbook on human rights 2011. NWV Neuer Wiss.Verl., Antwerpen, S 335–346
9. Goby B, Weichsel H (2012) Das E-Voting-Erkenntnis des VfGH: gesetzwidrige Ausgestaltung der ÖH-Wahlordnung. zfhr 11:118–125
10. Stein R, Wenda G (2014) The Council of Europe and e-voting: history and impact of Rec(2004)11. In: Krimmer R, Volkamer M (Hrsg) IEEE proceedings EVOTE 2014, Lochau, Austria
11. Wenda G, Stein R (2017) Aktuelle Standards für E-Voting: Die neue „Recommendation" des Europarats. Jusletter IT 23. Februar 2017
12. Stein R, Vogl M, Wenda G (2010) NRWO, 3. Aufl. Manz, Wien
13. Böszörmenyi J, Hötzendorfer W, Rinnerbauer B (2015) Identitätsmanagement bei demokratischer Online-Beteiligung. Jusletter IT 26. Februar 2015
14. Tschentscher A (2010) Direkte Demokratie in der Schweiz – Länderbericht 2008/2009. In: Feld LP et al (Hrsg) Jahrbuch für direkte Demokratie 2009. Nomos, Baden-Baden
15. Hörmig D, Wolf HA (Hrsg) (2016) Grundgesetz für die Bundesrepublik Deutschland: Handkommentar. Nomos, Baden-Baden
16. Stein R (2013) Volksbegehren goes online. Jusletter IT 20. Februar 2013
17. Meyer M (2014) Das Demokratiepaket 2013 und aktuelle Entwicklungen. Jusletter IT 20. Februar 2014
18. Clarke R (2004) Identity management. Xamax Consultancy. Chapman
19. Hötzendorfer W (2016) Datenschutz und Privacy by Design im Identitätsmanagement. Österreichische Computer Gesellschaft (OCG), Wien
20. Balthasar A (2016) Wie viel „Informationsfreiheit" darf es sein? Jusletter IT 25. Februar 2016

21. Parycek P, Rinnerbauer B, Domnik N (2015) Informationsfreiheit im Rechtsvergleich: Österreich, Hamburg, Slowenien. Jusletter IT 26. Februar 2015
22. Bertel M (2014) Informationsfreiheit statt Amtsgeheimnis? Art. 22a B-VG neu auf dem Prüfstand. JRP 22:203–212
23. Österreichischer Juristentag (2015) Amtsgeheimnis und Informationsfreiheit. Manz, Wien
24. Pabel K (2011) Elektronikunterstützte Verwaltungsführung – Möglichkeiten und Probleme aus rechtsdogmatischer Sicht (Teil I). RFG 2011/44
25. Parycek P, Rinnerbauer B, Sachs M (2014) Online-Bürgerbeteiligung für Gemeinden. RFG 2014/29
26. Gamper A (2014) Direkte Demokratie in Wien als Land und Gemeinde. RFG 2014/27
27. Giese K (2002) Gemeinden und Demokratie: Willensbildung in der Gemeindeselbstverwaltung. In: Österreichischer Gemeindebund, Österreichischer Städtebund (Hrsg) 40 Jahre Gemeindeverfassungsnovelle 1962: Aktuelle Rechtsfragen und Entwicklungen der kommunalen Selbstverwaltung. Manz, Wien, S 143
28. Schweighofer E (2016) Accountability in internationalen und europäischen Entscheidungsprozessen. Jusletter IT 25. Mai 2016
29. Weber RH (2012) Constitutional Clothes for ICANN? Jusletter IT 29. Februar 2012
30. Sydow G (2017) Europäische Datenschutzgrundverordnung. Nomos, Baden-Baden
31. Jahnel D (2010) Handbuch Datenschutzrecht. Jan Sramek Verlag: Wien.

5 Technologien für digitale Bürgerbeteiligungsverfahren

Arndt Bonitz, Maria Leitner, Bettina Rinnerbauer, Judith Schoßböck, Oliver Terbu, Stefan Vogl und Sebastian Zehetbauer

Zusammenfassung

Das Kapitel „Technologien für digitale Bürgerbeteiligungsverfahren“ beschreibt ausgewählte, aktuelle Standards und Technologien, die für die Umsetzung von digitalen Bürgerbeteiligungsverfahren aus Sicht eines Entwicklers oder Betreibers einer Beteiligungsplattform wichtig sind. Das Kapitel liefert unter Bezugnahme auf existierende E-Partizipationsplattformen eine Beschreibung der verwendeten Basistechnologien. Dabei wird sowohl auf Webtechnologien als auch auf Technologien für mobile Endgeräte eingegangen. Ein großer Schwerpunkt des Kapitels liegt auf dem Thema „Elektronische Identitäten“ sowie den verschiedenen Verfahren, die zur Authentifizierung dieser Identitäten eingesetzt werden können. Die Vor- und Nachteile der unterschiedlichen Formen von elektronischen Identitäten werden in eine finale Empfehlung zur Nutzung von elektronischen Identitäten in den jeweiligen Stufen der Partizipation aufgegriffen und gegeneinander abgewogen.

A. Bonitz (✉) · M. Leitner
Center for Digital Safety & Security AIT Austrian Institute of Technology GmbH, Wien, Österreich
E-Mail: arndt.bonitz@ait.ac.at; maria.leitner@ait.ac.at

B. Rinnerbauer
Donau-Universität Krems, Krems, Österreich
E-Mail: bettina.rinnerbauer@donau-uni.ac.at

J. Schoßböck
Donau-Universität Krems, Krems, Österreich
City University of Hong Kong, Hong Kong, China
E-Mail: Judith.Schossboeck@donau-uni.ac.at

O. Terbu · S. Vogl · S. Zehetbauer
Österreichische Staatsdruckerei GmbH, Wien, Österreich
E-Mail: terbu@staatsdruckerei.at; vogl@staatsdruckerei.at; zehetbauer@staatsdruckerei.at

M. Leitner (Hrsg.), *Digitale Bürgerbeteiligung*,
https://doi.org/10.1007/978-3-658-21621-4_5

Schlüsselwörter
Technische Standards · Technologien · Web · Elektronische Identitäten · Authentifizierungsmethoden · E-Partizipation

5.1 Aktuelle Standards und Technologien für Beteiligungsverfahren

Digitale Bürgerbeteiligungsverfahren werden bereits zu verschiedensten Themenfeldern von Ländern, Städten und Gemeinden durchgeführt (siehe Kap. 3). Diverse Technologien können zur Implementierung der Software herangezogen werden. Dieses Kapitel gibt einen Einblick in die gängigsten Technologien und Standards, die zur Umsetzung von E-Partizipationsplattformen,[1] also Anwendungen, die E-Partizipation ermöglichen, eingesetzt werden. Das Kapitel soll Betreibern und Entwicklern zukünftiger E-Partizipationsplattformen helfen, mittels einer Reihe von Empfehlungen E-Partizipation umzusetzen.

Dieses Kapitel gliedert sich in drei Teile: Abschn. 5.1 beschreibt aktuelle Standards und Technologien, hier werden sowohl die wichtigsten Basistechnologien zur Umsetzung von E-Partizipationsplattformen als auch die möglichen Authentifizierungsmethoden für Nutzer einer solchen Plattform erläutert werden. Der Abschn. 5.2 beschreibt verschiedene elektronische Identitäten, die im Rahmen von E-Partizipation zur Verfügung stehen und genutzt werden können. Diese elektronischen Identitäten (auch als eIDs bezeichnet) werden im Abschn. 5.3 aufgegriffen und auf ihre Anwendbarkeit hinsichtlich verschiedener Partizipationsformen hin untersucht. Abschließend werden Empfehlungen zur Nutzung von elektronischen Identitäten in einem Referenzmodell abgebildet.

5.1.1 Anwendungstechnologien

Die Möglichkeiten E-Partizipation umzusetzen sind vielfältig und reichen von einem passiven Einsehen von Informationen über Konsultation von Bürgern bis hin zur Abstimmung über konkrete Belange. Wichtig ist in jedem Fall eine technische Umsetzung, die es möglichst vielen interessierten Bürgern erlaubt, an Beteiligungsverfahren zu partizipieren. Das heißt, eine E-Partizipationsplattform sollte sowohl möglichst unabhängig von den verwendeten Endgeräten der Partizipierenden sein als auch so geringe Anforderungen wie möglich an die Endgeräte stellen. Zudem sollte auch sichergestellt werden, dass für Menschen mit Behinderung ein barrierefreier Zugang zu Partizipationsverfahren besteht.

Es liegt daher nahe als Grundlage für eine E-Partizipationsplattform Webtechnologien zu verwenden: Ein Webbrowser ist auf aktuellen Betriebssystemen standardmäßig installiert, sei es auf einem klassischen Desktop-System oder einem mobilen Endgerät. Spätestens seit der

[1] In diesem Buch beschreibt eine Plattform eine Basis für die Entwicklung und Ausführung darauf aufsetzender Computerprogramme (basierend auf einer Definition im Duden). Daher wird in diesem Buch das Wort „Plattform“ synonym für Programme oder Anwendungen zum Thema Bürgerbeteiligungen verwendet.

„Web 2.0 Revolution" ist es möglich, dynamische und leicht bedienbare Webanwendungen zu bauen, die zumindest einfachen Desktop-Applikationen in nichts nachstehen müssen. Mittlerweile sind diese Technologien so weit ausgereift, dass auch auf zusätzliche Browsererweiterungen, wie beispielsweise Adobe Flash oder Microsoft Silverlight, komplett verzichtet werden kann und alleinig Webtechnologien, die von jedem gängigen Browser nativ unterstützt werden, zur Umsetzung einer komplexen Webanwendung eingesetzt werden können.

Hintergrundinformationen

Responsives Webdesign (engl. für reagierend) soll sicherstellen, dass sich die Darstellung und Bedieneigenschaften einer Webanwendung auf das jeweilig verwendete Gerät anpassen [1]. Dadurch lassen sich Webanwendungen entwickeln, die auf den unterschiedlichsten Plattformen funktionieren, unabhängig von der Bildschirmgröße (Smartphone, Tablet, Desktop-Computer) oder den verfügbaren Eingabemethoden (Maus, Touchscreen etc.).

Ein weiterer Vorteil von Webtechnologien sind die zahlreich vorhandenen offenen Standards und Frameworks, die zu einer schnellen und effizienten Umsetzung einer E-Partizipationsplattform beitragen können. Menschen mit Behinderungen oder ältere Menschen profitieren zudem von den Richtlinien und Leitlinien der Web Accessibility Initiative für ein barrierefreies Web [2]. Ferner bieten offene Standards die Möglichkeit alternative Clients für eine Plattform zu erstellen. Hierunter fallen vor allem mobile Apps für Smartphones und Tablets.

Nach einer Studie der Webanalysefirma StatCounter [3] haben im Jahr 2016 erstmals mehr Leute das Internet über ein mobiles Endgerät genutzt als über klassische Desktop-Computer. Zudem sinken die Verkaufszahlen von PCs seit Jahren stetig [4]. Daher kann es in einigen Fällen von Vorteil sein, auch eine native, mobile App anzubieten, um die Benutzbarkeit einer E-Partizipationsplattform auf mobilen Endgeräten weiter zu steigern. Mobile Apps erlauben außerdem einen direkteren Zugriff auf die Hardware des Geräts, wie beispielsweise eine eingebaute Kamera.

Betrachtet man bereits existierende E-Partizipationsplattformen kann man feststellen, dass der Trend zu Webanwendungen und mobilen Apps auch Einzug in die Welt der E-Partizipation gehalten hat. Beispielsweise setzen die Plattformen zum Melden von Infrastrukturproblemen „FixMyStreet"[2] aus dem Vereinigten Königreich oder „Märker Brandenburg"[3] sowohl auf eine Webseite als auch auf Apps, die es Nutzern erlauben, direkt ein Bild inklusive der Geokoordinaten von Straßenschäden, Verschmutzungen oder Ähnlichem auf die Plattform hochzuladen. Die Stadt Wien setzt mit „Sag's Wien"[4] sogar alleinig auf eine Smartphone Applikation.

5.1.1.1 Webanwendung

Grundsätzlich kommen für die Entwicklung einer webbasierten E-Partizipationsplattform die gleichen Technologien in Frage wie für jede andere Webapplikation. Es empfiehlt sich allerdings auf etablierte Standards und gut unterstützte Frameworks zu setzen, um langfristig

[2] FixMyStreet. https://www.fixmystreet.com/. Zugegriffen am 01.04.2018.

[3] Märker Brandenburg. https://maerker.brandenburg.de/. Zugegriffen am 01.04.2018.

[4] Sag's Wien. https://www.wien.gv.at/sagswien/. Zugegriffen am 01.04.2018.

die Wartbarkeit der Plattform zu gewährleisten sowie um sicherzustellen, dass zukünftige Erweiterungen, wie beispielsweise eine Smartphone App oder ein alternatives Frontend, einfach integriert werden können. Weiterhin sollte bei der Auswahl des Frameworks auf die Lizenz geachtet werden, um spätere Mehrkosten auszuschließen.

Hintergrundinformationen
Es gibt eine ganze Reihe unterschiedlicher Arten von Softwarelizenzen. Die üblichsten Lizenzmodelle sollen an dieser Stelle erläutert werden.

- Kommerzielle Software: Der Lizenznehmer hat das Recht zur Nutzung der Software. Meist ist die Lizenz kostenpflichtig.
- Shareware: Die Software kann kostenlos getestet und weiterverbreitet werden, ist aber zeitlich begrenzt oder im Funktionsumfang eingeschränkt. Nach dem Erwerb einer kommerziellen Lizenz hat man Zugriff auf das vollständige Produkt.
- Freeware: Eine Software kann unentgeltlich genutzt werden, allerdings ist der Quellcode meist nicht einsehbar. Eine Unterart ist Donationware, bei der um eine Spende gebeten wird.
- Freie und Offene Software (FOSS): Der Quellcode ist offen einsehbar, die Software kann frei verwendet und modifiziert werden. Wichtige FOSS-Lizenzen sind beispielsweise Apache, Berkeley Software Distribution (BSD), GNU General Public (GPL) License, GNU Lesser General Public License (LGPL) oder Massachusetts Institute of Technology (MIT) License.
- Public Domain: „Gemeinfreie" Software, hier verzichtet der Urheber weitgehend auf urheberrechtliche Rechte mit dem Ziel, eine kostenlose, uneingeschränkte Nutzung und Weiterverwendung zu gestatten.[5]

Ein generischer Aufbau einer Webapplikation, bestehend aus einem Backend und Frontend, wird in Abb. 5.1 dargestellt.[6] Das Backend ist dabei für die Logik der Prozessabläufe sowie das Speichern der Daten zuständig. Das Frontend hingegen ist für die grafische Darstellung verantwortlich. Im Fall einer Webapplikation wird diese in dem Webbrowser der AnwenderInnen erfolgen. Die Kommunikation zwischen Backend und Frontend erfolgt über definierte Schnittstellen. Gängige Webframeworks unterstützen diese Trennung von Backend und Frontend. Zudem integrieren sie bereits Methoden für den Zugriff auf Datenbanken, bieten Templating-Mechanismen, mit denen HTML-Seiten einfach mit dynamischen Inhalten gefüllt werden können, und forcieren Software-Architekturmuster zur Trennung von

[5] Grundsätzlich ist in Österreich das Urheberpersönlichkeitsrecht unverzichtbar, was freilich zur Folge hat, dass nach österreichischem Recht nicht schlichtweg „auf das Urheberrecht" verzichtet werden kann (Näheres siehe OGH vom 16.07.2002, 4Ob164/02z). Der Verzicht auf das Recht auf Namensnennung ist möglich (OGH vom 29.01.2002, RS0116163). Unverzichtbar ist hingegen gemäß § 19 Abs. 2 UrhG die Inanspruchnahme der Urheberschaft, was dazu führt, dass ein abgegebener Verzicht, als Urheber genannt zu werden, soweit die Interessen des Vertragspartners des Urhebers nicht überwiegen, vom Urheber zurückgenommen werden kann und ebenso unverzichtbar ist gemäß § 21 Abs. 3 UrhG, das Recht des Urhebers, gegen bestimmte schwerwiegende Änderungen vorzugehen, auch wenn er in Änderungen eingewilligt hat [5]. Wie weit im Einzelfall zulässigerweise auf urheberrechtliche Rechte verzichtet worden ist, ist zu prüfen. Zur Thematik der Gemeinfreiheit im Kontext europäischer Rechtsordnungen siehe [6].

[6] Verwendet HTML Icon mit Lizenz CC-by 3.0 von W3C, CSS Icon mit Lizenz CC-by 4.0 von „nikotaf" und CSS Icon mit Lizenz CC-by 3.0 von „nikotaf".

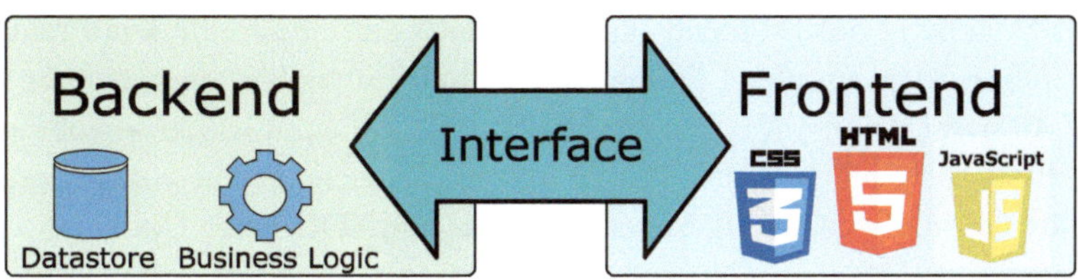

Abb. 5.1 Generischer Aufbau einer Webapplikation

Tab. 5.1 Gängige Webframeworks zur Erstellung einer E-Partizipationsplattform

Framework	Programmiersprache	Interfaces	Lizenz
ASP.NET www.asp.net	.NET	REST	Proprietäre Software (Freeware), teilweise Apache
Wt www.webtoolkit.eu	C++	/	Duallizensierung: GPL, Kommerziell
Google Web Toolkit www.gwtproject.org	Java	REST, JSON-RPC	Apache
Grails grails.org	Java	REST	Apache
Spring MVC spring.io	Java	REST, SOAP	Apache
Express.js expressjs.com	JavaScript/Node.js	REST	MIT
Koa koajs.com	JavaScript/Node.js	REST	MIT
CakePHP cakephp.org	PHP	REST	MIT
Laravel laravel.com	PHP	REST	MIT
Symfony symfony.com	PHP	REST, SOAP	MIT
Zend Framework framework.zend.com	PHP	REST, JSON-RPC, SOAP	BSD
Django djangoproject.com	Python	REST, JSON-RPC	BSD
Ruby on Rails rubyonrails.org	Ruby	REST, JSON-RPC	MIT

Code und Präsentation wie Model View Presenters/Model View Controllers, um spätere Änderungen oder Erweiterungen zu erleichtert und eine Wiederverwendbarkeit von Komponenten zu gewährleisten. Zudem unterstützen viele Frameworks die einfache Implementierung eines Interfaces für alternative Clientapplikationen. Gängige Technologien sind hier REST (Representational State Transfer), SOAP (ehemals für Simple Object Access Protocol) oder JSON-RPC (JavaScript Object Notation Remote Procedure Call).

Webframeworks existieren für eine Vielzahl unterschiedlicher Programmiersprachen. Typische Frameworks sind in Tab. 5.1 gelistet.

Bei der Erstellung des Frontends kann ebenfalls auf eine Reihe von Frameworks zurückgegriffen werden. Frontend Frameworks helfen EntwicklerInnen bei der Umsetzung eines Responsive Designs, welches es erlaubt, eine Webapplikation sowohl auf mobilen Endgeräten als auch auf Standard-PCs zu nutzen. Typische Frameworks[7] sind Bootstrap, ZURB Foundation, Semantic UI, Yahoo! Pure.css und YOOtheme Ulkit.

Im Kontext von E-Partizipation ist es zudem essenziell auf Barrierefreiheit zu achten, um die Inklusion von Menschen mit Behinderungen und älteren Menschen zu gewährleisten. Hier bietet es sich an, den umfänglichen Richtlinien für barrierefreie Webinhalte [5] und Richtlinien für Autorensysteme [7] des World Wide Web Consortiums (W3C) zu folgen.

5.1.1.2 Mobile Anwendungen

Mobile Applikationen haben gegenüber von browserbasierten Anwendungen den Vorteil, dass direkt auf die Hardware des mobilen Endgeräts zugegriffen werden kann. Damit eröffnen sich eine Reihe von Möglichkeiten E-Partizipation zu gestalten. Neben der anfangs erwähnten Möglichkeit direkt auf eine eingebaute Kamera zuzugreifen, um auf Probleme wie Verschmutzungen oder Straßenschäden aufmerksam zu machen, könnte diese auch zur Objekterkennung oder Lokalisierung innerhalb von Gebäuden genutzt werden. Dies kann hilfreich sein, um BenutzerInnen die Möglichkeit zu geben, vor Ort die Lage zu beurteilen und Informationen zu einem Partizipationsprojekt zu sammeln, wie beispielsweise bei der Neugestaltung eines Gemeindesaals oder beim Aufstellen eines Kunstwerks.

Hintergrundinformationen

Nach Tönnis [8] stellt erweiterte Realität (Augmented Reality, AR) eine logische Weiterentwicklung der Virtuellen Realität (VR) dar. AR erweitert die reelle Umgebung um virtuelle Elemente, wie beispielsweise Informationen zu existierenden Subjekten oder Objekten, oder um komplett neue, virtuelle Gegenstände. VR hingegen bezeichnet eine komplett interaktive virtuelle Umgebung, die ein gleichzeitiges Empfinden von unterschiedlichen Sinneswahrnehmungen wie Bildern, Geräuschen etc. ermöglicht.

Mittels erweiterter Realität (AR) könnten vor Ort im Live-video des Smartphones Informationen oder ein Rendering (d. h. bildliche Darstellung) eines konkreten Vorhabens eingeblendet werden. Weiterhin kann die eingebaute Kamera auch als zweiter Faktor zur Authentifizierung eingesetzt werden. Da fast jedes Smartphone mittlerweile über einen GPS-Empfänger verfügt über dem der geografische Standort des Gerätes ermittelt werden kann, sind auch mit dieser Technologie innovative Ansätze für ortsgebundene E-Partizipation denkbar (auch als „Geofencing" bekannt). So könnten BenutzerInnen auf lokale Partizipationsverfahren aufmerksam gemacht werden, sobald ein bestimmter Ort betreten wird. Informationen zu Verfahren oder bestimmten Objekten könnten automatisch angezeigt werden, Fragebögen zu der aktuellen Situation vor Ort könnten direkt ausgefüllt

[7] Die am häufigsten auf GitHub verwendeten Frontend Frameworks. https://www.sitepoint.com/5-most-popular-frontend-frameworks-compared/. Zugegriffen im Mai 2017.

werden und von Nutzern gemeldete Probleme könnten von anderen Nutzern bestätigt werden. Themistocleous et al. [9] listen noch eine Reihe von weiter gefassten ortsgebundenen Partizipationsmöglichkeiten, beispielsweise Hilfe bei Unfällen, Bestätigung und Meldung von Notfällen, bei der Fahndung nach Personen, sowie Informationen über geplante Straßenarbeiten.

Die mobilen Betriebssysteme mit dem im Jahr 2017 höchsten Verbreitungsgrad sind Android (ca. 85 %), iOS (ca. 15 %) und Windows Phone (0,1 %) [10]. Sollen also AnwenderInnen über mobile Apps partizipieren können, sollten Android und iOS unterstützt werden. Sollen mehrere unterschiedliche Plattformen unterstützt werden, kann auch auf eine Reihe von Cross-Platform Frameworks zurückgegriffen werden. Diese Frameworks erlauben es eine Applikation zu entwickeln, die automatisiert für unterschiedliche Betriebssysteme generiert werden kann, und so den Mehrfachaufwand der zur Entwicklung von separaten Applikationen notwendig ist, reduzieren kann. Meist basieren diese auf Technologien wie HTML5, CSS und JavaScript. Eine Auflistung von gängigen Frameworks findet sich in Tab. 5.2.

5.1.2 Technologien zur Authentifizierung

Nach Balzert [11] versteht man unter Authentifizierung die aufgaben- und benutzerabhängige Zugangs- und/oder Zugriffsberechtigung. Bei einer Kommunikation stellt Authentifizierung sicher, dass jeder Kommunikationspartner der ist, für den er sich ausgibt. Hierzu muss eine Entität – sei es ein Mensch oder eine Maschine – einen Nachweis einer

Tab. 5.2 Gängige Frameworks zur Erstellung einer mobilen Anwendung

Name	Plattform	Programmiersprache	Lizenz
Adobe PhoneGap build.phonegap.com	Android, iOS, Windows Phone	HTML5, CSS, JavaScript	Apache
Android SDK developer.android.com	Android	Java, teilweise auch C, C++, Kotlin	Kostenlos, proprietär
Ext JS (ehemals Sencha Touch) www.sencha.com	Android, iOS	HTML5, CSS, JavaScript	GPL 3, Kommerziell
Framework7 framework7.io	Android, iOS	HTML5, CSS, JavaScript	MIT
iOS SDK developer.apple.com	iOS	Objective-C, Swift, Object Pascal	Kostenlos, proprietär
Kendo UI telerik.com/kendo-ui	Android, iOS, Windows Phone	HTML5, CSS, JavaScript	Kommerziell
Onsen UI onsen.io	Android, iOS	HTML5, CSS, JavaScript	Apache
Titanium Appcelerator www.appcelerator.com	Android, iOS, Windows Phone	JavaScript, Alloy (MVC Framework)	Kommerziell
Windows 10 SDK developer.microsoft.com	Windows Phone	C++, C#, Visual Basic, JavaScript	Kostenlos, proprietär

behaupteten Eigenschaft erbringen. Somit dient die Authentifizierung zur Prüfung der vom Nutzer behaupteten Identität. Es kann zudem zwischen einseitiger und wechselseitiger Authentifizierung unterschieden werden. Bei der einseitigen Authentifizierung muss nur eine Entität einen Nachweis erbringen (beispielsweise ein Nutzer meldet sich mit seinem Benutzernamen und Passwort an seinem PC an), bei der wechselseitigen Authentifizierung müssen hingegen zwei Kommunikationspartner einen Nachweis erbringen (beispielsweise bei wechselseitiger Authentifizierung über Zertifikate zwischen einem Client und Server).

Wie in Abb. 5.2 dargestellt, kann der Nachweis der eigenen Identität prinzipiell über folgende drei Faktoren erfolgen:

1. Wissen: der Nachweis über die Kenntnis einer Information (z. B. PIN-Code oder Passwort)
2. Besitz: der Nachweis über den Besitz eines Objekts (z. B. Smartcard)
3. Sein: die Verwendung eines körperlichen, d. h. biometrischen, Merkmals (z. B. Fingerabdruck)

5.1.2.1 Authentifizierungsmethoden im Kontext von E-Partizipation

Dieses Kapitel widmet sich der Authentifizierung von BenutzerInnen gegenüber einer E-Partizipationsplattform. Eine Expertenumfrage in [12] hat gezeigt, dass der Einsatz von Authentifizierungsmethoden für die E-Partizipation von Faktoren wie hoher Benutzerfreundlichkeit,

Abb. 5.2 Faktoren der Authentifizierung

niedrigen Anschaffungskosten oder geringem Wartungsaufwand abhängt. Derzeit werden Passwort oder PIN weiterhin als die Standardtechniken für Authentifizierung eingesetzt, auch wenn es bereits Plattformen gibt, die auch andere elektronische Identitäten (siehe Abschn. 5.2) zur Authentifizierung einsetzen bzw. erlauben. Allerdings hat die Umfrage auch gezeigt, dass insbesondere bei weitergehenden Formen der elektronischen Teilhabe, wie beispielsweise der Mitbestimmung oder der Kooperation, durchaus qualitativ hochwertigere elektronische Identitäten bevorzugt werden. Im Folgenden werden die gängigsten und praktikabelsten Methoden zur Nutzer-Authentifizierung, basierend auf den Vorarbeiten in [13] vorgestellt.

Nutzerkennung und Passwort

Bei dieser Authentifizierungsmethode geben BenutzerInnen einen Benutzernamen ein, der sie in dem gegebenen Kontext eindeutig identifiziert. Dieser Benutzername kann entweder eine zum Zeitpunkt der Registrierung ausgewählte Bezeichnung sein oder ein mehr oder weniger öffentliches Attribut wie die E-Mail-Adresse oder die Telefonnummer, welches auch während der Registrierung bekannt gegeben wurde. Zur Authentifizierung geben BenutzerInnen während der Registrierung ein Passwort bekannt. Dabei handelt es sich um ein sogenanntes *Shared Secret*. Durch die Angabe des Passworts bei der Authentifizierung können BenutzerInnen ihre Identifikation nachweisen, wenn davon ausgegangen wird, dass nur er bzw. sie das vorher vereinbarte Passwort kennt.

Das Benutzername- und Passwort-Schema hat einige Vorteile. Durch die sehr weite Verbreitung sind die meisten Nutzer mittlerweile an die User Experience dieses Systems gewöhnt. Abgesehen davon benötigen BenutzerInnen keine eigene Hardware bzw. kein eigenes Device. Benutzername- und Passwort-Systeme sind also sehr leicht und plattformunabhängig umzusetzen.

Die Nachteile dieses Systems sind jedoch gravierend. Dadurch, dass sich BenutzerInnen das Passwort merken müssen, tendieren diese dazu, einfache Passwörter zu wählen. Das können sich AngreiferInnen zu Nutze machen, um mit Hilfe von Brute-Force-Angriffen (d. h. Durchprobieren aller möglichen Kombinationen) Passwörter zu erraten. Dies wird häufig durch sogenannte Passwort-Richtlinien zu verhindern versucht. Diese Richtlinien verpflichten BenutzerInnen dazu, eine gewisse Komplexität (Länge, Benutzung von Groß- und Kleinbuchstaben, Sonderzeichen, Zahlen) bei der Wahl des Passworts einzuhalten. Durch die höhere Komplexität der Passwörter werden diese allerdings auch leichter vergessen. Viele BenutzerInnen tendieren daher dazu, ihre Passwörter aufzuschreiben [14].

Definition Eine Hashfunktion (von „hash", engl. für zerhacken) oder auch Streuwertfunktion ist ein Verfahren, das dazu dient, eine große Eingabemenge von Quelldaten auf eine kleinere Zielmenge (sog. Hashwerte) abzubilden. Eine Hashfunktion sollte bei unterschiedlichen Eingabedaten auch unterschiedliche Ausgabewerte liefern, ein Hashwert soll also die Quelldaten eindeutig kennzeichnen bzw. identifizieren können.

In der Informatik verwendet man auch den Begriff Hash-Algorithmus, da Hashfunktionen oftmals in Form eines Algorithmus statt einer mathematischen Funktion spezifiziert werden. Hashes werden beispielsweise in der Kryptografie (Wissenschaft der Verschlüsselung von Informationen) dazu angewendet, Passwörter nahezu eindeutig identifizieren und vergleichen zu können, ohne sie offenlegen zu müssen.

Da es sich bei Passwörtern um ein *Shared Secret* handelt, muss auch der authentifizierende Service-Provider das Passwort in irgendeiner Art speichern, um später eine Überprüfung zu ermöglichen. Hier besteht die Gefahr, dass sich ein Angreifer Zugriff auf diese Passwort-Datenbank verschafft. Um den Nutzen dieser Datenbank für einen Angreifer zu verringern, werden die Passwörter vor dem Abspeichern gehasht und nicht im Klartext abgespeichert. Während der Authentifizierung werden dann nur noch die Hashes miteinander verglichen. Dadurch kann ein Angreifer, der Zugriff auf die Passwort-Datenbank hat, nicht auf die ursprünglichen Passwörter zurückschließen.

Die Authentifizierung mittels Nutzerkennung und Passwort ist bei bereits existierenden E-Partizipationsplattformen sehr verbreitet (z. B. „Solingen spart",[8] „Bürgerhaushalt Berlin Lichtenberg"[9] oder „Frankfurt fragt mich"[10]).

Biometrische Authentifizierung

Bei einer biometrischen Authentifizierung wird ein körperliches Merkmal des Benutzers zur Authentifizierung verwendet. Hierbei handelt es sich anders als bei geheimen Passwörtern um eine öffentliche Information, die allerdings nicht an andere Personen weitergegeben werden kann. Beispiele für biometrische Merkmale sind Gesicht, Fingerabdruck, Iris, Retina (Netzhaut, bzw. innere Augenhaut) oder die Stimme.

Sämtliche biometrischen Verfahren haben gemeinsam, dass sie nicht mit absoluter Sicherheit, sondern nur mit einer bestimmten Wahrscheinlichkeit erfolgreich mit dem Referenzmerkmal vergleichen werden können. Das heißt, dass eine fälschliche Akzeptanz oder eine fälschliche Zurückweisung möglich ist. Biometrische Merkmale können sich im Laufe eines Lebens verändern oder auch durch Unfälle und Verletzungen komplett verschwinden. Zudem ist die Angreifbarkeit/Manipulierbarkeit biometrischer Systeme und der durch diese Verfahren bewirkte Eingriff in die Privatsphäre zu beachten. Im Kontext von E-Partizipation ist davon auszugehen, dass die Identifizierung von AnwenderInnen nicht in einer überwachten Umgebung, sondern im häuslichen Umfeld stattfinden wird. Hier muss auf jeden Fall bedacht werden, dass Betrugsversuche viel schwerer als in geschützten überwachten Umgebungen zu erkennen sind. Zudem muss sichergestellt werden, dass ein Gerät zur biometrischen Identifikation nicht kompromittiert ist.

Einige der vorgestellten biometrischen Verfahren, wie Fingerabdruck-Scans, Venen-Scans, Abgleich der Handgeometrie etc., benötigen spezielle Hardware zur Durchführung der Identifizierung. Hier ist es fraglich, ob potenzielle BenutzerInnen dazu bewegt

[8] Solingen spart. http://www.solingen-spart.de/. Zugegriffen am 30.10.2017.

[9] Bürgerhaushalt Berlin Lichtenberg. https://www.buergerhaushalt-lichtenberg.de/. Zugegriffen am 01.04.2018.

[10] Frankfurt fragt mich. https://www.ffm.de/. Zugegriffen am 01.04.2018.

werden können, eine zusätzliche Hardware anzuschaffen bzw. über die notwendigen finanziellen Mittel verfügen. Bei Technologien wie Gesichtserkennung und Stimmerkennung könnte hingegen auf existierende Hardware zurückgegriffen werden, beispielsweise die Kamera und das Mikrofon eines Smartphones, oder auch die Webcam am Laptop. Eine Möglichkeit, wie Biometrie (Gesicht, Fingerabdruck) zur Authentifizierung in Kombination mit Smartphones genutzt werden könnte, zeigt Mastercard mit der „Identity Check“ Anwendung [15]. Ein anderes Beispiel liegt mit der Smartphone App der britischen Steuer- und Zollbehörde (HMRC) [16] vor. Hier kann neben Fingerabdrücken auch die Stimme zur Authentifizierung verwendet werden. Zudem sollte aus Gründen der Inklusion (siehe auch Kap. 2) auf Personen Rücksicht genommen werden, die gewisse biometrische Merkmale nicht aufweisen (beispielsweise durch den Verlust von Gliedmaßen durch Unfälle, oder durch angeborene Defekte). Biometrie sollte aus den genannten Gründen maximal als ein (evtl. optionaler) Faktor einer Multi-Faktor-Authentifizierung eingesetzt werden.

Authentifizierung über Tokens

Für den Nachweis des Besitzes werden oft Hardware Tokens verwendet, die ein einmal gültiges Passwort (OTP, One-Time-Password) generieren. Seit einigen Jahren wird auch immer öfter das Mobiltelefon als zweiter Faktor verwendet, wie beispielsweise das im Online-Banking eingesetzte mTAN-Verfahren (Mobile Transaktionsnummer). Dabei wird eine SMS-Nachricht mit einem für nur kurze Zeit gültigem One-Time-Password an das Mobiltelefon gesendet. Immer öfter wird diese Funktion durch eine eigene Smartphone App abgebildet. Ein Beispiel aus der Welt der E-Partizipation für die Authentifizierung über ein Token ist die Petitionsplattform des deutschen Bundestags[11] über den elektronischen Personalausweis.

Multi-Faktor-Authentifizierung

Bei einer Multi-Faktor-Authentifizierung werden mindestens zwei der drei Faktoren „Wissen“, „Besitz“ und „Biometrie“ für die Authentifizierung verwendet. Die verwendeten Faktoren müssen dabei unabhängig voneinander sein. Unabhängigkeit bedeutet hier, dass sich die Manipulation eines Faktors (z. B. das Ausspähen des Passwortes) nicht auf den zweiten Faktor auswirken kann (z. B. One-Time-Password als SMS an die Mobiltelefonnummer)

5.1.2.2 Standards und Protokolle

Im Folgenden sollen einige relevante Standards und Protokolle genannt werden, die zur technischen Umsetzung einer Authentifizierungs- und Identitätsmanagementlösung für E-Partizipationsplattformen herangezogen werden können.

Im Kontext von Identitätsmanagement gibt es eine Reihe von ISO-Standards, die entweder abgeschlossen sind, oder sich (Stand: 2017) in Arbeit befinden. Herauszuheben ist ISO/IEC 24760 A framework for identity management, ein Standard der die Begrifflichkeiten für

[11] Portal des Petitionsausschusses. https://epetitionen.bundestag.de/. Zugegriffen am 01.04.2018.

Identitätsmanagement definiert, und die Kernkonzepte von Identitäten und Identitätsmanagement spezifiziert. Der Standard kann auf alle Informationssysteme angewendet werden, die mit Identitäten arbeiten. Ebenfalls relevant ist das NIST-Dokument „Recommendation for establishing an identity ecosystem governance structure". Dieses Dokument beschreibt die nationale US-Strategie für vertrauenswürdige Identitäten („trusted identities") und die dafür notwendigen Komponenten für ein Identitätsökosystem, also ein dezentrales Authentifizierungs- und Zertifizierungssystem, inklusive Haftungs- und Datenschutzregularien für Personen, Institutionen und Organisationen, Lenkungsgruppen, Trust Frameworks, Akkreditierungsstellen und Vertrauenssiegel („trustmark schemes").

Im Bereich der Authentifizierung für Systeme, die elektronische Identitäten verwenden, gibt es eine Vielzahl von Standards. Einige der wichtigsten Standards werden im Folgenden aufgelistet.

Für webbasierte Dienste bietet sich eine Reihe von Authentifizierungsstandards an. Als Baustein für viele existierende Systeme, beispielsweise die Open Source Single-Sign-On (SSO) Software Shibboleth,[12] ist hier OASIS SAML V2.0 zu nennen. Der Standard beschreibt Authentifizierungs- und Autorisierungsdaten sowie deren Austausch, der in sogenannten „Profilen" detailliert spezifiziert wird. Das OASIS SAML V2.0 Web Browser SSO Profil spezifiziert beispielsweise ein SSO-Profil für den SAML-Standard und beschreibt die Interaktion zwischen einem HTTP User Agent (also einem Webbrowser), einem Service Provider und einem Identity Provider mit Hilfe von Discovery- und Redirection-Mechanismen. Das Enhanced Client or Proxy Profile Version 2.0 ist ein weiterer OASIS SAML V2.0 Standard. Die hier beschriebenen Techniken erlauben es Client-Applikationen über HTTP direkt mit einem Identity Provider zu kommunizieren, ohne auf Discovery- und Redirection-Mechanismen eines Service Providers zurückgreifen zu müssen. Die Spezifikation erweitert das ursprüngliche Profil zudem um die „Holder of Key" Subject Confirmation und Channel Bindings. Mit dem PVP 2.0 S-Profil setzt auch das Portalverbund Protokoll, die Basis der österreichischen eGovernment-Infrastruktur, auf den SAML-Standard.

Ebenfalls eine starke Verbreitung finden Authentifizierungssysteme wie OpenID 2.0 und OpenID Connect. OpenID 2.0 ist ein dezentral organisiertes, auf HTTP basiertes Authentifizierungssystem und erlaubt es Webanwendungen, die Identität eines Nutzers zu bestimmen. OpenID setzt das Single Sign-on-Prinzip um. Benutzer müssen sich so nur bei einem OpenID-Provider anmelden, um Dienste bei Serviceanbietern, sogenannten Relying Parties, nutzen zu können. Allerdings stellte beispielsweise Google 2016 die Unterstützung von OpenID 2.0[13] zugunsten des neueren OpenID Connect 1.0 ein. Selbiges basiert auf dem OAuth 2.0-Protokoll und bietet einen vollständigen Ersatz für OpenID 2.0. OpenID Connect 1.0 erlaubt es Anwendungen jeglicher Art (Web, Mobil etc.), die Identität eines Nutzers mit Hilfe eines Authentifizierungssystems zu bestimmen. Das Protokoll unterstützt auch den Austausch von Informationen aus den Basisprofilen eines Nutzers.

---

[12] Shibboleth Webseite. https://www.shibboleth.net. Zugegriffen am 01.04.2018.

[13] OpenID 2.0 documentation der Google Identity Platform. https://developers.google.com/identity/protocols/OpenID2. Zugegriffen am 01.04.2018.

Im Rahmen der Authentifizierung werden häufig kryptografische Zertifikate eingesetzt. Relevant ist hier der Standard ITU-T: X.509 (Information technology – Open Systems Interconnection – The Directory: Public-key and attribute certificate frameworks), der ein essentieller Baustein der Public Key Infrastructure (PKI) ist. X.509 spezifiziert das Standardformat für Zertifikate öffentlicher Schlüssel, Zertifikats-Sperrlisten, Attribut-Zertifikate und den Validierungsalgorithmus für Zertifizierungspfade. Im Rahmen von Webanwendungen mit XML-basierter Kommunikation definiert der IETF/W3C-Standard XML-Signature Syntax and Processing die Verwendung, Verarbeitungsregeln sowie die Syntax von Signaturen für XML. Der Standard bietet für Daten beliebigen Typs Methoden zur Gewährleistung von Integrität, der Nachrichtenauthentifizierung und Authentifizierungsmethoden für den Unterzeichner. Darauf basiert der IETF/W3C Standard XML Advanced Electronic Signatures (XAdES) mit Erweiterungen für Nicht-Abstreitbarkeit (non-repudiation), auch über längere Zeiträume hinweg. Dieser Standard entspricht der Richtlinie 1999/93/EG des Europäischen Parlaments und des Rates vom 13. Dezember 1999 über gemeinschaftliche Rahmenbedingungen für elektronische Signaturen[14] (Richtlinie 1999/93/EG des Europäischen Parlaments und des Rates vom 13. Dezember 1999 über gemeinschaftliche Rahmenbedingungen für elektronische Signaturen, ABl. L 13 vom 19.01.2000, S. 12–20).

Relevante ISO-Standards im Bereich der Authentifizierung sind ISO/IEC 29115 Entity authentication assurance framework sowie ISO/IEC 9798 Entity authentication. ISO/IEC 29115 liefert ein Rahmenkonzept mit vier Zusicherungsstufen sowie Kriterien und Richtlinien zu deren Umsetzung, zur Verwaltung von Authentifizierungszusicherungen für Entitäten („entity authentication assurance"). ISO/IED 9798 spezifiziert ein Authentifikationsmodell und allgemeine Anforderungen sowie Rahmenbedingungen für die Authentifizierung von Entitäten.

Ein Standard für die Authentifizierung mit einem zweiten Faktor wurde mit Fast IDentity Online (FIDO) geschaffen. Die FIDO Alliance hat es sich zum Ziel gesetzt, durch die Entwicklung technischer Protokolle, welche die Skalierbarkeit und Interoperabilität sicherstellen, die Abhängigkeit von Passwörtern für die Authentifizierung von Usern zu reduzieren. Für Webservices bietet FIDO den Vorteil, dass die Authentifizierung nicht mehr nur an ein Passwort gebunden ist, sondern auf eine starke Authentifizierung mit Hilfe von asymmetrischer Verschlüsselung zurückgegriffen werden kann und trotzdem die Usability erhalten bleibt. BenutzerInnen sind dabei nicht auf einen Token beschränkt, sondern können aus einer Anzahl an FIDO-kompatiblen Tokens einen oder mehrere auswählen. Dieser Token kann, wie bereits erwähnt, zum Beispiel auch das Mobiltelefon von BenutzerInnen sein. Durch die Verwendung einer beidseitigen Authentifizierung zwischen Client und Authentifizierungsstelle besteht bei FIDO auch nicht die Gefahr, dass die Authentifizierungsdaten durch Phishing an einen nicht berechtigten Dritten gehen. FIDO hat den Nachteil, dass BenutzerInnen ihre FIDO-Tokens bei jedem Webservice registrieren müssen. Dies kann jedoch durch den Einsatz von zentralen Identitätsprovidern erleichtert werden. Hierbei müssen BenutzerInnen die Tokens nur einmal bei diesem Identitätsprovider registrieren.

[14]Anmerkung: Diese Richtlinie ist seit 1. Juli 2016 außer Kraft. Maßgeblich ist die sogenannte „eIDAS-Verordnung", Verordnung (EU) 910/2014 des Europäischen Parlaments und des Rates vom 23. Juli 2014 über elektronische Identifizierung und Vertrauensdienste für elektronische Transaktionen im Binnenmarkt und zur Aufhebung der Richtlinie 1999/93/EG.

Abschließend bliebt noch die NIST Publikation Electronic Authentication Guideline (SP 800-63) zu erwähnen, die die technischen Richtlinien für die Umsetzung elektronischer Authentifizierung innerhalb von US-Behörden beschreibt. Der Bericht umfasst die Remote-Authentifizierung von BenutzerInnen über offene Netze, darunter vier Sicherheitsstufen in den Bereichen Identitätsschutz, Registrierung, Tokens, Authentifizierungsprotokolle und die damit verbundenen Zusicherungen.

5.2 Elektronische Identitäten

Eine elektronische Identität (engl. „electronic identity", eID abgekürzt) kann als eine Menge von Daten definiert werden, die eine Person, eine Organisation oder eine Sache eindeutig beschreibt, üblicherweise als Subjekt (engl. „subject") oder Entität (engl. „entity") bezeichnet und Informationen über die Beziehungen des Subjekts zu anderen Entitäten, d. h. zu anderen eindeutig zu bestimmenden Objekten, enthält [17]. Die Informationen über ein Subjekt werden Attribute genannt und umfassen Eigenschaften wie zum Beispiel Nationalität, Geburtsdatum, Größe oder Haarfarbe. Attribute können temporär (z. B. Adresse, Arbeitgeber), langfristig (z. B. eine Sozialversicherungs- oder Passnummer) und persistent (z. B. Fingerabdrücke und Augenfarbe) sein. Elektronische Identitäten wurden unter anderem entwickelt, um drei Herausforderungen im Internet technisch zu unterstützen: die Authentifizierung, die Identifizierung und den Zugriff auf Ressourcen. Die Einrichtung digitaler Identitäts- und Identitätsmanagementsysteme in unserer Gesellschaft bilden ein Identitätsökosystem [18]. Die Föderation von Identitäten (engl. „identity federation") ist ein Prozess, der es ermöglicht, Informationen zu Identitäten und Authentifizierung über eine Menge von Netzwerken zu übermitteln [19].

Hintergrundinformationen

Nach Balzert [11] versteht man unter Authentifizierung die aufgaben- und benutzerabhängige Zugangs- und/oder Zugriffsberechtigung. Dazu sind häufig mehrere Schritte nötig. Im Folgenden werden die verschiedenen Funktionen basierend auf [20] darstellt.

- Die **Identifikation** (engl. „identity proofing") ist der Prozess der Inanspruchnahme einer Identität. Um sich beispielsweise bei einer Website anzumelden, muss ein Benutzername (z. B. „USER100") eingegeben werden. Die Identifizierung erfordert die Authentifizierung der Identität.
- Die **Authentifizierung** ist ein Vorgang der Verifikation einer Identität eines Subjektes, eines Prozesses oder eines Geräts. Um zu bestätigen, dass es sich um „USER100" handelt, muss im Beispiel ein korrektes Passwort eingegeben werden. Identifikation ist oft ein notwendiges Element in den transaktionsbasierten Bereichen wie beispielsweise dem E-Government und E-Commerce [21].
- Der **Zugriff** (engl. „access") ist die Fähigkeit, die Verwendung einer bestimmten Ressource (z. B. Website, App, Daten) zuzulassen oder zu verweigern. Im Beispiel erhält „USER100" Zugriff auf die Webseite. Dem Zugriff auf Ressourcen muss oftmals eine Authentifizierung vorausgehen.

Elektronische Identitäten nutzen Attribute, die in einem bestimmten Kontext relevant sind. Die Attribute sind daher eine Teilmenge der Attribute einer realen Identität. Eine Person kann daher mehrere elektronische Teilidentitäten im täglichen Leben besitzen (siehe Beispiele).

Beispiel

Elektronische Identitäten kommen in vielen digitalen Anwendungen und Lebensbereichen vor. Beispiele für diese sind:

- Im Geschäftsleben, z. B. E-Mail-Konto, Zugriff auf Ressourcen anhand des Domänen-Kontos, Zertifikate zur digitalen Signatur.
- Im Payment-Bereich, z. B. kontaktloses Zahlen mit Bankkarte, Zugriff auf Online-Banking via Nutzername und Passwort, Bezahlung via TAN, Online-Bezahldienste (PayPal, Amazon Payments).
- In den sozialen Medien, z. B. Accounts auf Twitter, Facebook, Instagram.
- In Online-Spielen, z. B. Accounts für World of Warcraft oder Second Life
- In Online-Kleinanzeigen und E-Commerce-Plattformen, z. B. Bewertungen von Käufern und Verkäufern
- Im Smart Home, z. B. elektronischer Schlüssel, Gerätekennung.
- Im mobilen Endgeräten wie Smartphones, z. B. Applikationsdaten, International Mobile Equipment Identity (IMEI), Positionsdaten.

Die Existenz von eIDs bieten viele Chancen und Vorteile für die Gesellschaft: Einzelpersonen können ihren privaten Alltag durch Zugang zu verschiedenen Diensten (z. B. E-Commerce, E-Banking, E-Partizipation) online mit weniger Zeit und Aufwand betreiben. Unternehmen können neue und effizientere Geschäftsmodelle (z. B. E-Business) auf der Grundlage von eID-Systemen entwickeln und Online-Transaktionen ermöglichen. Regierungen (z. B. E-Government) können ihre Online-Dienste erweitern, um bei BürgerInnen für mehr Effizienz und Transparenz zu sorgen. Laut BCG[15] kann der Wert der digitalen Identität enorm sein – bei einer jährlichen Wachstumsrate von 22 % kann der Einsatz von personenbezogenen Daten bis 2020 einen jährlichen wirtschaftlichen Nutzen für Organisationen in Europa von 330 Mrd. Euro bringen. Der Verbraucherwert wird mehr als doppelt so hoch sein: 670 Mrd. Euro bis 2020; der kombinierte Wert der digitalen Gesamtidentität könnte etwa 8 % des BIP der EU-27 ausmachen. Identitätsbetrug und Missbrauch [12] sind jedoch zwei der wichtigsten Herausforderungen für digitale Identitäten.

5.2.1 Elektronische Identitäten in der digitalen Bürgerbeteiligung

Im Kontext von E-Partizipation spielen vor allem zwei Arten von digitalen Identitäten eine Rolle (Abb. 5.3): Staatliche eIDs wie der deutsche neue elektronische Personalausweis (nPA) oder der österreichische elektronische Identitätsnachweis (die Funktion Bürgerkarte wurde nach Ende der Projektlaufzeit bei der Novellierung des E-GovG infolge der eIDAS-VO zum „elektronischen Identitätsnachweis“ iSd § 2 Z 10 E-GovG abgeändert, siehe BGBl I 121/2017), sowie digitale Identitäten aus dem Umfeld der Sozialen Netzwerke, wie beispielsweise Facebook oder Google.

[15] Boston Consulting Group, Liberty Global Policy Series, The value of our digital identity, November 2012. http://www.libertyglobal.com/PDF/public-policy/The-Value-of-Our-Digital-Identity.pdf. Zugegriffen am 01.04.2018.

Abb. 5.3 Einteilung digitaler Identitäten

5.2.1.1 Staatlich ausgegebene elektronische Identitäten

Bei elektronischen Identitäten, die von staatlicher Stelle ausgegeben werden, besteht eine hohe Personenbindung, d. h. Individuen können eindeutig identifiziert werden. Zudem sind diese Identitäten von besonderem Belang, da sie als Grundlage für eine rechtlich abgesicherte elektronische Interaktion zwischen Bürgern, Unternehmen und öffentlichen Verwaltungen dienen. Wie in Kap. 4 skizziert, ist dank der eIDAS-Verordnung innerhalb der Europäischen Union eine rechtlich gültige, grenzübergreifende Verwendung dieser Identitäten sogar über die Landesgrenzen möglich. An dieser Stelle ist es wichtig, das europäische Forschungsprojekt Secure idenTity acrOss boRders linKed (STORK) und das Nachfolgeprojekt STORK 2.0[16] zu erwähnen, welche eine technische Realisierung einer europäischen Interoperabilitätsplattform entwickelt haben, die es Bürgern aus verschiedenen europäischen Staaten ermöglicht, über ihre staatlichen eIDs zu interagieren. Digitale Identitäten aus sozialen Netzwerken, im Folgenden als Social IDs bezeichnet, stellen nicht die eindeutige Identität fest, wobei zu berücksichtigen ist, dass der Grad der Qualität der verwendeten Authentifizierungsdaten von sozialem Netzwerk zu sozialem Netzwerk unterschiedlich sein kann. Daher sind Interaktionen die mit Social IDs durchgeführt werden (im Kontrast zu staatlichen eIDs) nicht rechtlich abgesichert. Allerdings haben Social IDs eine sehr hohe Verbreitung und können vergleichsweise einfach auf eigenen Plattformen integriert werden.

Definition Personenbindung[17] beschreibt die automatisierbare Identifikation einer Person mit Identifikationsmerkmalen. Je stärker die Personenbindung, umso eindeutiger die Identifikation einer Person.

Im Folgenden soll exemplarisch auf zwei staatliche elektronische Identitäten aus dem deutschsprachigen Raum eingegangen werden: den deutschen elektronischen Personal-

[16] Webseite STORK 2.0. https://www.eid-stork2.eu. Zugegriffen am 01.04.2018.

[17] Der Begriff „Personenbindung“ wurde auch im Rahmen des Konzepts der österreichischen Bürgerkarte definiert, wird aber in dieser Publikation erweitert und generalisiert verwendet.

ausweis und den österreichischen elektronischen Identitätsnachweis. Einen guten Überblick über die Verwendung von staatlichen eIDs bietet eine Studie des Niederländischen Innenministeriums [22].

Der deutsche Personalausweis

Sowohl der neue elektronische Personalausweis, als auch der elektronische Aufenthaltstitel besitzen eine Online-Ausweisfunktion, mit der sich BenutzerInnen im Internet oder an Automaten ausweisen können und die somit die digitale Abwicklung von Behördengängen oder geschäftlichen Angelegenheiten ermöglicht. Die Infrastruktur basiert hier auf einer Public-Key-Infrastructure (PKI) für Berechtigungszertifikate sowie einem Sperrmanagement. Anbieter, die die Online-Ausweisfunktion in einen Dienst einbinden möchten, benötigen ein Berechtigungszertifikat, das vom Bundesverwaltungsamt mit der Vergabestelle für Berechtigungszertifikate (VfB) vergeben wird. Damit ist es dem Anbieter möglich, sich gegenüber dem neuen Personalausweis auszuweisen und die Berechtigung zum Zugriff auf vorher festgelegte Datenfelder des Personalausweises zu erhalten. Gleichzeitig sind so Anbieter von Nutzern eindeutig identifizierbar. Zur Kommunikation wird dabei das sogenannte eCard-API-Framework eingesetzt, welches aus einer Reihe von plattformunabhängigen Schnittstellen besteht und die Kommunikation zwischen den jeweiligen Anwendungen und den eingesetzten Chipkarten vereinheitlicht.

Zur Verwendung des Personalausweises als eID benötigen AnwenderInnen eine eID-Clientsoftware, beispielsweise die AusweisApp2,[18] und ein Kartenlesegerät. Alternativ kann als Kartenleser auch ein Smartphone mit integriertem NFC-Leser verwendet werden. Auf der Seite des Dienstanbieters muss neben dem eingangs erwähnten Berechtigungszertifikat und dieses angebotenen Dienstes (im Kontext des nPA auch eService genannt) auch ein eID-Server vorliegen. eServices nutzen den eID-Server zur wechselseitigen Online-Authentifizierung der Nutzer, basierend auf EAC2. Bei jeder Online-Authentifizierung erstellt oder erhält ein eService einen zufälligen Pre-Shared Key (PSK) sowie einen eindeutigen Identifier, um die Kommunikation von eCard-API-Framework und die eID-Schnittstelle einer Web-Session zuordnet. Der eID-Server implementiert das serverseitige eCard-API-Framework. Er speichert und verwaltet Authentifizierungszertifikate und dient gleichzeitig als Schnittstelle zu der PKI.

Der österreichische elektronische Identitätsnachweis

Eine Implementierung einer sicheren elektronischen Identität ist in Österreich die Funktion E-ID gemäß § 4a E-GovG idF BGBl I 121/2017. Der elektronische Identitätsnachweis (E-ID) ist eine Weiterentwicklung der Funktion Bürgerkarte. Die Änderung der Rechtslage wird mit Aufnahme des Echtbetriebs der E-ID anzuwenden sein. Stand der im April 2018 maßgeblichen Rechtslage konnte und kann die Funktion Bürgerkarte zum Nachweis der eindeutigen Identität eines Einschreiters und der Authentizität des elektronisch gestellten Anbringens genutzt werden.

[18] Webseite der AusweisApp2. https://www.ausweisapp.bund.de/. Zugegriffen am 01.04.2018.

Von den Änderungen ist etwa die Aktivierung des Identitätsnachweises betroffen. Die Registrierung des E-ID wird von der Passbehörde grundsätzlich mit Beantragung eines Reisepasses (Ausnahme siehe § 4a Abs. 1 E-GovG idF BGBl I 121/2017) durch StaatsbürgerInnen ab dem vollendeten 14. Lebensjahr durchzuführen sein, sofern diese nicht ausdrücklich widersprechen. Unabhängig davon wird der E-ID bei einer Passbehörde, einer gemäß § 16 Abs. 3 des Passgesetzes 1992 ermächtigten Gemeinde oder der Landespolizeidirektion registriert werden können (§ 4a E-GovG idF BGBl I 121/2017). Die Bürgerkarte sowie deren Ausprägung als Handy-Signatur kann dagegen bei sogenannten Registration Officers aktiviert werden.

Dabei werden die Daten von BenutzerInnen aus dem zentralen Melderegister (ZMR) in ein XML-Format exportiert und digital signiert (die sogenannte Personenbindung) [23]. Die ZMR-Zahl wird nicht direkt verwendet, sondern sie wird mit einem geheimen Schlüssel der Stammzahlenregisterbehörde verschlüsselt. Diese verschlüsselte ZMR-Zahl wird Stammzahl genannt. Weiterhin wird für eine/n BenutzerIn ein Schlüsselpaar inklusive eines Zertifikats ausgestellt, welches von einem Zertifizierungsdiensteanbieter (ZDA) signiert wird. Sowohl die Personenbindung als auch das Zertifikat werden in einem sicheren Gerät gespeichert. Derzeit gibt es die folgenden zwei Ausprägungen des Konzepts.

Elektronischer Identitätsnachweis mittels Smartcard

Bei dem Identitätsnachweis mittels Smartcard werden die Personenbindung und das Zertifikat des Benutzers im sicheren Bereich einer Smartcard gespeichert. Für die Authentifizierung benötigen BenutzerInnen sowohl die Smartcard mit einer Karten-PIN, die den Zugriff auf die Personenbindung ermöglicht als auch eine Signatur-PIN, welche es ermöglicht, mit Hilfe des privaten Schlüssels Daten (z. B. Verträge) zu signieren. Es können verschiedene Smartcards verwendet werden. Derzeit am meisten verbreitet ist die österreichische e-card (Gesundheitskarte).

Handy-Signatur

Bei der Handy-Signatur handelt es sich um ein zentralisiertes System. Dabei werden die Personenbindung sowie das Schlüsselpaar inklusive Zertifikat bei einem Provider zentral in einem sicheren Hardware Security Module (HSM) gespeichert. Für die Authentifizierung geben BenutzerInnen ein bei der Aktivierung gewähltes Signaturpasswort und die Mobiltelefonnummer ein. Danach wird ihm bzw. ihr ein OTP (One-Time-Password) per SMS zugesandt. Durch die Eingabe des OTP wird der Zugriff auf die Personenbindung und den privaten Schlüssel für die Signatur freigeschaltet.

Änderungen sind auch für die Personenbindung vorgesehen. Von der Stammzahlenregisterbehörde soll zukünftig elektronisch signiert oder besiegelt bestätigt werden, dass dem E-ID-Inhaber ein oder mehrere bPK zur eindeutigen Identifikation zugeordnet ist oder sind (§ 4 Abs. 2 E-GovG idF BGBl I 121/2017). Neu ist unter anderem auch, dass gleich sichere elektronische Identifizierungsmittel aus einem anderen EU-Mitgliedstaat bei (österreichischen) Auftraggebern des öffentlichen Bereichs wie ein E-ID verwendet werden können sollen und umgekehrt Regelungen für die Nutzung des E-ID in ausländischen Anwendungen vorgesehen sind (Näheres siehe Art. 6 Verordnung (EU) 910/2014 des Europäischen

Parlaments und des Rates vom 23. Juli 2014 über elektronische Identifizierung und Vertrauensdienste für elektronische Transaktionen im Binnenmarkt und zur Aufhebung der Richtlinie 1999/93/EG sowie § 6 Abs. 5 und § 14a E-GovG idF BGBl I 121/2017).

5.2.1.2 Elektronische Identitäten sozialer Netzwerke

Sichere elektronische Identitäten bieten den Vorteil, dass sie sowohl ein hohes Maß an Sicherheit bei der Authentifizierung als auch eine hohe Sicherheit der Authentizität der Daten bieten. Bei dem österreichischen elektronischen Identitätsnachweis stammen die Daten zum Beispiel direkt aus dem ZMR. Bei Identitäten sozialer Netzwerke werden mehr oder weniger vertrauenswürdige Identitätsprovider für die Herkunft der Benutzerdaten herangezogen. Dafür besteht hier meist die Möglichkeit, nur einzelne Attribute (z. B. das Alter) des Benutzers abzufragen. Der Vorteil für BenutzerInnen besteht hier darin, dass für die Authentifizierung die Credentials (beispielsweise Benutzername und Passwort) und das Verfahren des Identitätsproviders verwendet werden können. Wird als Identitätsprovider ein Dienst verwendet, den die BenutzerIn potenziell häufig nutzt, besteht hier auch die Wahrscheinlichkeit, dass das Passwort nicht so leicht vergessen wird wie z. B. bei einer sicheren Identität, die die BenutzerIn potenziell seltener verwendet. Als Identitätsprovider können zum Beispiel soziale Netzwerke (Social IDs) wie Facebook oder Google Plus verwendet werden. Besonders hervorzuheben ist hierbei OpenID. Hier werden mehrere Identitätsprovider (wie z. B. Google, Yahoo) durch einen Identitätbroker (OpenID) zusammengefasst. Dadurch kann ein Service-Provider sehr einfach verschiedene Identitätsprovider benutzen ohne dafür eigene Schnittstellen implementieren zu müssen.

Als Schnittstelle zu den verschiedenen Identitätsprovidern werden sogenannte Identity-Protokolle verwendet. Die bekanntesten hierbei sind SAML und OAuth bzw. OAuth2.0. Diese bieten im Prinzip einen ähnlichen Funktionsumfang und ermöglichen auch das Abfragen einzelner Attribute. Die abgefragten Attribute werden hierbei in sogenannten Claims an den Identitätsprovider gesendet. Dieser bittet danach die BenutzerInnen um die Autorisierung, diese Daten an den Service-Provider weitergeben zu dürfen.

5.2.1.3 Applikationsspezifische Benutzerverwaltung

Zusätzlich zu externen Quellen für Identitäten bieten die meisten Applikationen eine eigene Benutzerverwaltung an. Dafür müssen sich BenutzerInnen einmal mit den eigenen Daten registrieren (Self-Enrollment). Während dieser Registrierung legen BenutzerInnen auch die Credentials fest, die später für die Authentifizierung, je nach Authentifizierungsmethode, notwendig sind. Ein Self-Enrollment wird meist vor allem aus Inklusionsgründen angeboten, obwohl es keine Bestätigung der Daten beinhaltet und potenziell einen höheren Implementierungsaufwand für den Service-Provider darstellt. Somit werden BenutzerInnen, die weder eine sichere elektronische Identität besitzen noch bei einem Identitätsprovider registriert sind, nicht von der Applikation ausgeschlossen.

Der Weg des Self-Enrollments ist eine Variante der applikationsspezifischen Benutzerverwaltung. Eine weitere Variante ist die Nutzung einer bestehenden Benutzerverwaltung (z. B. Active Directory, LDAP etc.) wie sie in nahezu jedem Unternehmen vorhanden ist. Die Nutzung bestehender Benutzerverwaltungen in Unternehmen könnte beispielsweise bei betriebsinternen Partizipationsvorgängen wie Betriebsratswahlen genutzt werden.

5.2.1.4 Trust-Modelle und Reputations-Management

Zur Steigerung der Sicherheit der Authentizität von Identitätsdaten könnten unterschiedliche Trust-Modelle herangezogen werden. So könnten durch die Einführung eines Reputations-Managements mit personenbezogenen Trust-Levels höherwertige Identitätsdaten-Level geschaffen werden, die durch mehrfache gegenseitige Identifizierung und Bestätigung erhöht werden können. In diesem Vertrauensnetzwerk (Web of Trust) könnten Abstimmungsteilnehmer dann „Vertrauenspunkte" sammeln und dadurch mehr Gewicht für ihre Stimme erhalten bzw. eine Identität muss eine Mindestanzahl an notwendigen Bestätigungen erhalten, um an einer Abstimmung teilnehmen zu können. Durch negative „Vertrauenspunkte" könnte hier versucht werden, Missbrauch zu vermeiden. Dieses Vorgehen kann die Sicherheit der Feststellung der Identität steigern, nicht aber die Vertrauenswürdigkeit einer sonstigen Aussage dieser Person. Mit Hilfe des Trust-Levels könnte z. B. auch auf die Verwendung von Social IDs zurückgegriffen werden, die über das Reputations-Modell aufgewertet werden können. Ein Beispiel für die erfolgreiche Anwendung von Vertrauenspunkten ist das CAcert,[19] eine gemeinschaftsbetriebene, nicht kommerzielle Zertifizierungsstelle, die ein Punktesystem verwendet, um die Vertrauenswürdigkeit der in den ausgestellten CAcert-Zertifikaten enthaltenen Personendaten zu beschreiben. Auch in anderen Ländern, wie beispielsweise Australien, kommt ein ähnliches System zur Identitätsbestätigung zum Einsatz.[20]

5.3 Empfehlungen zur Nutzung von elektronischen Identitäten in den jeweiligen Stufen der Partizipation

Nachstehend wird beschrieben, wie im Rahmen eines mehrdimensionalen Modells Mindestanforderungen in Bezug auf bestimmte E-Partizipations-Prozesse Kap. 2 definiert wurden. Es werden die einzelnen Schritte dokumentiert, die zum Mapping der Identifikationsmethoden und deren Beziehung zu den ausgewählten Kategorien der E-Partizipation geführt haben. In mehreren Workshops des Forschungsprojekts ePartizipation – Authentifizierung bei direktdemokratischer Online-Beteiligung wurden zwei unterschiedliche Betrachtungsweisen zwischen Identifizierungsstufen und Beteiligungsformen erarbeitet. Das so entstandene Modell wurde in einem Workshop der International Conference for E-Democracy and Open Government [24] mit Vertretern der Wissenschaft und Praxis diskutiert, im Rahmen der International conference on Electronic Participation [25] vorgestellt und positiv von dem anwesenden Fachpublikum aufgenommen sowie in finalisierter Form beschrieben. Eine finalisierte Form wurde in den Folgejahren vorgestellt [26, 27]. Ein angepasstes Model soll im Folgenden vorgestellt werden.

[19] CAcert Zertifizierungsstelle. http://www.cacert.org/. Zugegriffen am 01.04.2018.

[20] Department of Human Services: Confirm your identity. https://www.humanservices.gov.au/individuals/enablers/confirm-your-identity. Zugegriffen am 01.04.2018.

5.3.1 Horizontale Ebene: elektronische Identifikationsmethoden

Die horizontale Ebene wird von elektronischen Identifikationsmethoden gebildet, BürgerInnen relevant sind und abhängig von der Art der Partizipation unterschiedliche technischen Anforderungen sollen (z. B. Sensibilität des Themas, geschlossener/offener Kreis von TeilnehmerInnen, …) erfüllen sollen.

Die folgenden fünf Kategorien von Identifikationsmethoden wurden betrachtet:

1. Eine Möglichkeit zur eindeutigen Identifikation, die durch den Staat zur Verfügung gestellt wird (d. h. nach der eIDAS Regulation mit dem Assurance Level „high" klassifiziert sind)
2. Applikationsspezifisches User-Management (LDAP, Active Directory etc.)
3. Trust-Modelle/Reputations-Management (Zusätzlich zum Login mit Benutzername und Passwort bestätigen andere NutzerInnen, dass die Identität, die die/der NutzerIn zur Partizipation nutzt, mit ihrer/seiner wahren Identität übereinstimmt)
4. Social IDs (Identifikation über soziale Medien/Netzwerke wie beispielsweise über Open ID, Facebook Connect, Google Connect, Twitter, Amazon, LinkedIn etc.)
5. Keine Identifikation

5.3.2 Vertikale Ebene: Arten der E-Partizipation

Das von Parycek [28] abgeänderte Modell der Standards der Öffentlichkeitsbeteiligung [29] bildet die Grundlage für die Unterscheidung der E-Partizipationsformen und deren weiteren Untergliederung auf der vertikalen Ebene.

Es wurden sohin folgende sieben Kategorien der E-Partizipation voneinander unterschieden:

1. Unter der ersten Stufe, der Information, wird das Einsehen von Information durch die Teilnehmer verstanden.
2. Konsultation wurde weiter unterteilt in drei Unterkategorien, und zwar in die Möglichkeit,
   - Ideen, Inhalte und Meinungen einzubringen (Einwegkommunikation),
   - zu kommentieren und zu diskutieren (Feedback geben, Interaktion, Zweiwegkommunikation),
   - Inhalte bzw. Zwischenergebnisse zu bewerten oder auszuwählen („like").
3. Kooperation wird verstanden als kollaboratives, also gemeinschaftliches, Erarbeiten von Ergebnissen.
4. Mitentscheidung soll die Möglichkeit eröffnen, über Ergebnisse oder Implementationen abzustimmen.
5. Als fünfte Stufe der E-Partizipation wurde die Konstellation gewählt, die Entscheidung in rechtlich bindender Weise an die Teilnehmer abzugeben (z. B. Interessenvertretungswahl).

Unter Heranziehung dieser beiden Ebenen wurden zunächst zwei Tabellen erstellt, die eine Betrachtung der Relation der ausgewählten Identifikationsmethoden zu den zuvor festgelegten Kategorien der E-Partizipation aus zwei Perspektiven veranschaulichen. Die erste Formulierung der Hilfsfragen, die mittels zweier Tabellen beantwortet werden sollten, war folgendermaßen gestaltet:

Das Spannungsverhältnis von Niederschwelligkeit bzw. geringer Beteiligungshürde zu dem Vertrauen in E-Partizipations-Ergebnisse sollte mit der Beantwortung der Frage untersucht werden, wie durch ein optimales Verhältnis von Sicherheit und Niederschwelligkeit eine möglichst hohe Beteiligungsquote erreicht werden kann. Aus der Perspektive des Risikos bzw. der technischen Sicherheit wurde gefragt, wie ein ausreichend sicheres System für die jeweiligen E-Partizipations-Methoden angeboten werden kann.

5.3.3 Qualität der Identifikationsdaten

Bei der Erarbeitung von folgender Tabelle wurde die Qualität der Identifikationsvarianten den ausgewählten Beteiligungsformen gegenübergestellt. Dabei standen folgende Hilfsfragen im Vordergrund:

- Wie stark ist die Personenbindung bzw. die Qualität der vorliegenden Identitätsdaten? (Die Qualität der Daten wurde als höher angesehen, wenn sie z. B. von einer Behörde validiert wurden.)
- Ist die Qualität für die entsprechende Partizipationsform ausreichend?

Die folgende Tabelle (Abb. 5.4) zeigt die unterschiedlichen Beteiligungsformen (Information bis Entscheidung, vertikale Ebene) und die entsprechenden Identifikationsvarianten (horizontale Ebene) hinsichtlich der Qualität der eID. Die Farben sind wie folgt zu interpretieren:

- Grün: eID ist für die entsprechende E-Partizipations-Methode unter der Fragestellung/Perspektive geeignet.
- Gelb/Einfachschraffur: eID muss für die entsprechende E-Partizipations-Methode unter der Fragestellung/Perspektive differenziert betrachtet werden.
- Rot/Kreuzschraffur: eID ist für die entsprechende E-Partizipations-Methode unter der Fragestellung/Perspektive nicht geeignet.

Staatlich garantierte elektronische Identifikationsmethoden sowie ein applikationsspezifisches User-Management werden aus der Perspektive der Qualität der Identifikationsdaten als taugliches Mittel für alle E-Partizipationsformen gesehen. In einzelnen Fällen kann ein reputationsbasiertes Identifikationsverfahren für eine bindende Entscheidung geeignet sein, für alle anderen Arten der E-Partizipation wird die Qualität dieser Identifikationsdaten als

Stufenmodell	Information		Konsultation		Kooperation	Mitentscheidung	Entscheidung
Methoden der E-Partizipation	Informationen einsehen	Ideen, Inhalte und Meinungen einbringen	Kommentieren und Diskutieren	Inhalte bewerten oder auswählen	Kollaboratives Erarbeiten von Ergebnissen	Abstimmen über Ergebnisse oder Umsetzungen	Bindende Entscheidung
Staatliche eIDs							
Applikationsspezifisches User-Mgmt							
Reputationsbasierte Identifikationsverfahren							
Social IDs							
Keine Identität							

Abb. 5.4 Qualität der Identifikationsdaten

ausreichend beurteilt. Für die Fälle des Kommentierens, Bewertens von Inhalten und Zwischenergebnissen und des kollaborativen Erarbeitens von Ergebnissen ist eine differenzierte Betrachtung im Einzelfall anzuraten, wenn man eine Identifikation mittels Social IDs in Betracht zieht. Diese Art der Identifikation wird bei einer Abstimmung über Ergebnisse und Implementationen und bei einer bindenden Entscheidung als nicht geeignet eingestuft.

Aus der Perspektive der Qualität der Identifikationsdaten erscheint es als nicht geeignet, sich für das Kommentieren und Diskutieren, für die Bewertung von Inhalten bzw. Zwischenergebnissen, für kollaboratives Erarbeiten von Ergebnissen, für das Abstimmen über Ergebnisse oder Implementationen und auch für bindende Entscheidungen gar nicht zu identifizieren.

5.3.4 Niederschwelligkeit der elektronischen Identifikationsmethode

In folgender Tabelle (Abb. 5.5) wurde die Sinnhaftigkeit/Niederschwelligkeit der Identifikationsvarianten den Beteiligungsformen gegenübergestellt. Dabei standen folgende Fragen im Vordergrund:

Wie niederschwellig bzw. hochschwellig darf eine eID sein, um für eine bestimmte Partizipationsform keine Hemmschwelle zu bilden und sinnhaft genutzt werden zu können?

Die folgende Tabelle zeigt die unterschiedlichen Beteiligungsformen (Information – Entscheidung) und die entsprechenden Identifikationsvarianten hinsichtlich Sinnhaftigkeit/Niederschwelligkeit. Die Farben sind wie folgt zu interpretieren:

- Grün: eID ist für die entsprechende E-Partizipations-Methode unter der Fragestellung/Perspektive geeignet.
- Gelb/Einfachschraffur: eID muss für die entsprechende E-Partizipations-Methode unter der Fragestellung/Perspektive differenziert betrachtet werden bzw. ist unter bestimmten Voraussetzungen oder in einem bestimmten Kontext geeignet.
- Grau: eID ist für die entsprechende E-Partizipations-Methode unter der Fragestellung/Perspektive wenig bzw. nicht geeignet

Stufenmodell	Information	Konsultation			Kooperation	Mitentscheidung	Entscheidung
Methoden der E-Partizipation	Informationen einsehen	Ideen, Inhalte und Meinungen einbringen	Kommentieren und Diskutieren	Inhalte bewerten oder auswählen	Kollaboratives Erarbeiten von Ergebnissen	Abstimmen über Ergebnisse oder Umsetzungen	Bindende Entscheidung
Staatliche eIDs	H	H	H	H			
Applikations-spezifisches User-Mgmt	H	H					
Reputationsbasierte Identifikationsverfahren	H	H					
Social IDs	H	H				N	N
Keine Identität			N	N	N	N	N

Abb. 5.5 Niederschwelligkeit der elektronischen Identifikationsmethode

Die Buchstaben H (hoch) und N (niedrig) sollen hervorheben, dass zum Beispiel für die Beteiligungsform Information zwar eine „Bürgerkarte“ denkbar ist, diese Identifikationsvariante für diesen Anwendungsfall jedoch eher zu hoch (H) ist. Im Gegenzug wäre es für Entscheidungen technisch machbar, diese auch ohne Login anzubieten, diese Identifikationsvariante ist jedoch aus mehreren Gründen zu niederschwellig (N).

5.3.5 Mehrdimensionales Modell

In einem letzten Schritt sind die beiden Tabellen übereinandergelegt, um einen Abgleich hinsichtlich der Qualität der Identifikationsdaten und Niederschwelligkeit durchzuführen. Dies wird in folgendem Modell dargestellt (Abb. 5.6).

- Grün: eID ist für die entsprechende E-Partizipations-Methode unter der Fragestellung/Perspektive geeignet.
- Gelb/Einfachschraffur: eID muss für die entsprechende E-Partizipations-Methode unter der Fragestellung/Perspektive differenziert betrachtet werden.
- Grau: eID ist für die entsprechende E-Partizipations-Methode unter der Fragestellung/Perspektive nicht geeignet.

Bezieht man sowohl die Perspektive der Qualität der Identifikationsdaten als auch die Perspektive der Niederschwelligkeit des E-Partizipations-Verfahrens in die Überlegungen mit ein, so ergibt sich folgendes Bild:

Eine Möglichkeit zur **eindeutigen Identifikation**, die durch den Staat zur Verfügung gestellt wird, ist tendenziell zu hochschwellig für Information und Konsultation. Bei einer Kooperation wird die Beurteilung im Einzelfall empfohlen. Für Mitentscheidung und Entscheidung ist diese Art der Identifikation geeignet.

Applikationsspezifisches User-Management wird eher als zu hochschwellig für Information und Konsultation angesehen. Für Kommentieren und Diskutieren kann diese Art der Identifikation, abhängig von verschiedenen Faktoren (wie z. B. Thema) im Einzelfall geeignet sein. Für alle E-Partizipationsformen mit mehr Intensität der Beteiligung wird die Identifikation mit dem applikationsspezifischen User-Management als adäquat beurteilt.

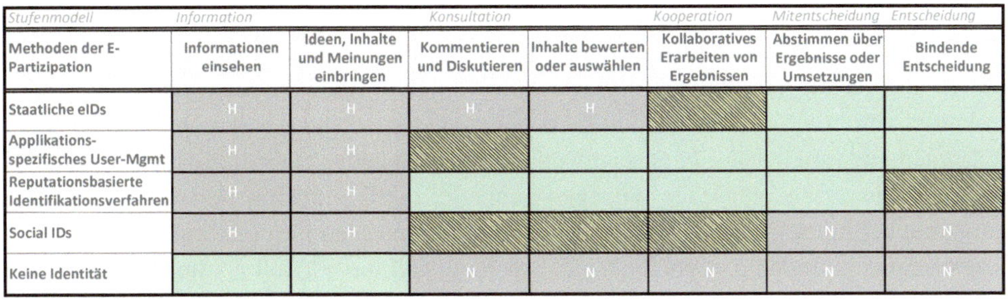

Stufenmodell	Information		Konsultation		Kooperation	Mitentscheidung	Entscheidung
Methoden der E-Partizipation	Informationen einsehen	Ideen, Inhalte und Meinungen einbringen	Kommentieren und Diskutieren	Inhalte bewerten oder auswählen	Kollaboratives Erarbeiten von Ergebnissen	Abstimmen über Ergebnisse oder Umsetzungen	Bindende Entscheidung
Staatliche eIDs	H	H	H	H			
Applikations-spezifisches User-Mgmt	H	H					
Reputationsbasierte Identifikationsverfahren	H	H					
Social IDs	H	H				N	N
Keine Identität			N	N	N	N	N

Abb. 5.6 Mehrdimensionales Modell nach [24] und [25]

Ein **reputationsbasiertes Identifikationsverfahren** ist zu hochschwellig für das Einsehen von Informationen und das Einbringen von Meinungen. Es ist hingegen geeignet für das Kommentieren und Diskutieren, das Bewerten von Zwischenergebnissen, für Kooperation und Mitentscheidung. Ob es für eine Entscheidung die richtige Wahl ist, kommt auf den Einzelfall an.

Social IDs sind zu hochschwellig für Information und für Konsultation in der Form des Einbringens von Meinungen (Einwegkommunikation). Im Einzelfall können Social IDs adäquat sein für das Kommentieren und Diskutieren, für die Bewertung von Zwischenergebnissen und für das kollaborative Erarbeiten von Ergebnissen. Sie werden hingegen in der Regel zu niederschwellig für eine Mitentscheidung oder eine bindende Entscheidung sein.

Keine Identifikation wird empfohlen für Information und Konsultation in der Form des Einbringens von Ideen. Für alle anderen Formen der E-Partizipation wird in der Regel eine Form der Identifikation erforderlich sein.

Letztendlich ist es wichtig zu betonen, dass das hier vorgestellte Modell lediglich als generelle, nicht bindende Empfehlung zu sehen ist. Eine individuelle Anpassung auf ein spezifisches Verfahren sollte immer in Betracht gezogen werden.

5.4 Zusammenfassung

Soll eine E-Partizipationsplattform geschaffen werden, müssen folgende (technische) Aspekte berücksichtigt werden: Um ein möglichst breites Publikum anzusprechen, empfiehlt es sich, als technische Grundlage eine Webapplikation in Betracht zu ziehen, die mittels definierter und standardisierter Schnittstellen um eine mobile Applikation erweitert werden kann. Dabei sollte bei der technischen Umsetzung darauf geachtet werden, dass die Plattform in Zukunft wartbar und erweiterbar bleibt – hier empfiehlt sich der Einsatz eines Webframeworks. Eine Auswahl dafür tauglicher Webframeworks ist Tab. 5.1 zu entnehmen. Tab. 5.2 enthält eine Liste der gängigsten Frameworks zur Erstellung einer mobilen Anwendung.

Nutzern der Plattform sollte es möglich sein, je nach E-Partizipations-Methode unterschiedlich nieder- und hochschwellige elektronische Identitäten mit den jeweils korrespondierenden Authentifizierungsverfahren verwenden zu können. Hier müssen von Fall zu

Fall Sicherheit und Nutzbarkeit genau gegeneinander abgewogen werden, um ein möglichst großes Feld von partizipationswilligen Bürgern anzusprechen. Hier sollte das in Abschn. 5.3.5 vorgestellte mehrdimensionale Modell einen guten Ansatz dafür bieten, wie e-PartizipationsorganisatorInnen mit den in dem Gegensatzpaar hoher Qualität der Identitätsdaten und möglichster Niederschwelligkeit des Zugangs zur e-Partizipation zum Ausdruck kommenden Wünschen umgehen können. PraktikerInnen sollen darin eine Unterstützung bei der Auswahl der Form der Identifikationsdaten für eine bestimmte Stufe der e-Partizipation finden und zukünftiger Forschung soll das Modell als Impuls für die weitere Auseinandersetzung mit Identifikation im Kontext der ePartizipation dienen

Literatur

1. Kosubek L (2015) Webseiten für mobile sowie konventionelle Endgeräte mit dem Content-Management-System Plone: Konzeption und Implementierung eines leicht zu wartenden Themes auf Basis von Diazo und Responsive Webdesign für das CMS einer Fakultät der HTWK Leipzig
2. Caldwell B, Cooper M, Guarino Reid L, Vanderheiden G (2008) Web content accessibility guidelines 2.0
3. StatCounter Global Stats (2016) Mobile and tablet internet usage exceeds desktop for first time worldwide. http://gs.statcounter.com/press/mobile-and-tablet-internet-usage-exceeds-desktop-for-first-time-worldwide. Zugegriffen am 01.08.2017
4. Gartner (2016) Worldwide PC shipments declined 8.3 percent in fourth quarter of 2015. http://www.gartner.com/newsroom/id/3185224/. Zugegriffen am 01.04.2018
5. Brehm S (2015) Vertragliche Gestaltungsmöglichkeiten bei Ghostwriter-Verträgen. MR 2015, S 303–308
6. Dobusch L (2012) Wesen und Wirken der Wissensallmende. juridikum 2:215–221
7. Richards J, Spellman J, Treviranus I (2015) Authoring Tool Accessibility Guidelines (ATAG) 2.0. https://www.w3.org/TR/2015/REC-ATAG20-20150924/. Zugegriffen am 04.08.2018
8. Tönnis M (2010) Augmented reality: Einblicke in die erweiterte Realität. Springer, Berlin/Heidelberg
9. Themistocleous M, Azab NA, Kamal MM, Ali M, Morabito V (2012) Location-based services for public policy making: the direct and indirect way to e-participation. Inf Syst Manag 29:269–283
10. Gartner (2017) Worldwide sales of smartphones grew 9 percent in first quarter of 2017. http://www.gartner.com/newsroom/id/3725117/. Zugegriffen am 01.04.2018
11. Balzert H (2011) Lehrbuch der Softwaretechnik: Entwurf, Implementierung, Installation und Betrieb. Springer Spektrum, Heidelberg
12. LexisNexis 2014 LexisNexis true cost of fraud study. Annual Report, August 2014
13. Leitner M, Bonitz A (2016) Authentication in the context of E-participation: current practice, challenges and recommendations. In: Availability, reliability and security (ARES), 2016 11th international conference on. IEEE, Salzburg, S 480–485
14. Inglesant P, Sasse MA (2010) Studying password use in the wild: practical problems and possible solutions. Usable Security Experiment Reports (USER) Workshop, SOUPS 2010, Redmond, USA
15. Mastercard (2016) Mastercard makes fingerprint and ‚selfie' payment technology a reality. newsroom.mastercard.com. https://newsroom.mastercard.com/eu/press-releases/mastercard-makes-fingerprint-and-selfie-payment-technology-a-reality/. Zugegriffen am 01.08.2017

16. GOV.UK (2017) Voice ID showcases latest digital development for HMRC customers. https://www.gov.uk/government/news/voice-id-showcases-latest-digital-development-for-hmrc-customers. Zugegriffen am 01.08.2017
17. Windley PJ (2005) Digital identity. O'Reilly Media, Sebastopol
18. Grant JA (2011) The national strategy for trusted identities in cyberspace: enhancing online choice, efficiency, security, and privacy through standards. IEEE Internet Comput 15:80–84
19. Shim SSY, Bhalla G, Pendyala V (2005) Federated identity management. Computer 38:120–122
20. Grassi PA, Garcia ME, Fenton JL (2017) Digital identity guidelines. National Institute of Standards and Technology, Gaithersburg
21. Camp JL (2004) Digital identity. IEEE Technol Soc Mag 23:34–41
22. Dutch Ministry of the Interior and Kingdom Relations (2015) International comparison eID means. https://www.government.nl/documents/reports/2015/05/13/international-comparison-eid-means. Zugegriffen am 01.08. 2017
23. Hollosi A, Karlinger G (2005) XML-Definition der Personenbindung Version 1.2.2, 14.02.2005. Stabsstelle IKT-Strategie des Bundes, Bundeskanzleramt, Österreich. https://www.buerger-karte.at/konzept/personenbindung/spezifikation/20050214/Personenbindung-20050214.pdf. Zugegriffen am 04.08.2018
24. Sachs M, Schoßböck J (2015) Perspectives on electronic identity applications in online engagement. In: Conference for E-democracy and open government, S 373
25. Parycek P, Schoßböck J, Rinnerbauer B (2015) Identification in E-participation: between quality of identification data and participation threshold. In: Efthimios T, Panagiotopoulos P, Sæbø Ø, Tarabanis K, Wimmer MA, Milano M, Pardo TA (Hrsg) Electronic participation 7th IFIP 8.5 international conference, ePart 2015 Thessaloniki, Greece, 30.08 – 02.09.2015 Proceedings. Springer, S 108–119
26. Schoßböck J, Sachs M, Leitner M (2016b) E-participation platform features and design principles. In: CeDEM16 proceedings of the international conference for e-democracy and open government 2016. Edition Donau-Universität Krems, Krems, S 69–74
27. Schoßböck J, Rinnerbauer B, Sachs M, Wenda G, Parycek P (2016a) Identification in e-participation: a multi-dimensional model. Int J Electr Govern 8:335–355
28. Parycek P (2008) Positionspapier zu E-Democracy und E-Participation in Österreich. https://www.ref.gv.at/ref.gv.at/cms/fileadmin/migrated/content_uploads/EDEM-1-0-0-20080525.pdf. Zugegriffen am 04.08.2018
29. Arbter K (2008) Standards der Öffentlichkeitsbeteiligung. Praxisleitfaden. Standards der Öffentlichkeitsbeteiligung. http://www.partizipation.at/fileadmin/media_data/Downloads/Standards_OeB/standards_der_oeffentlichkeitsbeteiligung_2008_druck.pdf. Zugegriffen am 04.08.2018

6 Nutzerorientierte Gestaltung von interaktiver E-Partizipation

Sarah-Kristin Thiel, Peter Fröhlich und Andreas Sackl

Zusammenfassung

In den letzten Jahren wurde die Literatur rund um Bürgerbeteiligung von der Aussage dominiert, die Besorgnis erregend hohe Nichtbeteiligung an öffentlichen Vorgängen und Entscheidungen läge einerseits an den Zugangsbeschränkungen traditioneller Beteiligungsprozesse und anderseits am generellen Nichtinteresse von BürgerInnen an Politik. Um dem entgegenzuwirken, wurden digitale (meist webbasierte) Beteiligungsplattformen geschaffen. Bisherige Erfahrungen mit herkömmlichen webbasierten Plattformen zeigen aber in der Regel, dass sie noch nicht genügend Aktivität unter BürgerInnen stimulieren, um maßgeblichen Einfluss auf Politik und politische Prozesse nehmen zu können. Daher wird nun versucht, neue Wege in Sachen digitaler Bürgerbeteiligung zu gehen sowie auch neuartige Medien und Informations- und Kommunikationstechnologien (IKT) und Konzepte (wie z. B. offene Daten) zu nutzen. Um den Trend aufzugreifen, dass immer mehr Menschen sich in sozialen Netzwerken politisch engagieren und ihre Meinung äußern, wird nun versucht, Eigenschaften von diesen Medien auf Bürgerbeteiligungsplattformen zu übertragen. Dieses Kapitel gibt einen Überblick über aktuelle Ansätze IKT-Lösungen sowie unterschiedliche Medien und Geräte zur Förderung der Bürgerbeteiligung einzusetzen. Diese Ansätze werden kritisch im Hinblick auf eine Reihe bekannter Herausforderungen digitaler Bürgerbeteiligung beleuchtet. Darauf aufbauend erfolgt ein Überblick über Ansätze, die bisherige

S.-K. Thiel (✉)
Aarhus Universitet, Aarhus, Dänemark
E-Mail: thiel@cs.au.dk

P. Fröhlich · A. Sackl
Center for Technology Experience, AIT Austrian Institute of Technology GmbH, Wien, Österreich
E-Mail: peter.froehlich@ait.ac.at; andreas.sackl@ait.ac.at

M. Leitner (Hrsg.), *Digitale Bürgerbeteiligung*,
https://doi.org/10.1007/978-3-658-21621-4_6

Schwachpunkte digitaler Bürgerbeteiligung zu adressieren versprechen (z. B. persuasive Strategien und automatisches Feedback).

Schlüsselwörter
E-Partizipation · Vor-Ort-Beteiligung · Virtuelle Teilhabe · Gamification · Automatisiertes Feedback

6.1 Einleitung

Das Engagement der breiten Bevölkerung in klassischen demokratischen Teilhabeprozessen ist seit vielen Jahren rückgängig. Einige Beobachter erklären sich dies durch eine vorherrschende Haltung des bloßen „Konsumierens von Politik" [1, 2]. Technologische Änderungen und damit einhergehende Nutzungsgewohnheiten, wie insbesondere die Verbreitung des „Web 2.0" und sozialer Medien, haben aber andererseits allgemein zu mehr sozialer und gesellschaftlicher Interaktion auf der digitalen Ebene geführt. Diese und weitere technologische Fortschritte könnten neue Formen der aktiven Mitgestaltung ermöglichen, indem sie unter anderem Content-Generierung, Selbstorganisation und Zusammenarbeit erleichtern [3]. Tatsächlich verändert sich momentan das Bild von Bürgerbeteiligung dahingehend, dass die Form der Teilhabe sich weg von traditionellen repräsentativen Methoden hin zu individualisierten „Bottom-up"-Initiativen verlagert [4]. Diese Veränderung lässt sich am deutlichsten an der verstärkten Verwendung von sozialen Medien als Kanal für das Mitteilen und Kommentieren von Meinungen über lokale und entfernte Themen erkennen (z. B. Reaktionen zum „Brexit" auf Twitter oder Beiträge bezüglich des „Arabischen Frühlings").

Ermutigt durch die Möglichkeiten dieser neuen Technologien versuchen Gemeinden, Institutionen, Innovatoren und Forscher in letzter Zeit diesem Trend durch die Entwicklung digitaler Partizipationsplattformen zu folgen (siehe Abschn. 6.2). Das Ziel ist es dabei, den BürgerInnen jederzeit und ortsunabhängig zu ermöglichen, ihre Meinung zu äußern und eigene Ideen vorzuschlagen. Dieser Trend und die begleitende Forschung werden als *E-Partizipation* bezeichnet.

Das vorliegende Kapitel beleuchtet bisherige Erkenntnisse und zukünftige Ansätze der E-Partizipation aus der Sicht dieser neuen Möglichkeiten der Nutzerinteraktion. Im nächsten Abschnitt werden diese Interaktionsansätze vorgestellt und es werden Beispiele für deren Einsatz aufgezeigt. Abschn. 6.3. stellt Herausforderungen und Barrieren vor, welche trotz dieser Fortschritte noch immer existieren. Es werden dann in Abschn. 6.4 abschließend Lösungsansätze in Bezug auf diese Barrieren vorgestellt.

6.2 Neue Interaktionsformen in der E-Partizipation

Mensch-Computer-Interaktion (im Englischen *Human-Computer-Interaction*; HCI) als interdisziplinäres Forschungsfeld betrachtet Computer und andere Informations- und Kommunikationstechnologien (IKT) als Werkzeuge (im Englischen *tools*), welche den

Menschen beim Ausführen und Erledigen von Aufgaben unterstützen. Um Interaktionen zwischen digitalen Systemen und Menschen einfacher und intuitiver zu gestalten, beschäftigt sich HCI seit jeher mit dem Entwickeln von neuen Geräten, Interaktionstechniken sowie der Nutzung von Ein- und Ausgabemodalitäten. In den letzten Jahren wurden im Bereich der Kommunikations- und Informationstechnologien eine Reihe von Konzepten und Vorgehensweisen entwickelt, die auch für die Verbesserung digitaler Bürgerbeteiligung geeignet sind. Die folgenden Unterkapitel geben einen Überblick über diese Technologien und (Interaktions-) Konzepte, wobei beispielhaft entsprechende Anwendungsszenarien für Beteiligungskontexte skizziert werden.

6.2.1 Mobile Begleiter

Mobile Endgeräte haben sich in den letzten Jahren von einem reinen Mittel zur interpersonalen Kommunikation zu „Smartphones" mit erheblicher Rechenleistung und großen berührungsempfindlichen Bildschirmen mit einer Vielzahl an Sensoren zur Standortbestimmung entwickelt. Mittels Verwendung von Positionierung und sog. Location-Based Services (LBS, Abschn. 6.2.2) können Smartphones zur Kommentierung vor Ort und zur ortsbezogenen Diskussion und Meinungsbildung verwendet werden [5]. Während traditionelle Eingabemodalitäten wie Tastatur begrenzt sind, bieten diese anderen Möglichkeiten wie berührungsempfindliche Bildschirme, Freiluftgesten sowie Spracheingabe. Beispielsweise kann robuste Spracherkennung eine sinnvolle Unterstützung für Äußerungen älterer Personen darstellen, die sich auf diese Weise nicht mittels Eingabe auf kleinen Tastaturen ausdrücken müssen. Eine der vielen interessanten neuen Hardwareelemente sind sogenannte Pico-Projektoren, welche es nicht nur erlauben, digitale Inhalte spontan an verschiedenen Orten vergrößert anzuzeigen, sondern auch Partizipation in kleineren Gruppen vereinfachen. In den letzten Jahren wurden mehrere Ansätze und Plattformen zur mobilen Partizipation entwickelt [6].

Beispiel

Das **Projekt b-Part – Building Pervasive Participation** untersuchte systematisch die Möglichkeiten und Grenzen von mobil unterstützter BürgerInnenbeteiligung [7]. So wurde eine mobile Anwendung in einem Co-Design Prozess von Forschern, BürgerInnen und MitarbeiterInnen der Stadtverwaltung entwickelt und in einem 5-monatigen Feldversuch in der finnischen Stadt Turku zur Anwendung gebracht [6]. Abb. 6.1 zeigt zwei Screenshots der mobilen Anwendung. Bei der Untersuchung der Reaktion der Stadtbevölkerung auf die angebotenen Möglichkeiten mobiler BürgerInnenbeteiligung wurde die Annahme bestätigt, dass diese insbesondere interessant für junge, technologie-affine Personengruppen ist und diese somit näher an den politischen Diskurs herangebracht werden können. Gleichzeitig belegte aber auch die Teilnahme von älteren Personen, dass der Einsatz von technologischen Neuerungen wie mobilen Anwendungen die ältere Generation nicht vollständig ausschließt.

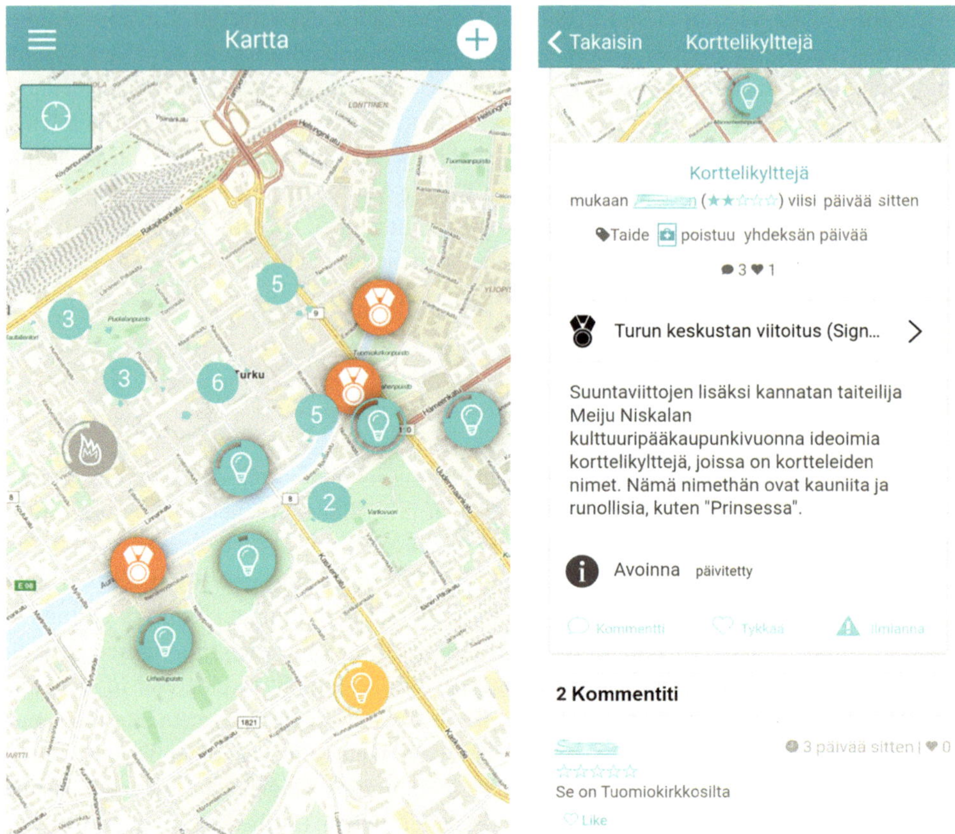

Abb. 6.1 Screenshots der mobilen Anwendung aus dem Projekt „b-Part". Der linke Teil zeigt die Karte, auf der mehrere Beiträge verortet sind. Der rechte Teil zeigt beispielhaft einen Beitrag

Allerdings zeigte das b-Part Projekt auch, dass die Erwartungen an mobile Anwendungen mittlerweile sehr hoch sind, auch was die Unterstützung verschiedener Herstellerplattformen angeht, was den Aufwand für solche unterstützenden Technologien signifikant erhöht [8]. Dies bedeutet natürlich, dass auch in diesem Anwendungsbereich Standard Usability Design-Kriterien zur Anwendung kommen müssen. Von besonderer Bedeutung sind hier die Transparenz von zugrunde liegenden Prozessen und Daten wie auch die Unterstützung von Kommunikation mit anderen Nutzern. Auch wurde im Rahmen des b-Part Projekts klar, dass digitale und mobile Technologien insbesondere dann zu einer höheren Verwendung führen, wenn auch auf Seiten der Verwaltung einfach verwendbare Dashboards bereitgestellt werden. Des Weiteren wurde bestätigt, dass Möglichkeiten der ortsbewussten Verankerung sowie von spielhaften Elementen eine wichtige und vielschichtige Rolle spielen [6].

Tablets eröffnen ähnliche Möglichkeiten wie Smartphones, was ihre technischen Möglichkeiten betrifft. Der größte Unterschied ist naturgemäß der größere Bildschirm – und hier liegen auch deren besondere Möglichkeiten in der technologisch unterstützten Bürgerbeteiligung. Insbesondere ermöglichen diese leichter als Smartphones die interaktive Zusammenarbeit, Diskussion und Ideenfindung zwischen verschiedenen NutzerInnen vor Ort. Die berührungsempfindlichen Bildschirme von Tablets können durch ihre hohe Auflösung aufwändige Grafiken, 3D-Gebäudemodelle und Simulationen in Stadtplanungsgebieten aufrufbar und erlebbar machen. Solche virtuellen Objekte können in vielen Fällen auch mittels Augmented Reality über die reale Szenerie überblendet werden und auch hier sind die größeren Bildschirme von Tablets von Vorteil.

6.2.2 Am Ort des Geschehens

Die Fähigkeit von mobilen Endgeräten zur Ortserkennung, beispielsweise über das Global Positioning System (GPS) oder auch Netzwerktriangulation, eröffnet auch im Bereich der Bürgerbeteiligung einige klare Vorteile. So können darauf aufbauende ortsbezogene Dienste (*Location-based Services*, LBS) auf einfache Weise die akkurate Verortung von Text- und Multimedia-Beiträgen ermöglichen (siehe z. B. [9–11]). Des Weiteren können durch spezielle Sensorik wie Kompasse und Beschleunigungssensoren räumlich kodierte Inhalte, wie z. B. geplante Gebäude, aus der Perspektive der BenutzerInnen präsentiert werden [12] (siehe Abschn. 6.2.5 zu dieser Möglichkeit der „erweiterten Realität").

Ortsbewusste Technologien haben auch den Vorteil, dass NutzerInnen sich nicht ständig eigeninitiativ mit verschiedenen Projekten beschäftigen müssen, sondern dass sie „spontan" vor Ort auf aktuell bestehende Diskussionen zu Plätzen und Gebäude hingewiesen werden können. Dies ist in vielen Situationen hilfreich, denn der Großteil der Bevölkerung weiß oft nicht, wie er die bestehenden Möglichkeiten am besten einsetzen kann [13–15]. Auch haben die meisten Personen nicht die Zeit sich durch den gesamten Inhalt von Beteiligungsplattformen zu klicken, um über alle Themen, die derzeit aktuell sind, Bescheid zu wissen, geschweige denn zu allen ihre Meinung zu äußern [15, 16].

Um dennoch Feedback zu Themen, die zum Beispiel die Stadtentwicklung betreffen, zu erhalten, entstand die Idee, Personen an den die Themen betreffenden Orten auf diese aufmerksam zu machen. Dafür wird zum Beispiel das Prinzip des Geo-Fencings angewandt (siehe Abb. 6.2).

[1] Eine Push-Benachrichtigung ist eine Nachricht, welche auf einem mobilen Gerät (zumeist Smartphone) erscheint. Herausgeber von mobilen Applikationen („Apps" genannt) können diese meist sehr kurzen Nachrichten jederzeit versenden. Um eine solche Nachricht zu empfangen, ist es nicht notwendig die App, welche die Nachricht betrifft, zum Zeitpunkt des Empfangens geöffnet zu haben. Push-Benachrichtigungen sehen aus wie SMS Textnachrichten, sind meistens sehr kurz gehalten und dienen zum Beispiel dazu, NutzerInnen über etwas zu informieren (z. B. über den Erhalt einer neuen Chatnachricht) oder zu einer bestimmten Aktion zu ermutigen (z. B. Herunterladen eines Coupons).

Abb. 6.2 Erklärende Abbildung zum Prinzip des Geo-Fencings. Sobald ein Nutzer den rot markierten Bereich betritt, wird eine Benachrichtigung auf das Gerät des Nutzers versendet. Eigene Darstellung

► **Definition** Grundidee hinter dem sogenannten *Geo-Fencing* [17] Konzept ist, dass sobald ein Nutzer in einen bestimmten Radius von einem Beitrag eintritt, eine Push-Benachrichtigung[1] an das Handy der jeweiligen Person verschickt wird. Diese Nachricht informiert kurz über das jeweilige Thema und lädt in den meisten Fällen die Person dann zu einer weiteren Aktivität ein, wie zum Beispiel dem Ausfüllen eines Fragebogens [18].

Ein Vorteil von Geo-Fencing ist, dass die Aufmerksamkeit von Personen durch eine Intervention erregt wird, mit welcher Nutzer von Smartphones vertraut sind. Das Eintreffen einer Push-Benachrichtigung sowie der eventuell dabei abgespielte Ton geben keinen Aufschluss darüber, welche Anwendung um Aufmerksamkeit bittet. Ausgehend von der Annahme, dass unmittelbar nach Eintreffen einer Benachrichtigung kontrolliert wird, was deren Auslöser war, erhofft man sich eine effektive Aktivierung von potenziellen Teilnehmern für einen Beteiligungsprozess. An dieser Stelle sei erwähnt, dass man bereits von Beteiligung spricht auch wenn nur Information bereitgestellt wird (Kap. 2). Ortsbezogene technologie-indizierte Unterbrechung ist demnach eine Möglichkeit, BürgerInnen auf Beteiligungsmöglichkeiten aufmerksam zu machen.

Ein weiterer Vorteil von Geo-Fencing und der (erhofften) darauffolgenden Vor-Ort-Beteiligung (im Englischen: *in-situ participation*) ergibt sich aus dem Umstand, dass wenn Beteiligung an dem Ort stattfindet, den es betrifft, so haben Personen direkten Zugriff auf eine Menge an kontextualen Informationen, die nur schwer über digitale Kanäle erreichbar wären [9]. Geht es zum Beispiel um die Planung eines Gebäudes wie einer Imbissbude, so lässt sich vor Ort in den meisten Fällen besser bewerten, ob sich die Gegend für ein solches Vorhaben eignet.

Als konkrete Beispiele, bei denen das Prinzip des Geo-Fencings zum Einsatz kam, können die mobilen Anwendungen *FlashPoll* [10] und *Action Path* [16] genannt werden. Sowohl bei FlashPoll als auch bei Action Path werden BürgerInnen über die Möglichkeit ihre Meinung zu dem Ort, den sie in dem Moment betreten haben (bzw. sich in unmittelbarer Nähe befinden), aufmerksam gemacht. Anschließend werden NutzerInnen gebeten, einen kurzen Fragebogen beziehungsweise einige offene Frage zu einem Themengebiet zu beantworten. Auf diese Weise erhoffen sich Stadtverwaltung und Stadtplaner Feedback und Impulse von Bewohnern und Anrainern zu bekommen, während diese einen direkten Bezug zu dem adressierten Thema haben. Durch die kompaktgehaltene, vorstrukturierte Vorlage soll vermittelt werden, dass einerseits die Interaktion wenig Zeit in Anspruch nimmt und andererseits jedermann teilnehmen kann, da lediglich auf vorformulierte Fragen geantwortet werden muss.

6.2.3 Partizipation hautnah

Mit Markteinführung der ersten Smartwatches wurde das Zeitalter der tragbaren (im Englischen: *wearables*) Technologien eingeleitet. Bis textile Kleidung tatsächlich im kommerziellen Bereich als Interface genutzt werden kann, wird es zwar voraussichtlich noch etwas dauern, aber die digitalen und smarten Uhren sind die ersten Vorboten dieser Entwicklung.

Die Nutzung von neuen Technologien und Interaktionskonzepten für Zwecke im Sinne der Bürgerbeteiligung hängt der Marktreife und breiten Adoption dieser Neuerungen in einigen Jahren hinterher. So wurden erst einige Jahre nach der weiten Verbreitung von Smartphones mobile Beteiligungsanwendungen eingeführt (siehe auch [19]). Vor diesem Hintergrund ist es wenig überraschend, dass im Bereich der tragbaren Technologien noch wenige Systeme existieren sowie bisher nur recht wenig Forschung durchgeführt wurde. Dabei bieten tragbare Technologien wie Smartwatches viele Vorteile. Ein oft genanntes Argument, welches niedrige Beteiligung zu erklären versucht, ist, dass Zeit ein so wertvolles Gut geworden ist und viele Menschen nicht gewillt sind, viel Zeit und Aufwand in Beteiligung zu stecken – besonders dann nicht, wenn sie nicht sicher sind, ob ihre Beiträge auch tatsächlich etwas bewirken können [20, 21]. Da Smartwatches wie Smartphones so gut wie immer und überall mit hingenommen werden, sind sie jederzeit verfügbar. Beiträge können somit jederzeit und von überall erstellt werden. Diese Vor-Ort-Beteiligung (im Englischen *in-situ participation;* siehe auch Abschn. 6.2.2) erlaubt es, noch relevantere Beiträge zu erstellen, da Beiträge nicht nur geo-referenziert werden können (d. h. Angabe der GPS-Position) sondern auch mit Bildern noch konkreter gestaltet werden können.

Im Gegensatz zu Smartphones, die meistens erst aus einer Tasche oder Hosentasche manövriert werden müssen, benötigt es im Falle von Smartwatches lediglich ein Anwinkeln des Arms, um eine Beteiligung zu starten. Auch die zahlreichen Sensoren, welche in Smartwatches integriert sind, können Beiträge von BürgerInnen bereichern (z. B. Kamera, GPS-Sensoren). Der Hauptvorteil von Smartwatches besonders in Bezug auf Vor-Ort-Beteiligung ist aber wohl, dass sie schnell erreichbar sind und dadurch auch weniger

Benachrichtigungen verpasst werden als vergleichsweise mit Smartphones [22]. Beteiligung kann somit nicht nur *on-the-go,* sondern auch *on-the-fly* geschehen. Mit diesen Ausdrücken ist die Zeitspanne gemeint, die notwendig ist, um sich aktiv zu beteiligen (z. B. seine Meinung zu einem bestimmten Thema abzugeben). Dadurch dass Interaktionen jederzeit unter- und abgebrochen werden können, um anderen Aktivitäten, welche zum Beispiel beide Hände erfordern, nachzugehen, bleibt der durch Smartwatches entstehende Ablenkungsfaktor relativ gering. Auf der anderen Seite haben Smartwatches auch Nachteile. Dazu zählen unter anderem die kleine Displaygröße, woraus sich auch die eingeschränkte Anzahl an Eingabeoptionen ergibt und – wie auch bei Smartphones – die kurze Batterielaufzeit [23].

Tatsächlich gibt es bereits einige Überlegungen, wie man tragbare Technologien gewinnbringend für Bürgerbeteiligung einsetzen könnte. Ein konkretes Beispiel dafür, wie Smartwatches Beteiligungsprozesse unterstützen können, ist die Anwendung *Change-Explorer* [24].

Beispiel

Aufbauend auf den Hauptvorteilen von Smartwatches versucht die Anwendung *ChangeExplorer* [24] schnelles, aber gleichzeitig fokussiertes Feedback von BürgerInnen zu Orten zu bekommen, an welchen Änderungen vorgeschlagen wurden. Dabei stellt die Anwendung den NutzerInnen zwei Fragen: 1) für wen der jeweilige Ort verbessert werden soll und 2) was dort verbessert oder verändert werden soll. Optional können NutzerInnen danach noch ihre Antworten durch Kommentare präzisieren. Die Aufgaben und Interaktionen wurden absichtlich einfach gehalten, um die Zeitspanne, welche für die Beteiligung notwendig ist, so gering wie möglich zu halten. Andere Gründe waren zudem, es auch Personen ohne spezielles Hintergrundwissen über den spezifischen Ort oder Kenntnisse bezüglich des Umgangs mit Technologien möglich zu machen, diese Form der Beteiligung zu nutzen. Um die Aufmerksamkeit von NutzernInnen an bestimmten Orten zu erlangen, wurden sowohl Audio- als auch haptische Impulse eingesetzt.

Neben Geräten, die über Displays verfügen (u. a. Smartwatches), ist es auch denkbar, andere Artefakte als Interfaces für Bürgerbeteiligung einzusetzen. Ein Nachteil von Gegenständen ohne Display könnte jedoch sein, dass die Form der Beteiligung zu einem gewissen Grad eingeschränkt sein könnte, da Informationen wie Bauvorschläge nicht visuell als Bilder dargestellt werden können. Diese Einschränkung bezieht sich vor allem auf kleines Displays, da Details wie Überlappungen für das Auge nicht mehr zu erkennen sind. Auch die Eingabemöglichkeiten könnten eingeschränkt oder jedenfalls recht ungewohnt sein und daher eine Weile in Anspruch nehmen, um deren Bedienung zu erlernen. Ergebnisse aus empirischen Studien suggerieren jedoch, dass viele Bewohner bereits zufrieden sind, wenn sie Zugang zu Informationen über aktuelle Pläne der Stadt erhalten [25]. Diese Personen sind zwar interaktiveren Beteiligungsformen und -möglichkeiten, welche es ihnen erlauben, sich aktiver an Entscheidungsprozesse zu beteiligen, nicht abgeneigt, halten sich aber in Bezug auf das Verfassen von eigenen Beiträgen zurück. Vor diesem Hintergrund wären auch alltägliche Gegenstände oder Kleidungsstücke, die derzeit noch in ihrer Interaktivität eingeschränkt sind, als Beteiligungsmediatoren denkbar. Zum Beispiel könnten Armbänder mit LEDs verwendet werden, um auf Beteiligungsoptionen wie geplante Baugründe aufmerksam zu machen. Ob solche Beteiligungsformen in der Lage sind, aktuelle Herausforderungen und Barrieren zu umgehen sowie Anklang in der Bevölkerung finden, muss sich noch herausstellen.

6.2.4 Öffentliche Bildschirme

In den letzten Jahren ist die Anzahl digitaler Anzeigetafeln an öffentlichen Plätzen stark angestiegen. Zunächst stieg die Zahl an statischen Informationsdisplays (im Folgenden Displays oder Screen genannt) mit Hinweisen zu Restaurants oder Navigationshilfen an Flughäfen. Mittlerweile werden diese statischen Displays zusehends durch interaktivere Versionen ausgetauscht. Dabei bezieht sich das Attribut „interaktiv" noch zumeist auf die Tatsache, dass die Displays nicht mehr statische oder rotierende Banner beinhalten, sondern nun digitale Inhalte beinhalten, welche zunehmend animiert werden. Gleichzeitig lässt sich auch ein Trend zu tatsächlich interaktiven Displays beobachten, bei denen Inhalte durch Knöpfe oder Gesten beeinflusst oder verändert werden können. So werden immer mehr Einkaufszentren mit interaktiven Navigationstafeln ausgestattet, mit denen Besucher nach bestimmten Geschäften oder Restaurants suchen können. Die Mehrheit dieser öffentlichen Displays wird derzeit zum Anzeigen von ortsrelevanten Informationen (z. B. Menükarten, Abfahrtsplänen) oder für Werbung genutzt.

Parallel zu diesem Trend – und diese auch zu einem bestimmten Grad vorantreibend – werden sowohl von der Forschung als auch von der Industrie immer mehr neue und fortgeschrittene Geräte und innovative Anwendungen für öffentliche Displays entwickelt. In Anbetracht der doch langsameren Verbreitung dieser neuartigen Displays ist es relevant zu betrachten, ob diese Geräte von der Bevölkerung angenommen werden sowie für welche Anwendungsbereiche diese Geräte einen Mehrwert bringen. Eine Studie zeigte, dass die meisten wahrgenommenen öffentlichen Displays statisch sind [26]. Von den interaktiven verfügte über die Hälfte Touchsensoren. Tatsächlich ausprobiert wurden lediglich 30 % aller öffentlichen Displays. Um also das Potenzial von öffentlichen Displays ausschöpfen zu können, benötigt es noch weiterer Maßnahmen, die den Bekanntheitsgrad und das Bewusstsein über interaktive Displays fördern [27].

Derzeit beschränkt sich die Verwendung von öffentlichen Displays noch zumeist auf Informationsscreens. Aus der Perspektive der Passanten ist deren Hauptaufgabe Zeit zu vertreiben. Vor diesem Hintergrund sind diese auch hauptsächlich an Plätzen aufgestellt, an denen Personen warten müssen. Zum Beispiel werden an Stationen von öffentlichen Verkehrsmitteln ortsbasierte Werbungen und Nachrichten sowie andere Informationen angezeigt. Bisherige Forschungsprojekte konzentrierten sich maßgeblich auf Gesten-gesteuerte Systeme [28] sowie solche, die aus der Ferne mit anderen technischen Geräten, wie unter anderem Smartphones, bedient werden beziehungsweise Inhalte an öffentliche Displays schicken können [29]. Der häufigste Anwendungskontext ist dabei Unterhaltung [30, 31].

Haben interaktive öffentliche Displays erst mal einen Platz im Bewusstsein der Bevölkerung gefunden, so werden sich diese aufgrund ihrer Auffälligkeit und ihrer Präsenz gewiss gut zur Erreichung von einer großen Zahl an BürgerInnen eignen. Umso mehr, wenn diese an öffentlich zugänglichen und stark frequentierten Orten aufgestellt werden. Beispiele, wie Beteiligungssysteme, die auf öffentlichen Displays angezeigt werden, funktionieren und aussehen könnten, gibt es schon einige (siehe einen Überblick dazu in [32, 33]). In Melbourne wurde zum Beispiel der Screen an einem der bekanntesten Aufenthaltsorte der Stadt als Display für Nachrichten, die sich BürgerInnen entweder gegenseitig schickten oder der Allgemeinheit mitteilen wollten, verwendet [34]. Dabei wurden Nachrichten via SMS oder Twitter an den Screen geschickt. Ebenfalls in Australien wurde untersucht, welche Ausstattung der Ort, an dem ein lokales Eingabegerät für einen großen öffentlichen Bildschirm platziert war, vorweisen musste, damit Passanten einerseits darauf aufmerksam wurden und andererseits auch geneigt waren, das dort bereitstehende Tablet zu benutzen [35]. Eine ähnliche Studie wurde zuvor in Österreich durchgeführt, dabei ging es jedoch weniger um die Begebenheit des Eingabeortes, sondern mehr darum, mit welcher Eingabeart Personen bereit waren, ein öffentliches Display zu bedienen und Fragen zu politischen Themen halb-öffentlich zu beantworten [36]. Im Kontrast zu den in dieser Studie verglichenen Ansätzen, um die Privatsphäre des Nutzers während der Interaktion mit einem öffentlichen Display zu schützen, verfolgten andere Forscher einen gegensätzlichen Ansatz, indem sie die Eingabemöglichkeit als Schaltflächen modellierten, auf die man treten musste, um Fragen (u. a. politisch) entweder mit „Ja“ oder „Nein“ zu beantworten [37]. Hosio et al. führten eine Reihe von Studien durch, bei denen sie jeweils die Eingabeoptionen variierten und dokumentierten, mit welchen Passanten eher interagierten und wie diese angenommen wurden [38–40] (siehe auch Abb. 6.3). Untersucht wurden

Abb. 6.3 Verwendung eines öffentlichen Bildschirms in Oulu, Finnland [41]

unter anderem Unterschiede zwischen der Verwendung von virtuellen Tastaturen direkt im öffentlichen Display und der Möglichkeit, Nachrichten via SMS, E-Mail oder Twitter an den Bildschirm zu senden.

6.2.5 Virtuelle Teilhabe

Virtual Reality (VR) erlaubt nicht nur die Präsentation der Gestalt, sondern ermöglicht auch das Ausprobieren unter verschiedenen Bedingungen oder in unterschiedlichen Umgebungen. Einige Autohersteller haben schon jetzt erkannt, dass Kunden schneller zu teuren Extras greifen, wenn sie deren Fähigkeiten vorher realistisch erleben.[2] VR kann somit helfen, Entscheidungsträgern und Planungsbetroffenen radikalere Gestaltungsideen und Innovationen im Smart Street Design näherzubringen und davon leichter zu überzeugen. Virtuelle Umgebungen sind nicht nur zur Informationsvermittlung geeignet, sondern gerade immersive Umgebungen eignen sich zur Evaluierung von Umgebung durch die späteren NutzerInnen bereits in der Planungsphase. Dies macht virtuelle Modelle zu einem geeigneten Instrument, komplexe Inhalte einem sehr heterogenen Publikum in unterschiedlichen Prozessphasen und mit unterschiedlichen Zielsetzungen zu vermitteln.

Definition Unter dem Begriff „Virtual Reality“ wird eine Reihe von gänzlich verschiedenen Techniken subsumiert. Die Bandbreite reicht hier von digital bearbeiteten Bildern bis hin zu immersiven, interaktiven 3D-Welten. Das Grundprinzip in allen Fällen ist die digitale Nachbildung einer Infrastruktur. Augmented Reality (AR) dagegen ist die Ergänzung der realen Welt mit digitalen Artefakten. So werden z. B. virtuell Objekte in das Blickfeld des Nutzers / der Nutzerin eingeblendet.

Die Anwendung von virtuellen Umgebungen in partizipativen Prozessen ist vor allem wegen zwei inhärenten Eigenschaften von VR interessant: Immersion und Interaktivität (vgl. [42]). Immersion bezeichnet dabei den Vorgang des Eintauchens in eine virtuelle Umgebung. Der Nutzer erfährt dabei im Idealfall VR oder AR „so realistisch, dass er nicht mehr zwischen realer und virtueller beziehungsweise augmentierter Umgebung unterscheiden kann“ [43]. Beide Faktoren können, aufgrund der resultierenden gesteigerten Identifikation mit geplanten Szenarien, partizipative Methoden innovativ erweitern und partizipative Prozesse inklusiver gestalten.

VR bietet weitere Qualitäten, die für partizipative Planungsprozesse von großem Vorteil sind. Die Nutzung von VR ist non-verbal, was einen niederschwelligen und direkten Einsatz erlaubt. Ebenso setzen VR-Anwendungen nicht voraus, dass Menschen zur Planung vor Ort sind, was neue „aufsuchende“ Formate der Partizipation erlaubt.

---

[2] Heise-Online. „Audi-Händler installieren Virtual-Reality-Stationen“. http://heise.de/-3054946. Zugegriffen im Dez. 2017.

Die Anwendung von VR in städtischen Planungsprozessen wurde international in vielen Projekten und Studien untersucht, jedoch nur wenige Studien (vgl. [44]) beschäftigten sich bisher mit der Anwendung von VR in realen Planungsprojekten. Die Einbindung von VR-Technologie wurde bisher für die Vermittlung von Planungsszenarien bei Projekten im Verkehrswesen untersucht [42], für interdisziplinäre Fachplanungen im Bereich urbane Mobilität (vgl. [45]) oder für die Anwendung in Bewertungsprozessen bei Architekturwettbewerben [46]. Untersucht wurde auch die Vermittlung von Planungsvarianten auf der Maßstabsebene Nachbarschaft [47] oder die Integration von VR in partizipative Planungsprozesse, über Multitouchscreens für partizipative urbane Planung [48] und um soziale und ökologische Nachhaltigkeit von Stadtplanung zu erhöhen [44]. Diese Studien zeigen, dass VR realistische Potenziale bietet, partizipative Planungsprozesse für verschiedene beteiligte Stakeholder zugänglicher zu machen und die Verlässlichkeit partizipativer Prozesse erhöhen kann [44].

Auch der Einsatz von AR wurde in einigen Studien untersucht. *AR City* [9] ist eine Augmented Reality Applikation für Android, die es ermöglicht, geplante Gebäude in realer Umgebung anzuzeigen. Untersucht wurde auch der Einsatz von Smartphone-basierter AR für die Teilnahme an urbanen Planungsevents [49]. Im Projekt „*ways2gether*“ wurde versucht, Kommunikations- und Zugangsbarrieren in partizipativen Prozessen zu verringern. Mangelndes dreidimensionales Vorstellungsvermögen, das Hineinversetzen in andere NutzerInnengruppen und die fehlende Einbindung bestimmter Gruppen wurden als Faktoren identifiziert, die Partizipation erschweren, und welche durch den Einsatz von AR und Web 2.0 Applikationen verringert werden. Abb. 6.4 zeigt eine modellhafte Nutzungssituation für die Verwendung von VR bei der partizipativen Planung eines neuen Stadtteils).

Abb. 6.4 Verwendung von VR zur partizipativen Planung eines Stadtteils (modellhafte Darstellung)

6.2.6 Vom Sensing zum Sourcing

Neben der Einhaltung von demokratischen Prinzipien ist ein weiterer Ausgangspunkt für die Entwicklung von Bürgerbeteiligungsformen, dass durch die Involvierung einer Vielzahl von Personen bessere Entscheidungen getroffen werden können (auch „wisdom of crowds" oder „civic intelligence" genannt). Als Eingabe für Entscheidungsprozesse können dabei quantitative, rohe Daten (z. B. binäre Daten wie „ja" oder „nein", Daten von Sensoren) oder eben qualitative Daten (z. B. ausformuliertes Feedback zu Anfragen der Stadtadministration oder Ideen von BürgerInnen) erfolgen. Basierend auf diesen unterschiedlichen Typen von Eingabedaten lassen sich auch die zwei derzeit sehr populären Beteiligungsformen differenzieren. In der Tat ist der Umstand, dass *Sensing* und *Sourcing* nicht unbedingt dasselbe beschreiben, nicht weitläufig bekannt. Beim Sensing werden in erster Linie quantitative Daten mittels Sensoren erhoben. Dabei handelt es sich meistens um Daten aus der Umwelt, wie zum Beispiel Luftverschmutzung, Temperatur oder auch Lautstärken.

Bei der mobilen Anwendung *StreetBump* (Abschn. 3.1.4), zum Beispiel, werden Daten nach Aktivierung automatisch von dem Accelerometer erfasst (siehe Abb. 6.5). Accelerometer sind standardmäßig in Smartphones verbaut und können winzig kleine Richtungsänderungen und somit während einer Fahrt mit dem Auto oder Fahrrad Schlaglöcher erkennen.

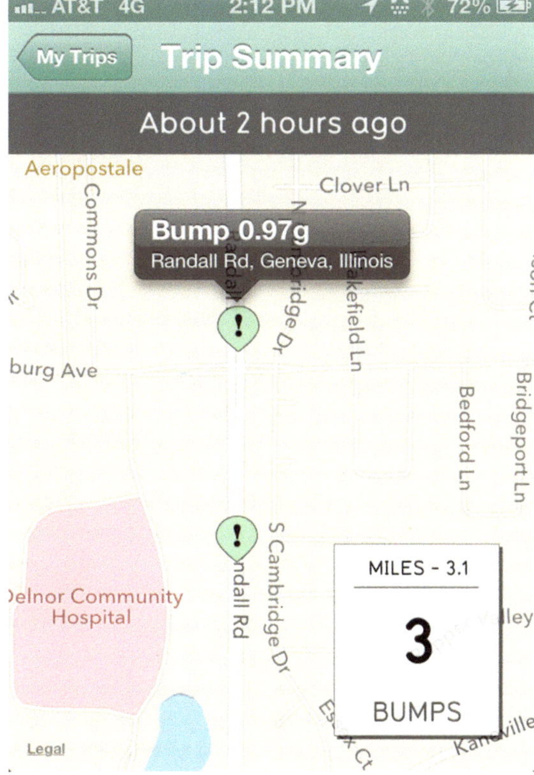

Abb. 6.5 Screenshot der mobilen Anwendung StreetBump, entwickelt von Connected Bits, LLC. (Public Works Group Blog (http://www.publicworksgroup.com))

Im Unterschied zu Sourcing-Ansätzen haben die Nutzer von Sensing-Anwendungen wie *StreetBump* in der Regel keinen Zugriff auf die Daten, die erfasst und dann weitergeleitet werden. In Sourcing-Anwendungen geben Nutzer selbstständig Daten ein, indem sie zum Beispiel Mängel melden oder Ideen vorschlagen. Anstatt automatisch erfasster Sensordaten werden in Sourcing-Ansätzen qualitative Daten manuell eingegeben.

Beispiel

Ein Beispiel einer *Crowdsourcing-* und in diesem Fall *Citizensourcing*-Anwendung ist *FixMyStreet*[3] (Abb. 6.6; Abschn. 3.1.1). Grundidee dieser Plattform ist, dass BürgerInnen Probleme und Missstände melden, die sie in ihrer Umgebung oder Nachbarschaft bemerkt haben. Meldungen bestehen dabei aus einer prägnanten Beschreibung, einem optionalen Bild[4] und sind ortsreferenziert. Wie auch bei *StreetBump* werden Meldungen direkt an die zuständige Abteilung der Stadt gesendet.

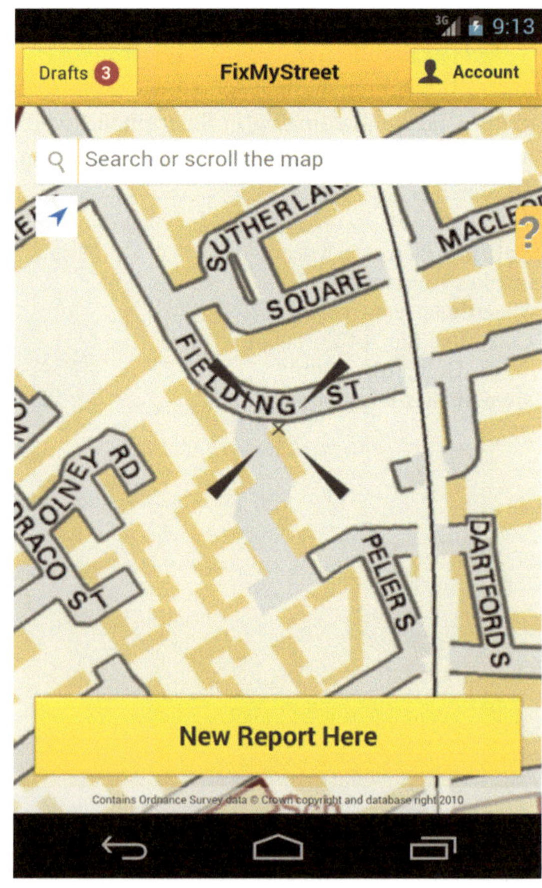

Abb. 6.6 Screenshot der Crowdsourcing-Anwendung FixMyStreet

[3] FixMyStreet. https://www.fixmystreet.com/. Zugegriffen im April 2018.

[4] Genau genommen handelt es sich auch bei der Kamera um einen Sensor. Im Beispiel von FixMyStreet geht es allerdings vor allem um die Möglichkeit, Beiträge selbstständig zu erstellen und anzupassen.

Ein weiterer kleiner, aber feiner Unterschied ergibt sich, wenn man das Wort „crowd“ oder „citizen“ durch *participatory* (also teilnehmend) ersetzt (participatory sourcing; siehe Abb. 6.7). Betrachtet man den Verlauf der Kommunikation bei den eben erwähnten Beispielen, so erkennt man einen einseitigen Informationsaustausch: BürgerInnen schicken Daten an die Stadtverwaltung; BürgerIn (***C**itizen*) -> Stadtverwaltung (***G**overnance*), *C2G*. In manchen Citizensourcing-Anwendungen, wie unter anderem bei *FixMyStreet* (siehe Abb. 6.6), veröffentlichen Mitarbeiter der Stadtverwaltung Informationen zum Stand der Bearbeitung in der Anwendung. Da hierbei allerdings in den seltensten Fällen erwartet wird, dass die BürgerInnen auf diese Hinweise reagieren, indem sie Kommentare oder Gegenvorschläge einbringen, spricht man einer sogenannten eingeschränkten zwei-Wege-Kommunikation (im Engl. *limited two-way communication*). Ist jedoch vorgesehen und erwünscht, dass BürgerInnen und Offizielle der Stadt in einen Dialog treten und gemeinsam an der Lösung eines Problems oder Umsetzung eines Vorhabens arbeiten, so spricht man von einer teilnehmenden Beteiligung bzw. *participatory sourcing*. Erfolgt ein solcher Austausch lediglich über semi-automatisch erfasste Daten, die zwar über Sensoren erfasst werden, aber vom Nutzer bearbeitet oder kommentiert werden können, handelt es sich um *participatory sensing*. Ein Beispiel für eine Anwendung, die das Konzept des participatory sourcing verfolgt, ist unterem anderem die Webplattform Bürgerhaushalt Lichtenberg.[5] Grundgedanke dieser Anwendung ist, dass Bewohner ein Mitspracherecht über die Verwendung des Budgets des Bezirks haben, in dem sie wohnen. So können Bewohner Vorschläge über verschiedenste Aspekte in Bezug auf öffentliches Zusammenleben und die Gestaltung von öffentlichem Raum über die Plattform anbringen.

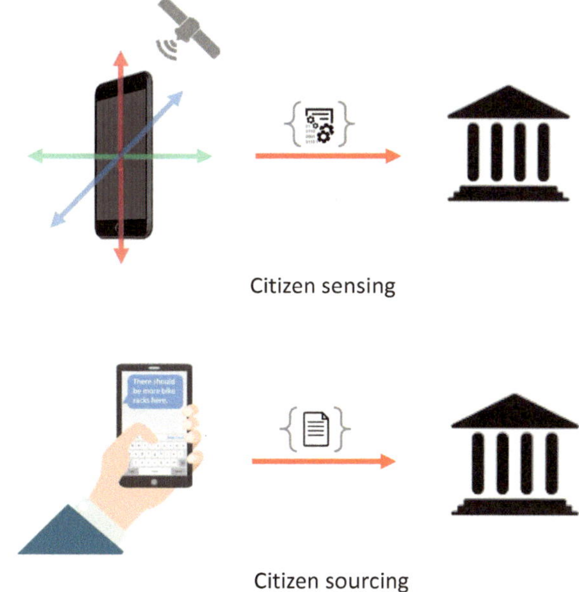

Abb. 6.7 Illustration des Unterschieds zwischen Citizensensing und Citizensourcing. Bei Ersterem werden von Gerätesensoren automatisch erfasste Daten an die Verwaltung gesendet. Bei Letzterem handelt es sich um vom Nutzer (BürgerIn) manuell erstellte Daten (z. B. Text). Eigene Darstellung

[5] Bürgerhaushalt Lichtenberg. https://www.buergerhaushalt-lichtenberg.de/. Zugegriffen im April 2018.

Diese Vorschläge werden dann von Zuständigen der Stadtverwaltung kommentiert, wobei der gesamte Entscheidungsprozess mit Datumsangabe und Angabe der zuständigen und derzeit bearbeitenden Behörde in einzelnen Kommentaren detailliert dokumentiert wird. Initiale Autoren sowie andere Bewohner können dabei jederzeit Rückfragen stellen oder Alternativvorschläge einbringen.

Zusammenfassend lässt sich festhalten, dass participatory sourcing-Anwendungen ein höheres Level an Partizipation umsetzen als citizen sensing-Anwendungen. Dies spiegelt sich unter anderem darin wieder, dass BürgerInnen ihre Beiträge aktiv gestalten bzw. verändern können, bevor diese an Verwaltungen gesendet werden. Andererseits gibt die Form der Beteiligung (hier sensing oder sourcing) keinen Aufschluss darüber, wie hoch das Level der Einflussnahme der BürgerInnen ist. Ob, zu welchem Grad und in welcher Auslegung ein Vorschlag umgesetzt wird, obliegt in den meisten Fällen immer noch der Verwaltung.

6.3 Anregungen für die nutzerInnenorientierte Entwicklung

Obwohl noch relativ jung, so hat sich Forschung rund um das Thema E-Partizipation bereits zu einer anerkannten Forschungsdisziplin entwickelt. Im Mittelpunkt steht dabei das Anliegen, die Beteiligung von BürgerInnen durch den Einsatz von IKTs zu fördern [50]. Während ein Großteil der bisher entwickelten Beteiligungsanwendungen webbasierte Plattformen (oder Webseiten) sind, die für Desktopcomputer entwickelt wurden, wird in Zukunft der Trend zu plattformunabhängigen Anwendungen gehen. In den letzten fünf Jahren wurde bereits vermehrt auf mobile Anwendungen im Bereich der Bürgerbeteiligung gesetzt [19].

Trotz der Vielzahl an entwickelten Beteiligungstools ist das Level der Beteiligung seitdem nicht signifikant gestiegen. Evaluationen haben gezeigt, dass E-Partizipationsanwendungen nicht effektiv sind und sich bisher nicht haben durchsetzen können [51, 52]. Im ersten Teil des vorliegenden Kapitels stellten wir eine Reihe technologischer Möglichkeiten und denkbarer Interaktionskonzepte vor, die geeignet sind, attraktivere Beteiligungssysteme zu entwerfen. Allerdings ist der Einsatz einer bestimmten, neuen Technologie nicht immer die Lösung. Die Frage, die bleibt, ist stets, wie Anwendungen entworfen sein müssen, um BürgerInnen und Stadtverwaltungen zu einem konstruktiven Dialog zu verhelfen und auch zu motivieren. In Kap. 3 wurden Chancen und Risiken von digitaler Bürgerbeteiligung erläutert (z. B. Lindern von traditionellen Beteiligungs- und Nutzungsbarrieren). Um tatsächlich effektive E-Partizipationsanwendungen zu entwickeln, ist es notwendig, diese Risiken und Herausforderungen zu adressieren. In diesem Abschnitt stellen wir zwei Interaktionskonzepte vor, die versprechen, die erwähnten Probleme von öffentlicher Beteiligung zu entschärfen und somit zu mehr Bürgerbeteiligung zu führen. Um diese Konzepte entsprechend zu motivieren, gehen wir auf drei Herausforderungen digitaler Bürgerbeteiligung dezidiert ein. Darüber hinaus definieren wir anhand eines Standards für Nutzerschnittstellen Prinzipien für gebrauchstaugliche E-Partizipation.

6.3.1 Aktivierung, Inklusivität und nachhaltige Verwendung

Erste Evaluationen bestehender E-Partizipationsplattformen zeigten, dass diese bislang hauptsächlich oder sogar fast ausschließlich von Personen genutzt werden, die bereits vor der Entwicklung von digitalen Partizipationsplattformen aktiv den Kontakt mit der Stadtverwaltung gesucht haben [53]. Viele von den Themen, die in diesen neuen Plattformen erschienen, waren daher der Stadtverwaltung bereits bekannt. Dies führte dazu, dass auch offizielle Seiten skeptisch gegenüber dem Wirkungsgrad von digitalen Beteiligungsplattformen wurden. Ob ein Beitrag über eine Webplattform, das Telefon oder handschriftlich eingereicht wird, macht für sie wenig Unterschied und könnte durch die doppelte Bearbeitung sogar noch mehr Ressourcen kosten als bisher. Ein zentraler Punkt für die Entwicklung von zukünftigen digitalen Beteiligungsanwendungen ist daher, dass diese auch für all diejenigen attraktiv sind, die bislang noch in keiner Weise in Entscheidungsprozesse involviert waren. Kurzum, der Wirkungs- und Einzugsbereich von digitalen Partizipationsanwendungen muss ausgedehnt werden.

Die „üblichen Verdächtigen" der Bürgerbeteiligung sind typischerweise zwischen 30 und 40 Jahre alt, männlich und haben eine höhere Schulbildung abgeschlossen [54]. Dies zeigt, dass nicht nur mehr BürgerInnen zur Beteiligung motiviert werden sollten, sondern auch die Diversität der Beteiligten verbesserungswürdig ist. Doch die Gründe, welche andere soziale Gruppen von einer aktiven Beteiligung abhalten, sind meist komplexer als traditionelle Hinderungsgründe wie zum Beispiel Mangel an Zeit.

Als die ersten digitalen Beteiligungsplattformen entwickelt wurden, waren die meisten darauf konzipiert, dass die Stadtverwaltung BürgerInnen Informationen besser zugänglich macht [55] (sogenannte „Einweg-Beteiligung"; siehe Abb. 6.8). Funktionalitäten, welche Interaktion erlauben würden, waren zunächst nicht vorgesehen. Die zweite Generation an Beteiligungsplattformen erlaubte dann BürgerInnen entweder auf Fragen der Stadtverwaltung zu antworten oder auf Probleme in der Stadt oder Nachbarschaft aufmerksam zu machen. Plattformen, die lediglich eine Einweg-Kommunikation erlauben, sind gewöhnlich

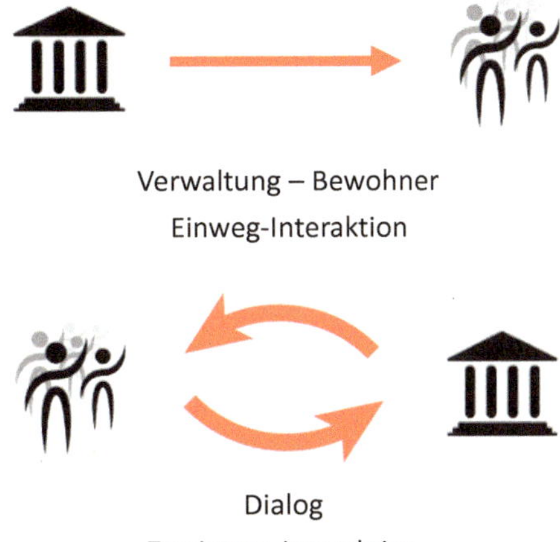

Abb. 6.8 Illustration des Unterschieds zwischen Einweg-Beteiligung und einer Zweiwege-Beteiligung. (Eigene Darstellung)

auch nur für die Partei nützlich, die die Informationen erhält. Aus diesem Grund widersprechen solche einseitig gerichteten Anwendungen einem zentralen Erfolgsfaktor für Bürgerbeteiligung. Demnach ist die Wahrscheinlichkeit der Akzeptanz von Entscheidungen höher, wenn BürgerInnen an diesen aktiv teilhaben konnten [56, 57]. Dies setzt in den meisten Fällen eine Zweiwege-Beteiligung voraus.

Um effiziente Entscheidungsprozesse zu gewährleisten, ist es notwendig, dass Personen, besonders solche, die Vorschläge eingebracht haben, dem Beteiligungsprozess über längere Zeit beiwohnen. Dadurch können einerseits Rückfragen seitens der entscheidenden oder umsetzenden Partei schneller beantwortet werden aber andererseits auch mehr Verständnis bezüglich etwaiger Entscheidungen erzeugt werden. Verwenden Bürger eine Beteiligungsplattform lediglich, um ihr Anliegen einzugeben und kehren daraufhin nicht wieder zu dieser zurück, besteht keine Chance, den Wirkungsgrad dieser Beteiligungsform zu bewerten. Aus diesem Grund sollte die Plattform bereits beim ersten Besuch den Eindruck erwecken, dass Beiträge tatsächlich von offizieller Seite Beachtung finden und idealerweise auch nach erfolgreicher Prüfung umgesetzt werden [58]. Diese angenommene Wirksamkeit ist ein zentraler Faktor in der Entscheidung, ob es sich lohnt, Zeit und Aufwand zu investieren, um ein Anliegen mittels einer digitalen Beteiligungsplattform kundzutun [59].

Neben den erwähnten Punkten, die in Bezug auf eine effektive und effiziente Einbindung von BürgerInnen zu beachten sind, sollte nicht vergessen werden, dass es durchaus Personen gibt, die sich bewusst gegen eine aktive Involvierung in öffentliche Belange oder Politik entscheiden. Auch bei Beachtung aller in diesem Abschnitt erwähnten Punkte würden diese Leute trotzdem keine Beteiligungsoptionen nutzen. Aus verschiedensten Gründen, wozu durchaus Misstrauen, mangelndes Interesse oder Zeit zählen können, bleiben manche bewusst von Maßnahmen zur Beteiligung der Bevölkerung fern. Sie ignorieren solche Möglichkeiten also vorsätzlich (im Englischen *rational ignorance*; [21]).

6.3.2 Nutzerzentrierte Entwicklung

Egal welche der in diesem Kapitel vorgestellten Interaktionsformen gewählt wurde, eine wichtige Voraussetzung für erfolgreiche E-Partizipation ist und bleibt die Einfachheit der Bedienung (die sogenannten Gebrauchstauglichkeit oder Usability), sowohl für die sich beteiligenden BürgerInnen als auch für die MitarbeiterInnen der öffentlichen Verwaltung, die die Anregungen bearbeiten müssen (vergleiche auch E-Democracy Prinzipien des österreichischen Bundeskanzleramts; [60]). Beide NutzerInnengruppen haben nur begrenzte Aufmerksamkeitsressourcen für die Teilnahme an Beteiligungsverfahren. Die angebotene Nutzerschnittstelle (im Englischen *User Interface*) sollte NutzerInnen daher die bestmögliche Konzentration auf Themen und Inhalte ermöglichen, anstatt durch komplizierte Beschreibungen oder unklare Navigationsstrukturen abzulenken. Neben der Sicherstellung einer hohen technischen Performanz (wie geringe Systemreaktionszeiten, siehe [61]) sollten etablierte Standards konsequent berücksichtigt werden, wie beispielsweise der „Prozess zur Gestaltung gebrauchstauglicher Systeme" (ISO 9241-210). Was die eigentliche Gestaltung der NutzerInnenschnittstelle angeht, gibt es eine Reihe von etablierten Design-Prinzipien [62]. In der folgenden Infobox werden die wichtigsten Prinzipien vorgestellt und in den Kontext von E-Partizipationsanwendungen gesetzt.

Prinzipien für gebrauchstaugliche E-Partizipation

Flexibilität: Da Bürgerbeteiligungssysteme möglichst viele NutzerInnen einbinden sollten, müssen viele Zugänge geboten und diese auf verschiedene Interaktionsformen zugeschnitten werden (vgl. auch die Abschn. 6.2 und 6.3.2). Der Diversität der Benutzer sollte auch durch entsprechende Personalisierung nachgekommen werden, wie z. B. durch die Darbietung selektiver Nachrichten.

Verwendung der Sprache der BenutzerInnen: Bei E-Partizipationsplattformen sollten Prozesse und Fachtermini der Stadtplanung oder -verwaltung grundsätzlich einsehbar sein, aber die bei erster Systemverwendung verfügbaren Begrifflichkeiten sollten dem allgemeinen Wortschatz angehören. Die verwendete Sprache sollte auch für Laien verständlich sein.

Effizienz: Der Kontext des Themas oder Projekts, an dem BürgerInnen mitwirken wollen, sollte so verfügbar gemacht werden, dass relevante Zusammenhänge möglichst übersichtlich dargeboten sind und Änderungsvorschläge leicht gemacht werden können. Dazu zählt zum Beispiel auch, dass Kommentare zu Bauprojekten, die oft räumliche Informationen enthalten, auch mittels Karten eingebbar werden sollten, nicht nur mittels Text und Formularen.

Transparenz: Gerade in Systemen für die BürgerInnenbeteiligung sollte klar dargestellt werden, welche Schritte als Nächstes folgen und wo bestimmte Informationen gefunden werden können. Es sollte bei jedem Interaktionsschritt innerhalb eines E-Partizipationssystems offengelegt werden, wie und bis wann die gegebenen Vorschläge bearbeitet werden und entsprechend Rückmeldung gegeben wird.

Kontrolle und Fehlertoleranz: NutzerInnen sollten zu jedem Zeitpunkt die Kontrolle über die Systemdialoge behalten können. In dieser Hinsicht sollte vor allem das Vor- und Zurückspringen bei Formularen möglich sein und es sollte die Benutzung unterbrochen und später an der gleichen Stelle wieder aufgenommen werden können [60].

Konsistenz: Die Elemente der Anwendungen eines E-Partizipationssystems müssen kohärent hinsichtlich ihrer Darstellung und Interaktionslogik sein und ähnliche Vorgänge sollten ähnlich durchführbar sein [60]. Selbst wenn ein Partizipationsprozess mehrere bisher getrennt entwickelte Datenstrukturen und Plattformen übergreift, sollte es ein gemeinsames Konzept zur Darstellung und NutzerInnenführung geben.

6.3.3 Aktivierung durch Gamification

Ein Ansatz, der vor allem im Bereich der Stadtplanung schon seit vielen Jahren bekannt ist, welcher aber erst seit Kurzem in einer abgewandelten Form Einzug in digitalen Beteiligungsanwendungen hält, basiert auf der Integration von spielerischen Komponenten. Dieses Konzept wird als *Gamification* (oder Spielifizierung) bezeichnet.

▶ **Definition** Gamification beschreibt die Verwendung von spieltypischen Elementen und Mechaniken in nicht-Spiel Kontexten [63]. Das Ziel dabei ist, die Motivation von NutzerInnen zu einem gewünschten Verhalten zu beeinflussen. In den meisten Situationen und Anwendungen soll Gamification zu einer verstärkten Nutzung eines Systems oder eines Services verhelfen. Die am häufigsten verwendeten Spielelemente sind dabei Punkte, Highscore-Listen, Badges und Levels [18].

6.3.3.1 Gründe für die Anwendung von Gamification

Einer der Hintergründe für die Verwendung von spielähnlichen Systemen ist, dass diese ein sicheres Umfeld bieten, um bestimmte Szenarien auszuprobieren. So können zum Beispiel verschiedene Planungsszenarien simuliert werden und deren Auswirkungen miteinander verglichen werden, ohne dass dafür reale Ressourcen (u. a. Material und Zeit) aufgebracht werden müssen. Für diese Zwecke wurden auch Produkte aus dem Handel herangezogen; *SimCity* ist hierfür eines der bekanntesten Beispiele [64].

Gemeinschaftliches Reflektieren und Lernen

Ein weiteres zentrales Argument für die Integration von spieltypischen Komponenten in Beteiligungsanwendungen begründet sich in der Annahme, dass das Spielen eine Form des Lernens ist [65, 66]. Unter anderem durch Vorgänge wie das oben beschriebene Ausprobieren von Szenarien lernen Spielende bestimmte Zusammenhänge, die sie im weiteren Verlauf des Spiels oder im realen Leben in die Praxis umsetzen können. Aber nicht nur die Spielinhalte können Lernprozesse anregen, sondern auch MitspielerInnen und andere NutzerInnen [67]. Durch die Interaktion mit anderen NutzerInnen und Diskussionen können soziale Normen und Verhaltensweisen erlernt werden (engl. *civic learning* [68]). Darüber hinaus ermöglicht ein Austausch mit anderen BürgerInnen ein tieferes Verständnis für deren Sichtweisen und Probleme (im Englischen: *collective reflection* [69]). Dieser Austausch soll dazu beitragen, nicht nur über andere Perspektiven Bescheid zu wissen, sondern diese auch zu antizipieren, analysieren und zu respektieren. Offene Diskussionen über Meinungsverschiedenheiten helfen zudem dabei, eigene kommunikative Fähigkeiten wie zum Beispiel das Darbringen und Verteidigen von Argumenten zu erlernen. Dabei kann es in manchen Situationen schon hilfreich sein, an diesen Diskussionen nur passiv – also ohne selbst aktiv durch eigene Beiträge in die Diskussion einzugreifen – teilzunehmen.

Soziale Interaktion als Spielelement

Der soziale Aspekt, der besonders bei Zweiwege-Beteiligung und somit kommunikativen Beteiligungsplattformen im Vordergrund steht, ist ein weiterer Faktor, welcher für den Einsatz von spielerischen Elementen in diesem Kontext spricht. Während soziale Interaktion vielleicht nicht auf den ersten Blick als klassisches Spielelement erkennbar ist, so wird dieses von einigen Forschern als solches gesehen. Tatsächlich existieren zwei Referenzrahmen zur Definition von Spielelementen [70]. Auf der einen Seite gibt es die einschränkende Definition (im Englischen: *constrained*), welche nur Elemente als Spielelemente kennzeichnet, die ausschließlich in Spielen vorkommen. Auf der anderen Seite die liberale Definition, welche alle Elemente als Spielelemente kennzeichnet, die auch außerhalb von Spielen vorkommen. Da soziale Interaktion Hauptbestandteil von sozialen Netzwerken ist, zählt dieses Element lediglich unter der letzteren Definition zu den Spielelementen.

Soziales Bewusstsein

Neben dem Verbessern von kommunikativen Fähigkeiten kann die Gelegenheit des Austauschs mit anderen BewohnerInnen über Themen auch dazu beitragen, Interessengemeinschaften zu bilden und eventuell zu einem späteren Zeitpunkt gemeinsam für eine Sache einzutreten. Während es dafür nicht zwingend erforderlich ist, tatsächliche Namen der NutzerInnen anzuzeigen, sollte die Plattform einerseits alle Kommentare öffentlich sichtbar machen und andererseits auch die Nutzernamen neben den entsprechenden Beiträgen anzeigen. Bezüglich des Einflusses von Anonymität auf Partizipation sowie des Herausbildens von Gemeinschaften gibt es im Bereich der Bürgerbeteiligung noch sehr wenig Forschung.

Eine Reihe von Studien mit anderen Onlinegemeinschaften kommt zu gegensätzlichen Ergebnissen [71, 72], was die weitere Erforschung von Einflussfaktoren nahelegt. Während zum Beispiel eine Studie zu dem Schluss kommt, dass anonyme Nutzer weniger (höfliche) Antworten auf ihre Beiträge erhalten [73], ermittelt eine ähnliche Studie, dass Anonymität keinen Einfluss auf das Beteiligungsverhalten hat [74]. Die beiden zitierten Studien wurden mit Plattformen durchgeführt, die sich in ihrem Anwendungskontext unterscheiden. Ausgehend von Ergebnissen bezüglich des Einflusses von Anonymität auf das Verhalten von NutzerInnen von Onlinespielen sowie denen im Kontext von digitaler Bürgerbeteiligung gehen wir davon aus, dass Anonymität auch in spielifizierten Bürgerbeteiligungsumgebungen einen Einfluss auf das Beteiligungsverhalten haben könnte. Zukünftige Studien sollten diese eventuellen Auswirkungen genauer untersuchen.

Aufbauen von Vertrauen

Eine weitere Schwelle zur aktiven Beteiligung adressieren Gordon und Baldwin-Philippi, indem sie hervorheben, dass die Kontextualisierung und Analyse von Handlungen im Rahmen von Bürgerbeteiligung (d. h. Ideen und Kommentare) bezüglich geplanter Maßnahmen und derer potenziellen Auswirkungen auch zu Stärkung von Vertrauen führt [75].

In ihrer Argumentation verweisen die Autoren auf BürgerInnen, die eigene Ideen vorschlagen und Vorschläge anderer kommentieren. Dieser zum Teil recht offene Austausch über private Meinungen erfordert zwei Arten von Vertrauen. Zuerst benötigt es Zuversicht, dass MitbürgerInnen diese Beträge zur Kenntnis nehmen, kommentieren und gegebenenfalls diese sogar unterstützen. Dieser Glaube an die Unterstützung durch MitbürgerInnen wird als laterales Vertrauen bezeichnet [75]. Die zweite Art von Vertrauen kommt während und nach dem Einreichen von Vorschlägen und Anbringen von Mängeln zum Tragen. Durch eine aktive Beteiligung signalisieren BürgerInnen den (lokalen) Behörden ihr Vertrauen, dass diese ihnen zuhören und ihre Standpunkte betrachten werden (vertikales Vertrauen). Eine wesentliche Voraussetzung für die Teilnahme an politischen oder öffentlich relevanten Aktivitäten ist der Glaube der BürgerInnen, dass ihre Teilnahme einen Unterschied machen kann und ihre Bestrebungen nicht vergebens sind [76]. Dieser Glaube bzw. diese Zuversicht wird als politische oder bürgerschaftliche Wirksamkeit bezeichnet (im Englischen *political efficacy*). Obgleich diese Bedingung Vertrauen ähnlich ist, bezieht diese angenommene Wirksamkeit zudem den Glauben der BürgerInnen an die Bedeutung ihrer Handlungen als Einstiegspunkt für aktives Engagement mit ein.

Auch Spiele wurden als hochwirksamer Sozialisierungsmechanismus beschrieben [77]. Durch das Verfolgen von Diskussionen und die Interaktion miteinander wird nicht nur gegenseitiges Verständnis und Vertrauen aufgebaut, sondern es kann zudem das Bilden von Gemeinschaften [78] und soziales Lernen fördern [79, 80]. Durch die Kenntnisnahme von Bedenken anderer BürgerInnen und das Bestreben, die dahinterstehenden Begründungen zu verstehen, erlangen BürgerInnen ein besseres und breiteres Verständnis über Aspekte, mit denen eine Gemeinschaft konfrontiert ist, und welche Stadtplaner und Politiker zu berücksichtigen haben. Diese Reflexion und Auseinandersetzung ermöglicht es ihnen, einen gemeinsamen Schatz von Werten, Ambitionen und Interaktionsweisen aufzubauen sowie die Umsetzung von Strategien zu verfolgen und zu bewerten [81].

Beteiligung steigern

Ein zentrales Ziel hinter der Verwendung von Gamification ist das Steigern der Engagiertheit von NutzerInnen [63]. Dazu zählt vor allem, dass NutzerInnen einen Dienst oder ein Produkt verstärkt verwenden. Um dies zu erreichen, streben Gamification-Ansätze die Motivation von NutzerInnen zu einem erwünschten Verhalten an. Anders als bei persuasiven Strategien sollen dabei jedoch nicht die Einstellungen von Personen verändert werden [82, 83]. Neben diesem rationalen Effekt soll die Integration von spielerischen Komponenten das Benutzen der Plattform auch unterhaltsamer machen [84]. Trotz des Anliegens, dass der Partizipations-Kontext im Vordergrund bleiben soll, sind einige ForscherInnen der Meinung, dass es durchaus angemessen ist, die Unterhaltsamkeit im Rahmen des Ziels Bürgerbeteiligung zu fördern und diese mit Spaß zu verbinden [85]. In dem Zusammenhang kann Spaß auch eine Motivationsquelle darstellen, die in weiterer Folge zu einer breiteren Nutzung von Beteiligungsanwendungen führen kann.

6.3.3.2 Beispiele

Bevor Beispiele für spielifizierte Beteiligung angeführt werden, ist es zweckmäßig, den Begriff „Gamification“ zu differenzieren. Diese Differenzierung basiert auf zwei Sichtweisen des „Spielens“, welche vor allem von Caillois geprägt wurden [86].

Hintergrundinformation

In der deutschen Sprache erfolgt keine Unterscheidung zwischen regelbasierten Spielen, die meist ein definiertes Ziel oder Ende haben (*ludus*), und explorativem „Spielen“ (*paida*) [86]. Die Abgrenzung zwischen den beiden Konzepten ist nicht immer eindeutig. Als Beispiele für regelbasierte Spiele lassen sich unter anderem teambasierte Sportarten wie Fußball sowie die allermeisten Brettspiele (z. B. Monopoly) anführen. Spielen hingegen ist eine Aktivität, die sich vor allem bei Kindern beobachten lässt. Im Gegensatz zum Spiele spielen geht es beim „reinen“ Spielen nicht darum, bestimmte Ziele oder Ergebnisse zu erreichen, sondern rein um unterhaltsamen Zeitvertreib. Spielen wurde weiter als ungezwungene und unbestimmte Aktivität bezeichnet, die meist aus Selbstinitiative entsteht und selten produktiv ist [86–88].

Um die Bevölkerung zu mehr Beteiligung zu motivieren, kamen bereits sowohl ludus- als auch paida-basierte Ansätze zur Anwendung.

Per Definition erlauben verspielte Anwendungen ein freies und offenes Spielen. Gewöhnlich erlauben sie es den Spielern sich auszudrücken, indem sie beispielsweise Artefakte erschaffen oder Möglichkeiten und Umgebungen durch Ausprobieren erforschen. In den meisten Fällen sind spielerische Anwendungen für EinzelspielerInnen ausgelegt. In gewisser Weise werden Regeln beim Spielen nur notwendig, wenn man mit oder gegen jemanden spielt. Dann dienen Regeln dazu, das Spiel zu definieren und koordinieren. Sobald mehrere Spieler involviert sind, ergibt sich die Möglichkeit gegen einander zu konkurrieren oder miteinander zu kooperieren.

Kooperation und Wettkampf sind eher die Ausnahme beim offenen Spielen (paida), aber die Regel bei Spielen (ludus). Bei Letzteren vergleichen zum Beispiel einzelne Spieler ihre Ergebnisse (z. B. Entwürfe, erworbene Fähigkeiten) oder konkurrieren um bessere Bewertungen (z. B. Einreichen eines Designs zu einem Wettbewerb). Im Gegensatz zur traditionellen Gamification arbeiten spielerische Ansätze weniger mit konkreten Spielelementen, sondern mehr mit Mechaniken und Dynamiken, um das Nutzen der Anwendung unterhaltsamer zu gestalten. Dabei zielen die Spielelemente auch bewusst darauf ab, dass die Beteiligung mit der Anwendung Spaß macht.

Paida-basierte Beteiligungsanwendungen

Bei den paida-basierten Ansätzen handelt es sich zum Großteil um Plattformen, die den NutzerInnen erlauben, einen öffentlichen Platz oder eine Stadt nach ihren Vorstellungen zu gestalten. In der Anwendung „*B3 – Design your Marketplace*", die speziell für einen real existierenden Markplatz entworfen wurde, können NutzerInnen mittels Drag-and-Drop den Platz mit verschiedensten Artefakten (z. B. Parkbänke, Spielgeräte, Markstände) so gestalten, wie sie den Platz gerne vorfinden würden [89]. Neben diesem Baukastenelement bietet die Plattform zudem die Bewertung einzelner Designs durch andere NutzerInnen sowie einen „kleinen Helfer", welcher, sofern gewünscht, über Funktionen der Plattform aufklärt. Während die Spielelemente sowohl von jüngeren NutzerInnen als auch älteren prinzipiell angenommen wurden, merkte die Autorin an, dass Entscheidungen, welcher Vorschlag nun umgesetzt werden sollte, schwerfielen, da in manchen Fällen Zweifel darüber bestand, ob bestimmte Entwürfe ernst zunehmen seien oder ob der jeweilige Nutzer lediglich mit dem Tool „herumspielte".

Diese Ungewissheit, ob Eingaben von BürgerInnen ernst gemeinte Wünsche oder nur Resultat von Spielereien und Experimenten sind, ist eine der Hauptschwachstellen von paida-basierten Beteiligungsplattformen. Auch die Plattform *Streetmix*[6] verdeutlicht dieses Problem (siehe Abb. 6.9). Während das Software-Tool zum Design für Straßenlayouts bereits erfolgreich zur Umgestaltung von zahlreichen Straßen in den Vereinigten Staaten verwendet wurde, wird die frei verfügbare Webseite, unter der das Tool erreichbar ist, vorwiegend dazu genutzt auszuprobieren, was alles mit den zur Verfügung stehenden Elementen möglich ist oder es werden existierende Straßen nachmodelliert. Zusammenfassend lässt sich sagen, dass bisherige paida-Ansätze vor allem auf das Bedürfnis mancher Menschen setzen, kreativ wirken zu können und so ihre Wünsche und Ideen visuell darstellen zu können.

[6] Streetmix. https://streetmix.net/. Zugegriffen im April 2018.

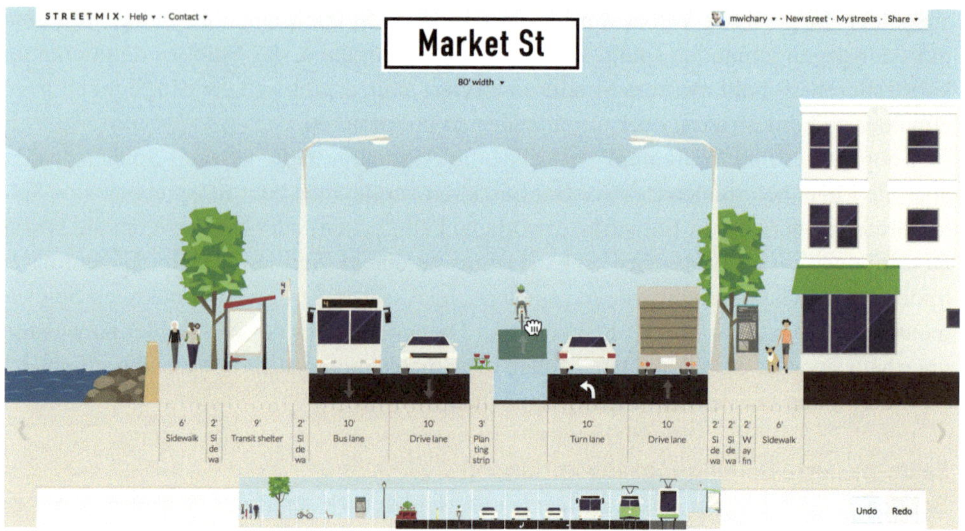

Abb. 6.9 Screenshot der Webanwendung *Streetmix*, mit der Straßenlayouts durch Drag-and-Drop entworfen werden können. Screenshot von https://streetmix.net/-/571588

Ludus-basierte Beteiligungsanwendungen

Obgleich weniger populär, gehören Simulations- und Strategiespiele dennoch zu den am weitesten verbreiteten Spielegenres. Viele davon haben Städte oder Stadtplanung als Hauptthema (z. B. SimCity, CityOne,[7] BlockHood[8]). Während sie zunächst ausschließlich für hedonische Zwecke (also zur Unterhaltung) entworfen wurden, werden diese immer häufiger eingesetzt, um die Ausbildung von StadtplanerInnen anschaulicher zu gestalten sowie verschiedene Szenarien und deren Auswirkungen zu simulieren [64]. Das Potenzial dieser Spiele wurde bald erkannt und sie werden nun vermehrt eingesetzt, um ernsthafte und damit utilitaristische Zwecke zu unterstützen (z. B. für Stadtplanung und Bürgerbeteiligung).

Die Idee, Spiele und deren zugrundeliegenden Konzepte für Bürgerbeteiligung zu nutzen, existiert schon seit geraumer Zeit. Das erste städtebauliche Spiel wurde bereits in einem Buch über ernsthafte Spiele, welches 1972 erschien [90], beschrieben. Im Laufe der nächsten drei Jahrzehnte wurden viele weitere sogenannte Zivilspiele (oder zivile Spiele) entwickelt (vgl. [26]; im Englischen *civic games*). Beliebte Genres für Zivilspiele sind Rollenspiele und Simulationsspiele. Das Annehmen von verschiedenen Rollen hilft den BürgerInnen, gegensätzliche Perspektiven zu erfassen und eventuell zu verstehen. Dieser Prozess unterstützt die Ausprägung von Empathie und erhöht bestenfalls schließlich die Wahrscheinlichkeit, dass BürgerInnen Entscheidungen gemeinschaftlich tragen und sogar unterstützen.

---

[7] IBM CityOne. http://www-01.ibm.com/software/solutions/soa/innov8/cityone/index.html. Zugegriffen im April 2018.

[8] Blockhood. https://www.plethora-project.com/blockhood/. Zugegriffen im April 2018.

Beispiel

Das zivile Spiel *Participatory Chinatown* veranschaulicht dieses Prinzip [67]. Nach dem Start des Spiels schlüpfen Spieler in die Rolle eines virtuellen Bewohners. Mittels dieses Avatars können die Spieler die Spielwelt erforschen. Die Spielwelt ist in dem Fall ein Modell eines tatsächlich existierenden Stadtbezirks. Während des Spiels werden die Spieler ermutigt, Quests zu meistern (z. B. eine Arbeit finden). Jeder Charakter hat eine persönliche Geschichte, Fähigkeiten und Anforderungen, die die Schwierigkeit der gestellten Aufgaben sowie das Erleben des städtischen Alltags beeinflussen. SpielerInnen können mit anderen Charakteren interagieren, welche entweder Non-Player-Characters (kurz NPCs[9]) oder andere SpielerInnen sind. Dabei können sie unter anderem Ideen diskutieren, wie die Situation von speziellen Gruppen oder gar der ganzen Nachbarschaft verbessert werden kann.

Beispiel

Ein weiteres Rollenspiel ist *YouPlaceIt* [91]. Dieses Spiel basiert auf der spielerischen Anwendung *B3 – Design your Marketplace* ([89]; kurz B3). Im Gegensatz zu B3 sind alle Regeln und Einschränkungen aus dem echten Leben gegriffen. So wird unter anderem eingeschränkt, an welchen Positionen bestimmte Artefakte von unterschiedlichen Charakteren (bzw. Rollen) platziert werden können. Diese Regeln legen zudem fest, welcher Spielertyp (i. e. BürgerIn, VertreterIn) welche Handlung vornehmen kann. Das Ziel des Spiels ist es für jede/n SpielerIn, Aufgaben mit minimalem Budget, Aufwand und entstehendem Konflikt zu erfüllen. Um Kooperation zu fördern, können einige Aufgaben lediglich durch Zusammenarbeit gemeistert werden. Dadurch soll den SpielerInnen zudem gezeigt werden, wie man Konsens erreichen kann.

Simulationsspiele ermöglichen es BürgerInnen und StadtplanerInnen, Szenarien zu testen und zu erforschen, welche Auswirkungen bestimmte Interventionen oder vorgeschlagene Ideen auf verschiedene Aspekte des städtischen Lebens haben könnten. Ein Beispiel für dieses Konzept ist das Spiel *NextCampus* [92]. Das Spiel basiert auf einer echten Begebenheit und sollte verschiedene Sichtweisen bezüglich einer geplanten Umsiedlung eines Hamburger Universitätsgebäudes veranschaulichen. Während die Integration von spielerischen Elementen positive Effekte, wie unter anderem die Förderung der Motivation und das Lernen über die Besonderheiten des geplanten Bereichs hatte, so bewerteten Nutzer das Spiel als insgesamt zu komplex. Da die Anwendung spielerisches Ausprobieren und Erforschen erlaubt, gestaltete sich die Unterscheidung zwischen ernsthaften Vorschlägen und bloßen „Spielereien" immer wieder schwierig.

Bis vor kurzem konzentrierte sich der Großteil der Forschung bezüglich ziviler Spiele auf die Entwicklung von entweder ernsten Spielen oder vollwertigen Spielen. Dabei lag der Fokus hauptsächlich und fast ausschließlich auf dem Spiele-Konzept (d. h. wie können

[9] Charaktere in einem digitalen System (z. B. Computerspiel), welche nicht von NutzerInnen, sondern dem System oder einer künstlichen Intelligenz gesteuert werden. NutzerInnen können in den meisten Fällen mit diesen Charakteren interagieren.

Spiele verschiedene Arten der Teilnahme unterstützen [93] oder die Erforschung, wie spielerische Ansätze Beteiligungsprozesse unterstützen können). In den letzten Jahren hat sich das Forschungsinteresse zunehmend in Richtung zivilgesellschaftlichen Lernens und kollektiver Reflexion entwickelt. Zusätzlich rückt das Interesse auf die Schaffung von Möglichkeiten BürgerInnen eine Umgebung zu bieten, welche es ihnen erlaubt, ihr Verständnis von städtischen und politischen Themengebieten zu vertiefen und zu bereichern sowie sich Wissen über die wichtigsten Akteure und Rollen in einer Regierung oder Verwaltung anzueignen [59].

6.3.3.3 Forschungsstand und Ausblick

Der Erkenntnisstand zur Anwendung von Gamification in der E-Partizipation ist noch recht limitiert. Obwohl bereits einige spielifizierte Beteiligungsanwendungen entwickelt wurden und diese in Hinblick auf die generelle Akzeptanz des spielerischen Aspekts evaluiert wurden, gibt es bis heute noch sehr wenige Untersuchungen, welche die Auswirkungen von einzelnen spielerischen Komponenten erforscht haben. Eine Ausnahme stellt hier die Arbeit von Thiel und Ertiö [94] dar. Während eine fast zeitgleiche Arbeit aus Italien den Eindruck erweckt [95], dass Gamification im Kontext von Bürgerbeteiligung durchaus sinnvoll sein kann, sind die Ergebnisse von Thiel und Ertiö eher ernüchternd. Letztere Ergebnisse deuten darauf hin, dass BürgerInnen sich im Rahmen von Beteiligungsprozessen wenig aus Spielelementen machen, sondern sich hauptsächlich auf die Themen konzentrieren, die sie gerne bei der Stadtverwaltung oder der Gemeinschaft anbringen möchten. Insbesondere Belohnungssysteme scheinen im Kontext von Bürgerbeteiligung wenig geeignet zu sein. Dies lässt sich unter anderem darauf zurückführen, dass Beteiligung, welche eine demokratische Handlung darstellt, aus freien Stücken stattfinden sollte. Das Vergeben von Belohnungen oder auch Anreizen, so wird argumentiert, könnte Ähnlichkeit mit Bestechung haben oder sogar dem Kaufen von Stimmen gleichgesetzt werden. Dieses Ressentiment, aber auch der spielerische Charakter allein, bewegt den Großteil der Bevölkerung eine Vermischung von Spielen und Bürgerbeteiligung grundsätzlich abzulehnen. Für sie symbolisiert Beteiligung den Inbegriff von Demokratie, welcher nicht durch „Spielereien" abgewertet werden sollte. Es gibt jedoch auch Personen, die sich durchaus vorstellen könnten, spielifizierte Beteiligungsanwendungen zu nutzen. Ihrer Meinung nach könnten Spielelemente Beteiligungsprozesse interessanter gestalten und dabei auch die Motivation von BürgerInnen steigern, sich zu engagieren. Grundsätzlich ließ sich allerdings kein Zusammenhang zwischen der Nutzung von spielifizierten Beteiligungsplattformen und der Haltung gegenüber diesem Ansatz erkennen.

Während Punktesysteme und Wettbewerbsfunktionen in Beteiligungsplattformen wenig bis gar keinen Anklang fanden, zeigte sich, dass einige Spielelemente durchaus Potenzial zur Unterstützung von Beteiligungsprozessen sowie möglicherweise der Steigerung von Beteiligung haben. So wurde gezeigt, dass zum Beispiel Elemente, welche Zeitdruck oder Knappheit suggerieren, das Potenzial zur Steigerung von Beteiligung haben. Am vielversprechendsten für den Einsatz in Bürgerbeteiligungsanwendungen erwiesen sich jedoch Elemente und Mechaniken, welche soziale Komponenten unterstützen. In diesem

Zusammenhang wurde gezeigt, dass Reputationssysteme, welche es erlauben, den Status bzw. das Ansehen eines Nutzers oder einer Nutzerin in der Nutzergemeinschaft zu bewerten, eine positive Auswirkung auf das Beteiligungsverhalten haben. Gleichzeitig wurde auch ein Zusammenhang zwischen sozialer Wertschätzung und aktiver Beteiligung nachgewiesen. So verfassten diejenigen Nutzer, die viele positive Bewertungen für ihre Beiträge bekamen, mehr Kommentare und Beiträge als solche, die weniger oder gar keine Bewertungen erhielten.

Insgesamt scheinen spielähnliche Ansätze am wirkungsvollsten bei jungen Menschen zu sein sowie bei denjenigen, die generell offen für Spiele sind und diese gerne spielen. In Anbetracht der Tatsache, dass viele dem Konzept der spielifizierten Beteiligung kritisch gegenüberstehen, sollte dieser Ansatz am ehesten in Kontexten zur Anwendung kommen, in denen vorwiegend junge Leute adressiert werden (sollen).

6.3.4 Automatisiertes Feedback

Basierend auf Erkenntnissen aus ersten Studien, dass sich MitarbeiterInnen der Stadtadministration relevantere und zum Teil besser qualifizierte Beiträge von BürgerInnen wünschen, zielt ein Ansatz darauf ab, BürgerInnen Informationen und Feedback zu ihrem Beitrag zu liefern noch bevor dieser zur Bearbeitung an offizielle Stellen weitergeleitet wird. Anstelle einer manuellen Bearbeitung kann eine Vorabevaluierung von Beiträgen mittels Verwendung von offenen Daten automatisiert erfolgen.

Bisherige Studien haben gezeigt, dass Partizipationssysteme eher von Bürgerinnen und Bürgern akzeptiert werden, wenn Anfragen von den zuständigen Behörden zeitnah beantwortet werden (zusätzlich zu den Faktoren Benutzerfreundlichkeit der Software, Vertrauen in die Politik etc.) [96–99]. Damit BürgerInnen überzeugt sind, dass ihre Anliegen ernstgenommen werden, ist sinnvolles Feedback seitens der Behörden unumgänglich [100]. Unter anderem ist es essenziell, dass offizielles Feedback zeitnah erfolgt. Aktuelle Partizipationssysteme liefern derzeit noch nicht schnell genug Feedback, die Möglichkeiten digitaler Technologien werden nur unzureichend ausgeschöpft. Wie in [101, 102] gezeigt wird, lösen interaktive Partizipationssysteme langsam aber doch traditionelle Einweg-Kommunikationslösungen ab, jedoch agieren diese Lösungsansätze noch nicht schnell genug [103]. Die Umsetzung zeitnahen Feedbacks wird oft durch die mentale Einstellung der zuständigen Behörden erschwert, welche die Beiträge der BürgerInnen bearbeiten müssen. Diese werden oft als naiv bzgl. der organisatorischen, ökonomischen und ökologischen Implikationen wahrgenommen [92]. Wird beispielsweise ein spezifischer Ort für eine Busstation vorgeschlagen, so werden grundsätzliche Überlegungen bzgl. Verkehrsaufkommens, straßenbaulicher Einschränkungen etc. in den Vorschlägen der BürgerInnen oft nicht berücksichtigt. In solchen Fällen ist es daher unumgänglich, den BürgerInnen die grundlegenden Auswirkungen ihrer Vorschläge näherzubringen. Die Autoren in [92, 104] schlagen daher vor, den BürgerInnen automatisiertes Feedback bereitzustellen (siehe das allgemeine Konzept sowie eine beispielhafte Realisierung in der Nutzerschnittstelle aus

Welche Auswirkungen hätte es, diese Baumart hier zu pflanzen?

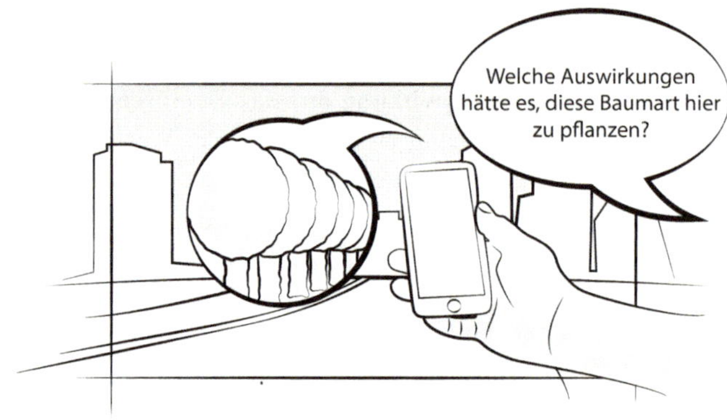

Abb. 6.10 Schematische Visualisierung des Konzepts des automatischen Feedbacks

Feedback
Vielen Dank für ihre Eingabe.
• Umsetzbarkeit
• Kosten
• C02 Reduktion
• Aufwand
• Pollenbelastung
Schließen

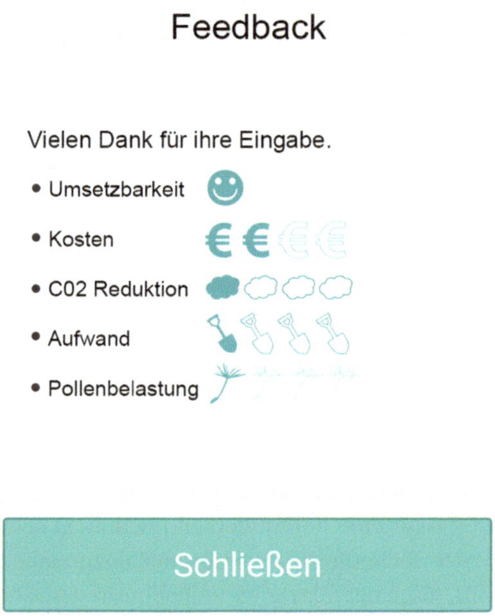

Abb. 6.11 Übersichtsdarstellung der Auswirkung eines Baumvorschlages mittels automatisierten Feedbacks

dem Projekt smarticipate[10] in Abb. 6.10 und 6.11). Dadurch soll es den BürgerInnen ermöglicht werden, ihre Vorschläge mittels des automatisierten Feedbacks zu überarbeiten. Diese überarbeiteten und verbesserten Vorschläge können anschließend von den StadtplanerInnen und Stadtverantwortlichen sinnvoll weiterverwendet werden.

Aktuelle Feedbacklösungen bieten derzeit allerdings nur rudimentäre Funktionen, beispielsweise Feedback zu Standardprodukten, einfache steuerrechtliche Aspekte [105] oder Wahlinformationen [106]. Neue Lösungen müssen daher technisch weiterentwickelt werden,

[10] Forschungsprojekt smarticipate. https://www.smarticipate.eu/. Zugegriffen im Dez. 2017.

um einen höheren Grad an Partizipation zu erreichen [107]. Beispielsweise sollte ein automatisiertes Feedbacksystem in der Lage sein, Bauvorhaben wie eine Parkanlage realistisch abschätzen zu können und aussagen können, ob die Parkanlage an dieser Stelle prinzipiell gebaut werden kann oder nicht (z. B. könnte ein Grund gegen die Realisierung Abwasserrohre unterhalb des Grundstücks sein).

6.4 Schlussfolgerungen

In fast jeder Form heutiger Teilhabeverfahren sind BürgerInnen auch gleichzeitig NutzerInnen interaktiver Systeme. Die damit verbundene Digitalisierung öffentlicher Entscheidungsfindung bietet viele Potenziale: es können auf diese Weise mehr Bevölkerungsgruppen angesprochen werden, Ort und Zeitpunkt der Teilhabe flexibilisiert werden sowie mehr Daten und Hintergrundinformationen einsehbar gemacht werden. Aus Sicht der NutzerInnen muss E-Partizipation daher alle für die Entscheidung wichtigen Informationen anbieten, attraktiv gestaltet sein und attraktive Formen der Interaktion anbieten.

Die in diesem Kapitel vorgestellten Ergebnisse der Mensch-Computer-Interaktion Forschung sollen hierfür eine Orientierung anbieten. Es konnte gezeigt werden, dass abseits von „klassischen" E-Partizipationsportalen interessante Interaktionsmöglichkeiten bestehen, wie beispielsweise die mobile Nutzung und ortsbasierte Teilnahme, die Interaktion mit Informationen in der Umgebung, wie auch virtuelle Realität.

Die aufgezeigten noch offenen Herausforderungen, insbesondere eine noch intensivere Aktivierung und Inklusivität, zeigen aber auch, dass noch einige weitere Anstrengungen notwendig sind. Die vorgestellten Ansätze des nutzerzentrierten Designs wie auch der Gamification sollten konsequent weiterverfolgt werden. Zudem sollte der bisher von Forschungsprojekten eingeschlagene Weg der nutzerzentrierten Entwicklung sowie der Zusammenarbeit verschiedener Disziplinen, wie beispielsweise der Soziologie, Psychologie, Gestaltung und Ingenieurwissenschaften, weiterverfolgt werden.

Literatur

1. Putnam R (2000) Bowling alone, the collapse and revival of American community. Simon and Schuster, New York
2. Vigoda E (2002) From responsiveness to collaboration: governance, citizens, and the next generation of public administration. Public Adm Rev 62(5):527–540
3. Linders D (2012) From e-government to we-government: defining a typology for citizen coproduction in the age of social media. Gov Inf Q 29(4):446–454. https://doi.org/10.1016/j.giq.2012.06.003
4. Dalton RJ (2004) Democratic challenges, democratic choices – the erosion of political support in advanced industrial democracies. Oxford University Press, Oxford
5. Baldauf M, Schnädelbach H (2013) How to raise the voice anytime anywhere: technological fundamentals for enabling pervasive participation. In: Proceedings of the 1st international workshop on pervasive participation, München

6. Adenskog, M. et al. (2017) Balancing potential and risks : the living lab approach in mobile participation research. Proceedings of 9th IFIP International Conference on eParticipation – ePart '17, St. Petersburg, Russia. Springer, 12–23.
7. Åström J et al (2015) Potentials and challenges of a living lab approach in research on mobile participation. In: Proceedings of the 2015 ACM international joint conference on pervasive and ubiquitous computing and proceedings of the 2015 ACM international symposium on wearable computers, Osaka, S 795–800
8. Adenskog M et al (2017) Balancing potential and risks: the living lab approach in mobile participation research. In: Proceedings of 9th IFIP international conference on eParticipation – ePart '17, St. Petersburg, S 12–23
9. Korn M (2013) Situating engagement: ubiquitous infrastructures for in-situ civic engagement. Aarhus Universitet
10. Schröder C (2015) Through space and time: using mobile apps for urban participation. Proceedings of CeDEM15: conference for e-democracy and open government, S 134–142
11. Thiel S-K, Lehner U (2015) Exploring the effects of game elements in m-participation. In: Proceedings of the 2015 British HCI conference, Lincoln, Lincolnshire, Krems, S 65–73
12. Brovelli MA et al (2016) Public participation in GIS via mobile applications. ISPRS J Photogramm Remote Sens 114 306–315. https://doi.org/10.1016/J.ISPRSJPRS.2015.04.002
13. Baker M et al (2007) Achieving successful participation in the new UK spatial planning system. Plan Pract Res 22(1):79–93
14. McAleer SR et al (2016) Augmenting social talk: the #ask project. In: Conference for e-democracy and open government, Krems, S 61
15. Tscharn R et al (2015) Senior, follower and busy grumbler: user needs for pervasive participation. In: Adjunct Proceedings of the 2015 ACM international joint conference on pervasive and ubiquitous computing and proceedings of the 2015 ACM international symposium on wearable computers, Osaka, S 801–806. https://doi.org/10.1145/2800835.2804400
16. Graeff E (2014) Crowdsourcing as reflective political practice: building a location-based tool for civic learning and engagement. In: Internet, politics, and policy 2014: crowdsourcing for politics and policy. Oxford Internet Institute, Oxford
17. Garzon SR, Deva B (2015) Infrastructure-assisted geofencing: proactive location-based services with thin mobile clients and smart servers. In: 2015 3rd IEEE international conference on mobile cloud computing, services, and engineering, San Francisco, S 61–70
18. Nicolson S (2012) A user-centered theoretical framework for meaningful gamification. In: Games + Learning + Society 8.0, Madison
19. Ertiö T-P (2015) Participatory apps for urban planning – space for improvement. Plan Pract Res 30(3):303–321
20. Abelson J (2001) Understanding the role of contextual influences on local health-care decision making : case study results from Ontario, Canada. Soc Sci Med 53:777–793. https://doi.org/10.1016/S0277-9536(00)00386-5
21. Krek A (2005) Rational ignorance of the citizens in public participatory planning. In: 10th symposium on information-and communication technologies (ICT) in urban planning and spatial development and impacts of ICT on physical space, CORP, Vienna, S 420
22. Rawassizadeh R et al (2015) Wearables: has the age of smartwatches finally arrived? Commun ACM 58(1):45–47. https://doi.org/10.1145/2629633
23. Raghunath MT, Narayanaswami C (2002) User interfaces for applications on a wrist watch. Pers Ubiquit Comput 6(1):17–30
24. Wilson A et al (2017) Urban planning, public participation and digital technology: app development as a method of generating citizen involvement in local planning processes. Environ Plann B Urban Anal City Sci 1–17. https://doi.org/10.1177/2399808317712515

25. Thiel S-K et al (2018) Why so serious? The role of gamification on motivation and engagement in e-participation. Interact Des Archit – IxD&A J 35 (im Druck)
26. Sanoff H (2000) Community participation methods in design and planning. Wiley, Hoboken
27. Parra G et al (2014) Understanding engagement with interactive public displays: an awareness campaign in the wild. In: Proceedings of the international symposium on pervasive displays, Copenhagen, S 180
28. Valkanova N et al (2014) MyPosition: sparking civic discourse by a public interactive poll visualization. In: Proceedings of the 17th ACM conference on computer supported cooperative work & social computing – CSCW '14, Baltimore, S 1323–1332
29. Schiavo G et al (2013) Agora2.0: enhancing civic participation through a public display. C&T 2013. https://doi.org/10.1145/2482991.2483005
30. Müller J et al (2012) Looking glass: a field study on noticing interactivity of a shop window 05-10, ACM. In: Proceedings of the SIGCHI conference on human factors in computing systems, Austin, S 297–306
31. The Hello Wall (2010) http://thehellowall.com/. Accessed 04.27.2015
32. Chet PN et al (2017) When smart devices interact with pervasive screens: a survey. ACM Trans Multimed Comput Commun Appl 13:23. https://doi.org/10.1145/3115933
33. Du G et al (2017) Public displays for public participation in urban settings: a survey. In: Proceedings of the 6th ACM international symposium on pervasive displays (PerDis '17), New York
34. Schroeter R (2012) Engaging new digital locals with interactive urban screens to collaboratively improve the city. In: Proceedings of the conference on computer supported cooperative work (CSCW '12), Seattle, S 227–236. https://doi.org/10.1145/2145204.2145239
35. Fredericks J et al (2015) Digital pop-up: investigating bespoke community engagement in public spaces. In: Proceedings of the annual meeting of the Australian Special Interest Group for Computer Human Interaction on – OzCHI '15, October 2015, S 634–642. https://doi.org/10.1145/2838739.2838759
36. Baldauf M et al (2013) The screen is yours – comparing handheld pairing techniques for public displays. In: 4th international joint conference on Ambient Intelligence (AmI), Dublin, S 32–47
37. Steinberger F et al (2014) Vote with your feet: local community polling on urban screens. In: Proceedings of the 3th international symposium on pervasive displays (PerDis '14), Copenhagen, S 44
38. Goncalves J et al (2014) Eliciting situated feedback: a comparison of paper, web forms and public displays. Displays 35:1. https://doi.org/10.1016/j.displa.2013.12.002
39. Hosio S et al (2015) Crowdsourcing public opinion using urban pervasive technologies: lessons from real-life experiments in Oulu. Policy Internet 7(2):203–222. https://doi.org/10.1002/poi3.90
40. Hosio S et al (2012) From school food to skate parks in a few clicks: using public displays to bootstrap civic engagement of the young. Lecture notes in computer science (including subseries Lecture notes in artificial intelligence and Lecture notes in bioinformatics). 7319 LNCS, S 425–442. https://doi.org/10.1007/978-3-642-31205-2_26
41. Ojala T et al (2012) Multipurpose interactive public displays in the wild: three years later. Computer 45(5):42–49
42. Chun W et al (2008) Virtual-reality based integrated traffic simulation for urban planning. In: Proceedings of international conference on computer science and software engineering, Hubei, S 1137–1140
43. Wietzel I (2006) Augmented Reality und immersive Szenarien in der Stadtplanung. In: Proceedings REAL CORP 2007, Wien, S 969
44. Stauskis G (2014) Development of methods and practices of virtual reality as a tool for participatory urban planning: a case study of Vilnius City as an example for improving environmental, social and energy sustainability. Energy Sustain Soc 4(1):1–13. https://doi.org/10.1186/2192-0567-4-7

45. Lopes CV, Lindström C (2012) Virtual cities in urban planning: the Uppsala case study. J Theor Appl Electron Commer Res 7(3):88–100. https://doi.org/10.4067/S0718-18762012000300009
46. Sunesson K et al (2008) Virtual reality supporting environmental planning processes: a case study of the City Library in Gothenburg. In: Knowledge-based intelligent information and engineering systems, Berlin/Heidelberg, S 481–490
47. Khan Z et al (2014) ICT enabled participatory urban planning and policy development: the UrbanAPI project. Transform Gov People Process Policy 8(2):205–229. https://doi.org/10.1108/TG-09-2013-0030
48. Chow E et al (2011) Multi-touch screens for navigating 3D virtual environments in participatory urban planning. In: CHI'11 extended abstracts on human factors in computing systems, Vancouver, S 2395–2400
49. Allen M et al (2011) Smart-phone augmented reality for public participation in urban planning. In: Proceedings of the 23rd Australian computer-human interaction conference, Canberra, S 11–20
50. Macintosh A (2004) Characterizing e-participation in policy-making. In: 37th annual Hawaii international conference on system sciences, Big Island, 10 S
51. Åström J, Grönlund Å (2012) Online consultations in local government: what works, when, and why. In: Coleman S, Shane PM (Hrsg) Connecting democracy: online consultation and the flow of political communication, The MIT Press, Cambridge, S 75–96
52. De Cindio F, Peraboni C (2009) Fostering e-Participation at the urban level: outcomes from a large field experiment. In: Macintosh A, Tambouris E (Hrsg) electronic participation. ePart 2009, Lecture notes in computer science. Springer, Berlin/Heidelberg, S 112–124
53. Prieto-Martín P et al (2012) A critical analysis of EU-funded eParticipation. In: Charalabidis Y, Koussouris S (Hrsg) Empowering open and collaborative governance. Springer, Berlin/Heidelberg S 241–262
54. Schlozman KL et al (2012) The unheavenly chorus: unequal political voice and the broken promise of American democracy. Princeton University Press, Princeton
55. Heijstek-Ziemann K (2014) Exploring the impact of mass cultural changes on the patterns of democratic reform. Democratization 21(5):888–911. https://doi.org/10.1080/13510347.2013.769960
56. Grant J et al (1996) A framework for planning sustainable residential landscapes. J Am Plan Assoc 62(3):331–344
57. Potapchuk WR (1996) Building sustainable community politics: synergizing participatory, institutional, and representative democracy. Natl Civ Rev 85(3):54–59
58. Kingston R (2007) Public participation in local policy decision-making: the role of web-based mapping. Cartogr J 44(2):138–144
59. Nam T (2012) Suggesting frameworks of citizen-sourcing via Government 2.0. Gov Inf Q 29(1):12–20. https://doi.org/10.1016/j.giq.2011.07.005
60. Österreichisches Bundeskanzleramt (2017) E-Democracy Prinzipien. https://www.ag.bka.gv.at/at.gv.bka.wiki-bka/index.php/E-DEM:Prinzipien. Zugegriffen im April 2018
61. Sackl A, Thiel SK, Fröhlich P, Tscheligi M (2018). „Thanks for Your Input. We Will Get Back to You Shortly." How to design automated feedback in location-based citizen participation systems. In LBS 2018: 14th international conference on location based services. Springer, Cham, S 257–268
62. Jimenez C et al (2016) Usability heuristics: a systematic review. In: Proceedings of 11th Colombian Computing Conference (CCC), Popayan
63. Deterding S et al (2011) From game design elements to gamefulness: defining gamification. In: Proceedings of the 15th international academic MindTrek conference on envisioning future media environments – MindTrek '11, Tampere, S 9–11

64. Hanzl M (2007) Information technology as a tool for public participation in urban planning: a review of experiments and potentials. Des Stud 28(3):289–307. https://doi.org/10.1016/j.destud.2007.02.003
65. Deterding S (2010) Just add points? What UX can (and cannot) learn from games. UXCamp Europe, Berlin
66. Koster R (2013) A theory of fun for game design. O'Reilly Media, Sebastopol
67. Gordon E, Schirra S (2011) Playing with empathy: digital role-playing games in public meetings. In: Proceedings of the 5th international conference on communities and technologies – C&T '11, Brisbane, S 179
68. Schaffer WD et al (2005) Video games and the future of learning. Phi Delta Kappan 87(2):104–111. http://journals.sagepub.com/doi/10.1177/003172170508700205
69. Gordon E, Baldwin-Philippi J (2014) Civic learning through civic gaming: community PlanIt and the development of trust and reflective participation. Int J Commun 8:759–786
70. Groh F (2012) Gamification: state of the art definition and utilization. Res Trends Med Inform 4:39–46. https://doi.org/10.1145/1979742.1979575
71. Burke M, Kraut R (2008) Mind your Ps and Qs: the impact of politeness and rudeness in online communities. In: Proceedings of the 2008 ACM conference on computer supported cooperative work, San Diego, S 281–284
72. Chmiel A et al (2011) Negative emotions boost user activity at BBC forum. Physica A 390:2936–2944. https://doi.org/10.1016/j.physa.2011.03.040
73. Paskuda M, Lewkowicz M (2015) Anonymous Quorans are still Quorans, just anonymous. In: Proceedings of the 7th international conference on communities and technologies, Limerick, S 9–18
74. Kilner PG, Hoadley CM (2005) Anonymity options and professional participation in an online community of practice. In: Proceedings of the 2005 conference on computer support for collaborative learning: learning 2005: the next 10 years!, Taipei, S 272–280
75. Gordon E, Baldwin-Philippi J (2014) Playful civic learning: enabling lateral trust and reflection in game-based public participation. Int J Commun 8:28
76. Parent M et al (2005) Building citizen trust through e-government. Gov Inf Q 22:770–736. https://doi.org/10.1016/j.giq.2005.10.001
77. Coronado Escobar JE, Vasquez Urriago AR (2014) Gamification: an effective mechanism to promote civic engagement and generate trust? In: 8th international conference on theory and practice of electronic governance, Guimaraes, S 514–515. https://doi.org/10.1145/2691195.2691307
78. Flanagan M (2009) Critical play: radical game design. MIT press, Cambridge
79. Kapp KM (2012) The gamification of learning and instruction: game-based methods and strategies for training and education. Wiley, Hoboken
80. Lave J, Wenger E (1991) Situated learning: legitimate peripheral participation. Cambridge University Press, Cambridge
81. Devisch O et al (2016) The gamification of civic participation: two experiments in improving the skills of citizens to reflect collectively on spatial issues. J Urban Technol 732:1–22. https://doi.org/10.1080/10630732.2015.1102419
82. Fogg BJ (2002) Persuasive technology – using computers to change what we think and do. Morgan Kaufmann Publishers, Burlington
83. Oinas-Kukkonen H, Harjumaa M (2009) Persuasive systems design: key issues, process model, and system features. Commun Assoc Inf Syst 24(1):28
84. Eveleigh A et al (2013) „I want to be a captain! I want to be a captain!“: gamification in the old weather citizen science project. In: Proceedings of the first international conference on gameful design, research, and applications – gamification '13, Toronto, S 79–82

85. Thiel S-K et al (2016) Playing (with) democracy: a review of gamified participation approaches. J E-democr Open Gov 8(2) (im Druck)
86. Caillois R, Barash M (1961) Man, play, and games. University of Illinois Press, Chicago
87. Gilmore JB (1971) Play: a special behavior. In: Herron RE, Sutton-Smith B (Hrsg) Child's play. Wiley, New York, S 311–325
88. Huizinga J (1955) Homo Ludens: a study of the play element in culture. Beacon Press, Boston
89. Poplin A (2014) Digital serious game for urban planning: „B3 – design your marketplace!". Environ Plann B Plann Des 41(3):493–511. https://doi.org/10.1068/b39032
90. Abt CC (1972) Serious games. University Press of America Boston
91. Vemuri K et al (2014) YouPlaceIt!: a serious digital game for achieving consensus in urban planning. In: Proceedings of the 17th AGILE conference on geographic information science, Castellón
92. Poplin A (2012) Playful public participation in urban planning: a case study for online serious games. Comput Environ Urban Syst 36(3):195–206
93. Gordon E et al (2016) @Stake: a game to facilitate the process of deliberative democracy. In: Proceedings of the 19th ACM conference on computer supported cooperative work and social computing companion, San Francisco, S 269–272
94. Thiel S-K, Ertiö TP (2017) Play it to plan it? The impact of game elements on usage of an urban planning app. In: Saeed S et al (Hrsg) User centric e-government. Integrated series in information systems. Springer, S 203–229
95. Bianchini D et al (2016) Promoting citizen participation through gamification. In: Proceedings of 9th Nordic conference on human-computer interaction, Gothenburg
96. Harding M et al (2015) HCI, civic engagement & trust. In: Proceedings of the 33rd annual ACM conference on human factors in computing systems, Seoul, S 2833–2842
97. Kweit MG, Kweit RW (2004) Citizen participation and citizen evaluation in disaster recovery. Am Rev Public Adm 34(4):354–373
98. Parasuraman A et al (2005) ES-QUAL a multiple-item scale for assessing electronic service quality. J Serv Res 7(3):213–233
99. Webler T, Tuler S (2000) Fairness and competence in citizen participation: theoretical reflections from a case study. Admin Soc 32(5):566–595
100. Kim S, Lee J (2012) E-participation, transparency, and trust in local government. Public Adm Rev 72(6):819–828
101. Conroy MM, Evans-Cowley J (2006) E-participation in planning: an analysis of cities adopting on-line citizen participation tools. Environ Plann C Gov Policy 24(3):371–384. https://doi.org/10.1068/c1k
102. Lukensmeyer CJ, Torres LH (2008) Citizensourcing: citizen participation in a networked nation. In: Civic engagement in a network society. Information Age Publishing, Charlotte S 207–233
103. Bohøj M et al (2011) Public deliberation in municipal planning: supporting action and reflection with mobile technology. In: Proceedings of the 5th international conference on communities and technologies – C&T '11, Brisbane, S 88–97
104. Vogt M, Fröhlich P (2016) Understanding cities and citizens: developing novel participatory development methods and public service concepts. In: Proceedings of 21st international conference on urban planning, regional development and information society, Hamburg, S 991–995
105. Karsten J, West DM (2016) Streamlining government services with bots. https://www.brookings.edu/blog/techtank/2016/06/07/streamlining-government-services-with-bots/ Zugegriffen am 05.08.2018

106. Phoneia – Technology & Entertainment (2016) Politibot, the first bot Telegram to follow the elections 26J. https://phoneia.com/politibot-the-first-bot-telegram-to-follow-the-elections-26j/ Zugegriffen am 05.08.2018
107. Panopoulou E et al (2014) Success factors in designing eParticipation initiatives. Inf Organ 24(4). https://doi.org/10.1016/j.infoandorg.2014.08.001

Design und Entwicklung eines E-Partizipationsökosystems

7

Maria Leitner, Arndt Bonitz, Walter Hötzendorfer, Oliver Terbu, Stefan Vogl und Sebastian Zehetbauer

Zusammenfassung

Um elektronische Beteiligung generell zu ermöglichen, werden sozio-technische Informationssysteme, unabhängig von deren Ausprägung und Reichweite, entworfen und entwickelt. Die Auswahl und Gestaltung der Systeme kann maßgeblich am Erfolg oder Misserfolg von Bürgerbeteiligungen sein. Daher ist es von Beginn an wichtig, die Anforderungen und Funktionalitäten, die ein System unterstützen soll, zu kennen. Das System bildet die Basis für elektronische Beteiligung und ist Teil eines E-Partizipationsökosystems. Das Ökosystem umfasst auch die Gemeinschaft (z. B. StakeholderInnen, BürgerInnen, Wirtschaftstreibende etc.) und weitere Bedingungen (z. B. Gesetzesvorgaben etc.), die auch von der elektronischen Beteiligung direkt oder indirekt betroffen sind. Um dies vollständig zu erfassen, werden in diesem Kapitel das Design und die Entwicklung des Ökosystems analysiert, insbesondere unter dem Aspekt der Wahrung der Sicherheit und Privatsphäre.

Schlüsselwörter

Design · E-Partizipation · Entwicklung · Ökosystem · Privatsphäre · Sicherheit

M. Leitner (✉) · A. Bonitz
Center for Digital Safety & Security, AIT Austrian Institute of Technology GmbH, Wien, Österreich
E-Mail: maria.leitner@ait.ac.at; arndt.bonitz@ait.ac.at

W. Hötzendorfer
Research Institute AG & Co KG, Wien, Österreich
Arbeitsgruppe Rechtsinformatik, Universität Wien, Wien, Österreich
E-Mail: walter.hoetzendorfer@researchinstitute.at

O. Terbu · S. Vogl · S. Zehetbauer
Österreichische Staatsdruckerei GmbH, Wien, Österreich
E-Mail: terbu@staatsdruckerei.at; vogl@staatsdruckerei.at; zehetbauer@staatsdruckerei.at

M. Leitner (Hrsg.), *Digitale Bürgerbeteiligung*,
https://doi.org/10.1007/978-3-658-21621-4_7

7.1 Einleitung

Ein Ökosystem ist in der Biologie eine (Lebens-)Gemeinschaft von Organismen verschiedener Arten mit Umweltfaktoren, an denen Lebewesen nicht erkennbar beteiligt sind (z. B. Wasser, Temperatur, Atmosphäre). Dieses Bild vom Ökosystem kann auch auf Bürgerbeteiligungsverfahren übertragen werden. Ein E-Partizipationsökosystem umfasst eine Gemeinschaft von verschiedenen Beteiligten (z. B. OrganisatorInnen, BürgerInnen, Dritte) mit gegebenen Umweltfaktoren (siehe Kap. 2), die gemeinsam etwas mit verschiedenen Methoden und Werkzeugen (z. B. Webseite, mobile App) erarbeiten, diskutieren oder abstimmen. Die Methoden und Werkzeuge, die dazu ausgewählt werden, sind essenziell für die Interaktion zwischen den Teilnehmern. Dieses Kapitel befasst sich daher mit der Entwicklung von Systemen, die dafür genutzt werden können. In weiterer Folge werden relevante Eckpunkte bei der Entwicklung von Systemen analysiert. Diese sollen eine Hilfestellung für OrganisatorInnen und EntwicklerInnen beim Design und der Analyse eines Ökosystems geben und eine Unterstützung bei der Implementierung der Systeme bieten. Dieses Kapitel zeigt an Teilaspekten der Softwareentwicklung, welche Aspekte wichtig sind, darf jedoch nicht als Softwareentwicklungskapitel gesehen werden. Ausführliche Anleitungen zum Thema Softwareentwicklung sind zum Beispiel in [1, 2] dargestellt.

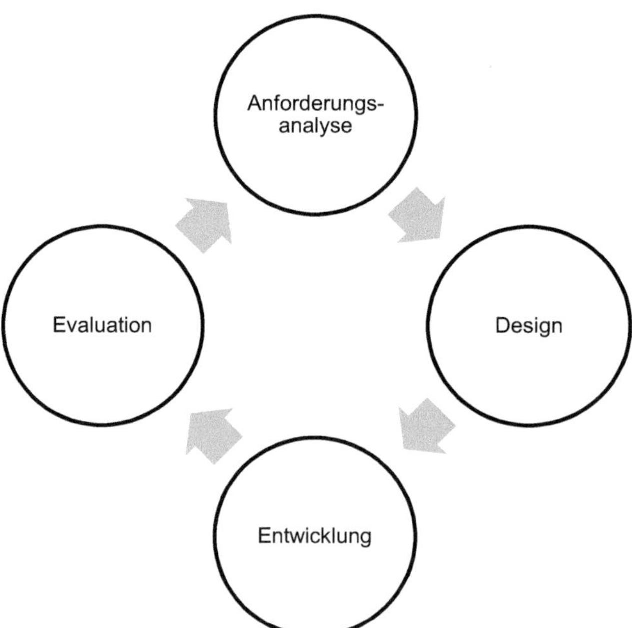

Abb. 7.1 Lebenszyklus zur Entwicklung von Software

Der Aufbau des Kapitels (dargestellt in Abb. 7.1) orientiert sich an Lebenszyklusmodellen der Softwareentwicklung, die aus mehreren Phasen bestehen. Beispiele hierfür sind der nutzerorientierte Gestaltungsprozess (siehe ISO 9241-210 Prozess zur Gestaltung gebrauchstauglicher Systeme), aber auch das Plan-Do-Check-Act-Modell (PDCA-Modell) oder das Spiralmodell, die ähnliche Phasen nutzen.

- Anforderungsanalyse: Analyse des Bedarfs und Spezifikation von Anforderungen (Bedürfnissen) an das System.
- Design: Entwurf und Konzeption des Systems
- Entwicklung: Umsetzung und Programmierung des Systems
- Evaluation: Evaluation des Systems (Die Evaluation von Bürgerbeteiligungsverfahren wird in Kap. 8 analysiert.).

In weiterer Folge wird in diesem Kapitel auf jeden Aspekt dieser Phasen eingegangen.

7.2 Anforderungsanalyse

In der Softwareentwicklung gibt es bereits etablierte Methoden, um den Start der Entwicklung zu erleichtern. Insbesondere die Anforderungsanalyse ist am Beginn essenziell, um die Voraussetzungen, Erfordernisse, Ziele und Nicht-Ziele zu identifizieren. Dadurch kann die Planung der Funktionalität im Vorhinein abgestimmt und konkretisiert werden. Dieses Kapitel soll einen kurzen Überblick über gängige Methoden bieten, die am Beginn eines Projektes genutzt werden können, und diese anhand eines Beispiels in Bezug auf E-Partizipation darstellen.

7.2.1 Stakeholderanalyse

Bei der Planung sollten die Stakeholder des Projektes analysiert werden. Welche Personengruppen sind in die Organisation der Bürgerbeteiligung involviert oder können dadurch indirekt oder direkt betroffen sein? Dazu zählen zum Beispiel BürgerInnen (z. B. BewohnerInnen, AnrainerInnen), EntscheidungsträgerInnen und Politik, Stadtgemeinde, Bundesland, politische Interessengruppen, Bürgerinitiativen, Medien und viele mehr.

Beispiel

Beispiel Bürgerbeteiligungsverfahren *Obermeintzen* (Name und Beispiel sind frei erfunden): Eine Gemeinde möchte einen öffentlichen Platz in sehr zentraler Lage umgestalten. Dazu wird eine externe Organisation *EBeratungAG* beauftragt, ein Bürgerbeteiligungsverfahren zu starten. Es sollen mit einer elektronischen Konsultation und

Umfrage nicht nur Bewohner des Viertels, sondern auch Geschäftstreibende befragt werden. Zudem soll mit örtlichen Workshops eine Möglichkeit zur Meinungssammlung (auch von Dritten außerhalb) geboten werden. Bei den Workshops sind auch Bürgerinitiativen oder Medien anwesend, um am weiteren Verfahren teilnehmen zu können.

7.2.2 Funktionale Anforderungen

Definition Funktionale Anforderung (nach Pohl und Rupp [3]):

Eine funktionale Anforderung ist eine Anforderung bezüglich des Ergebnisses eines Verhaltens, das von einer Funktion des Systems bereitgestellt werden soll.

Für funktionale Anforderungen lässt sich die Systemtätigkeit in drei relevante Arten klassifizieren (nach Pohl und Rupp [3]):

- Selbstständige Systemtätigkeit: Das System führt den Prozess selbstständig durch.
- Benutzerinteraktion: Das System stellte dem/der NutzerIn die Prozessfunktionalität zur Verfügung.
- Schnittstellenanforderungen: Das System führt einen Prozess in Abhängigkeit von einem Dritten (z. B. einem Fremdsystem) aus, ist an sich passiv und wartet auf ein externes Ergebnis.

Anforderungen können in der natürlichen Sprache oder modellbasiert dokumentiert werden.

Beispiel

Ausgehend vom vorangegangen Beispiel der Gemeinde *Obermeintzen* werden folgende Funktionalitäten des Systems festgehalten:

- Ein/e BenutzerIn (d. h. BewohnerInnen oder Geschäftstreibende) soll als AnwohnerIn oder Geschäftstreibende/r identifiziert werden können.
- Ein/e BenutzerIn soll an der Konsultation teilnehmen (d. h. Kommentare posten und liken) können.
- Ein/e BenutzerIn soll eine Umfrage ausfüllen können.
- Die externe Organisation *EBeratungAG* soll das Verfahren starten und beenden können.
- Die externe Organisation *EBeratungAG* soll die Konsultation moderieren können (d. h. Kommentare löschen und bearbeiten im Falle z. B. von Internet-Trollen).

7.2.3 Qualitätsanforderungen

Definition Definition: Qualitätsanforderung (nach Pohl und Rupp [3]).

Eine Qualitätsanforderung (oft auch nicht-funktionale Anforderung genannt) ist eine Anforderung, die sich auf ein Qualitätsmerkmal bezieht, das nicht durch funktionale Anforderungen abgedeckt wird.

Qualitätsanforderungen legen gewünschte Qualitäten des zu entwickelnden Systems fest und beeinflussen meist die funktionalen Anforderungen. Diese beziehen sich häufig auf folgende Aspekte:

- Performanz (z. B. Antwortzeiten, Ressourcenverbrauch)
- Sicherheit (z. B. Nachweisbarkeit, Authentizität, Vertraulichkeit, Integrität)
- Zuverlässigkeit (z. B. Verfügbarkeit, Fehlertoleranz, Wiederherstellbarkeit)
- Benutzbarkeit (z. B. Barrierefreiheit, Erlernbarkeit, Bedienbarkeit)
- Änderbarkeit (z. B. Wiederverwendbarkeit, Analysierbarkeit, Modifizierbarkeit, Prüfbarkeit)
- Übertragbarkeit (z. B. Anpassbarkeit, Installierbarkeit, Austauschbarkeit)

Beispiel

Ausgehend vom vorangegangen Beispiel der Gemeinde *Obermeintzen* werden folgende Qualitätsanforderungen des Systems festgehalten:

- Die webbasierte Plattform soll eine Antwortzeit von maximal einer Sekunde haben.
- Das System soll sicherstellen, dass Konsultationen unveränderbar sind (und dadurch Integrität haben).
- Das System soll barrierefrei gemäß gesetzlicher Vorgaben erstellt werden.
- Das System soll eine webbasierte Plattform mit responsivem Design ermöglichen.

7.2.4 Systemabgrenzung

Anwendungsfalldiagramme werden zur Systementwicklung genutzt, um darzustellen, was ein System leisten soll [4]. Ein Anwendungsfalldiagramm (Use Case-Diagramm) zeigt das externe Verhalten eines Systems aus der Sicht der NutzerInnen sowie deren Anwendungsfälle und Beziehungen zueinander. Ein Anwendungsfalldiagramm besteht aus mehreren grafischen Komponenten:

- **Akteure**: Ein Akteur steht für eine Rolle, die eine Person (oder ein Programm) innehat, wenn sie das System nutzt. Akteure werden mit Strichmännchen in Anwendungsfalldiagrammen dargestellt.
- **Anwendungsfälle** (Use Cases): Ein Anwendungsfall stellt eine Funktion oder einen Dienst eines Arbeitsschrittes dar und wird als Ellipse im Diagramm spezifiziert.
- **Beziehungen**: Die Verwendungsbeziehung zeigt die Zuordnung von Akteuren zu Anwendungsfällen an. Sie gibt an, wer an dem Anwendungsfall beteiligt ist. Die Verwendungsbeziehung zwischen einem Akteur und einem Anwendungsfall wird mit einem schwarzen Strich dargestellt.
- **System**: Ein System wird als Rechteck im Use Case-Diagramm dargestellt und repräsentiert die Systemgrenzen.

Beispiel

Abb. 7.2 zeigt ein Beispieldiagramm für Anwendungsfälle des Beispiels *Obermeintzen.* Das Rechteck „*Webbasierte Plattform*" stellt die Systemgrenze dar, in der die Akteure, in diesem Fall *BenutzerIn* und *EBeratungAG,* mit dem System interagieren. Ein/e BenutzerIn hat in der Abbildung vier Anwendungsfälle: *Kommentare posten, Kommentare liken, Als Anwohner oder Geschäftstreibende identifizieren* und *Umfrage durchführen.* Das Diagramm zeigt *keine zeitlichen Abfolgen* bzw. Zusammenhänge. Um zeitliche Abläufe zu spezifizieren, werden Anwendungsfallbeschreibungen oder weitere Prozessdiagramme zur Darstellung benötigt. Es kann daher hilfreich sein, zusätzlich zu den Use Case-Diagrammen auch Prozessdiagramme der wichtigsten Abläufe zu gestalten.

Use Case-Beschreibungen werden in diesem Dokument anhand von Tabellen erfasst. Diese werden anhand eines Schemas aus Nutzersicht beschrieben, d. h. es werden die wichtigsten Eckpunkte und Standardabläufe des Anwendungsfalles erfasst. Das Beschreibungsschema beinhaltet mehrere Eckpunkte:

- Beschreibung: Kurzbeschreibung des Anwendungsfalles
- Akteure: Involvierte Nutzerrollen
- Vorbedingungen: Erfüllte Bedingungen vor dem Anwendungsfall
- Trigger: Auslöser des Anwendungsfalles
- Standardablauf: Genereller Ablauf des Use Cases
- Ausnahmen: Auftretende Ausnahmen
- Ergebnis: Das Resultat aus Nutzersicht

Die Tab. 7.1 umfasst die Use Case-Beschreibung von dem Anwendungsfall „Kommentar schreiben".

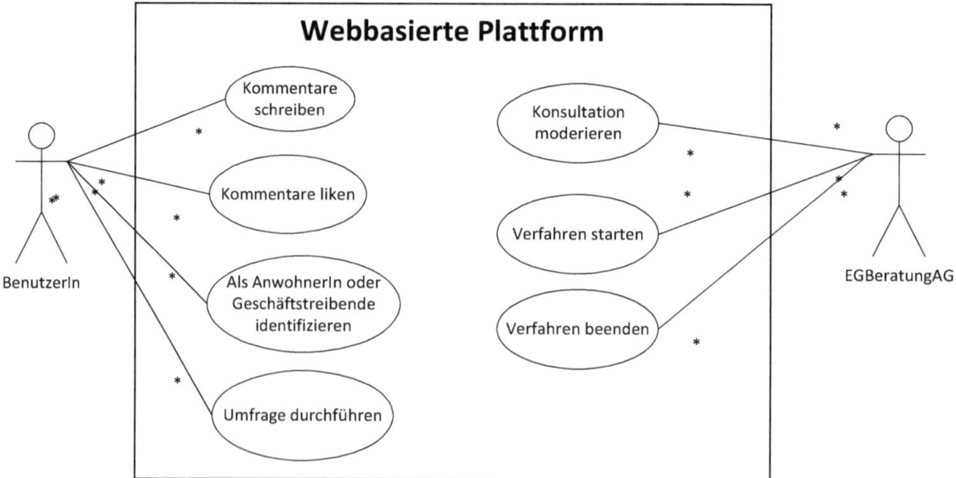

Abb. 7.2 Use Case-Diagramm Beispiel

Tab. 7.1 Use Case-Beispiel „Kommentar schreiben“

Titel	Kommentar schreiben
Beschreibung	Der Anwendungsfall spezifiziert, dass ein/e BenutzerIn auf der webbasierten Plattform einen Kommentar schreiben kann.
Akteure	BenutzerIn
Vorbedingungen	Webbasierte Plattform ist verfügbar.
Trigger	BenutzerIn möchte einen neuen Kommentar schreiben.
Standardablauf	1. BenutzerIn öffnet URL zur webbasierten Plattform. 2. BenutzerIn navigiert zur Seite mit den Kommentaren[1]. 3. BenutzerIn schreibt einen neuen Beitrag. 4. BenutzerIn gibt Kommentar frei (Button: Submit).
Ausnahmen	Systemfehler: BenutzerIn liest Systemmeldung.
Ergebnis	Kommentar wird auf der webbasierten Plattform dargestellt.

[1]Annahme: Auf der webbasierten Plattform sind Kommentare direkt auf einer Subseite möglich.

7.3 Sicheres Design

Sicheres Design ist eine umfassende Aufgabe, die, wenn von Anfang an berücksichtigt, Sicherheitsmaßnahmen ermöglichen kann. **100 % Sicherheit gibt es nicht**. Es können aber verstärkt präventive Maßnahmen gesetzt werden, um Sicherheitsvorfälle zu reduzieren bzw. zu verhindern. In diesem Zusammenhang werden in diesem Kapitel zwei Aspekte bzw. Prinzipien näher betrachtet, die beim Entwurf von Software wichtig sind: *Security by Design* und *Privacy by Design* (d. h. Aspekte der Sicherheit und Privatsphäre werden bereits beim Softwareentwurf berücksichtigt). Zusätzlich werden Softwarearchitekturen im Kontext von E-Partizipation beleuchtet.

7.3.1 Softwarearchitekturen

Softwarearchitekturen unterstützen die Konstruktion von verschiedenen Systemkomponenten und deren Beziehungen zueinander [5]. Softwarearchitekturen haben als primäres Ziel die Unterstützung des organisatorischen Aufbaus und die Implementierung von Softwaresystemen. Der Fokus von generellen Softwarearchitekturmodellen oder Unternehmensarchitekturen (engl. *Enterprise architecture frameworks*) liegt daher häufig nicht auf dem Erfolg von E-Partizipationsverfahren [6]. Unternehmensarchitekturen (wie zum Beispiel der Zachman Framework [7], TOGAF [8]) inkludieren häufig weitere Perspektiven, die mit den Systemkomponenten verbunden sind, wie zum Beispiel die Stakeholder und Besitzer sowie weitere Perspektiven (z. B. Daten, Funktionalitäten). Es gibt eine Reihe von verfahrensorientierten Modellen und Rahmenwerken der E-Partizipation, die bei der prozessorientierten Durchführung von E-Partizipationsprojekten Unterstützung bieten können (siehe auch Kap. 3). Beispiele für verfahrensorientierte Modelle sind ein Umsetzungsmodell für Nachhaltigkeit [9] oder eine dreiphasige Umsetzung von E-Partizipationsinitiativen [10]. Zusammenhänge zwischen den verfahrensorientierten Modellen und Unternehmensarchitekturen können von [6] festgestellt werden. Obwohl die Nutzung von großen Rahmenwerken von Unternehmensarchitekturen in [11] aufgrund der hohen Komplexität als eher unangemessen angesehen wird, wird die Nutzung von Referenzmodellen spezifisch für E-Partizipation als zielführender bewertet. Ein Beispiel für ein Referenzmodell ist in [6, 12] angeführt und besteht aus einem verfahrensorientierten Referenzmodell, der Analyse verschiedener Dimensionen (Wer, Wie, Was, Wann und Wo) und einer Sammlung von Anforderungen, Referenzmodellen und weiteren Bausteinen.

7.3.2 Security by Design

Informationssicherheit (engl. *information security*) beschäftigt sich nach US National Institute of Technology (NIST) [13] mit dem Schutz von Information und Informationssystemen vor unbefugtem Zugriff, Nutzung, Offenlegung, Unterbrechung, Veränderung oder Zerstörung. Dies ist auch im IT-Grundschutz des Bundesamtes für Sicherheit in der Informationstechnik (BSI) [14] verankert. Ziel ist es, drei Grundwerte zu gewährleisten:

- **Vertraulichkeit** befasst sich mit dem Schutz von vertraulichen Informationen, z. B. vor unbefugtem Zugriff oder Weitergabe. Dies umfasst auch z. B. private Informationen und die Privatsphäre.
- **Integrität** von Informationen bzw. Daten bedeutet, dass eine Information unverändert und vollständig ist. Es kommt zu keiner Veränderung oder Löschung von Information.
- **Verfügbarkeit** beschäftigt sich mit dem Zugriff und der Nutzung von Information zum geforderten Zeitpunkt.

Diese Grundwerte sind insbesondere im öffentlichen Bereich wichtig. In der E-Partizipation werden in Abhängigkeit der Beteiligungsform oftmals persönliche Daten von Teilnehmern genutzt bzw. gesammelt. Beispiele für konkrete Anwendungsfälle sind auch in Kap. 3 dargestellt. Wie wichtig die Grundwerte der Informationssicherheit sind, werden wir exemplarisch in folgendem Beispiel darlegen.

Beispiel

Im Rahmen einer webbasierten Bürgerbeteiligungsplattform können Teilnehmer Kommentare und Likes zu verschiedenen Themen abgeben. Dabei müssen sich die Teilnehmer registrieren und persönliche Daten wie Nickname, Name, Vorname, E-Mail-Adresse, Postleitzahl und Telefonnummer (optional) angeben.

- **Vertraulichkeit**: Die persönlichen Daten sollen vor Zugriff und Weitergabe geschützt werden. Beispielsweise können durch die Nutzung von Nicknamen die NutzerInnen selbst entscheiden, welche Namen auf der Plattform dargestellt werden. Nur Personen, die sich auf der Plattform registrieren, können die Kommentare und Likes einsehen.
- **Integrität**: Kommentare, Likes oder weitere persönliche Daten bleiben unverändert und vollständig. Es können keine anderen Teilnehmer auf der Plattform Kommentare direkt verändern (aber eventuell darauf antworten) bzw. Likes löschen oder verändern.

Zusätzlich könnten durch Moderatoren Maßnahmen gesetzt werden, die das Löschen von Kommentaren „sichtbar" (d. h. mit einer Anmerkung im Kommentar durch Entfernen des Textes) durchführen.

- **Verfügbarkeit**: Die Bürgerbeteiligungsplattform ist zu jedem geforderten Zeitpunkt verfügbar, auch zum Beispiel am Ende einer Beteiligungsfrist, bei der eventuell eine erhöhte Nutzung durch Teilnehmer erfolgen könnte. Wenig oder keine Verfügbarkeit könnte die Zugriffszeiten erhöhen und eventuell sogar die Plattform unerreichbar machen.

Das Beispiel zeigt wie wichtig die Überlegungen sind, da das Vorhandensein oder Nicht-Vorhandensein von Eigenschaften direkte Empfindungen zum Beteiligungsverfahren bei NutzerInnen auslösen können.

Security by Design bedeutet, dass bereits bei dem Entwurf und der Entwicklung Sicherheitsaspekte mitbedacht und diese zum Beispiel im Softwareentwicklungsprozess berücksichtigt werden. Abschn. 7.4 beschreibt anhand eines Beispiels einen Softwareentwicklungsprozess und wie Sicherheit in der Entwicklung mitbedacht werden kann. Grundsätzlich können die im Folgenden beschriebenen Prinzipien zur Sicherheit beitragen.

Organisatorische Schutzmaßnahmen bei der Gestaltung von Systemen können unter anderem sein:

- Das Prinzip des **Least Privilege** besagt, dass jede NutzerIn bzw. jedem Programm nur die geringsten benötigten Rechte zugewiesen werden, um die Tätigkeiten auf dem System durchzuführen [15].
- **Separation of Duty (SoD)** ist ein viel beachtetes Prinzip in der Zugriffskontrolle (siehe z. B. Simon und Zurko [16] oder Botha und Eloff [17]), um in rollenbasierten Umgebungen organisatorische Aufgaben zu verteilen, damit verschiedene Personen für verschiedene Tätigkeiten zuständig sind und nicht eine Person alle Aufgaben und Rechte besitzt.
- Das **Vier-Augen-Prinzip** bedeutet, dass wichtige Geschäftsentscheidungen oder -aktivitäten von mindestens zwei Personen getätigt werden müssen. Das Vier-Augen-Prinzip ermöglicht dadurch auch die interne Kontrolle und steigert die Transparenz von wichtigen Aktivitäten.

Beispiel

In einer Bürgerbeteiligungsplattform gibt es beispielsweise mehrere Rollen:

- BenutzerIn: Die Rolle der BenutzerIn beschreibt jene Funktionen und Tätigkeiten von BürgerInnen, die an einem der angebotenen Beteiligungsverfahren teilnehmen können. Zusätzlich können NutzerInnen auf der E-Partizipationsplattform Informationen einsehen (z. B. das Impressum).
- OrganisatorIn: Die Rolle der OrganisatorIn beschreibt jene Funktionen und Tätigkeiten, die jemand ausführt, um ein neues Beteiligungsverfahren zu starten.

- OrganisationsadministratorIn: Der/die OrganisationsadministratorIn übernimmt die Funktionen und Tätigkeiten zur Verfahrensadministration und ist einer Organisationseinheit zugeteilt. Der/die OrganisationsadministratorIn kann alle Verfahren der Organisation einsehen und z. B. Verfahren freigeben.
- SystemadministratorIn: Die Rolle SystemadministratorIn übernimmt die technische Administration der E-Partizipationsplattform und verwaltet diese organisationseinheitsübergreifend. Funktionen und Tätigkeiten der Rolle sind unter anderem die Verwaltung von Identifikationsverfahren und der technischen Wartung der Plattform.

Separation of Duty – Beispiele

- Eine Person darf nicht gleichzeitig die Rollen OrganisationsadministratorIn und SystemadministratorIn besitzen und/oder ausüben.
- Eine Person darf nicht gleichzeitig die Rollen OrganisatorIn und OrganisationsadministratorIn besitzen und/oder ausüben.

Vier-Augen-Prinzip – Beispiele

- Im Zuge des Initiierens eines Verfahrens überprüft nach der Eingabe und Erstellung des Verfahrens von OrganisatorIn der/die OrganisationsadministratorIn diese Eingaben und kann das Verfahren freigeben.
- Beim Stoppen/Löschen eines Verfahrens wird ein Antrag zum Stoppen oder Löschen von dem/der OrganisatorIn gestellt und von dem/der OrganisationsadministratorIn überprüft und freigegeben. Sollte der/die OrganisationsadministratorIn den Antrag stellen, so sollte hier eine zweite Person (evtl. der/die OrganisatorIn oder ein/e andere/r OrganisationsadministratorIn) diesen freigeben.

Sowohl das Vier-Augen-Prinzip als auch das Separation of Duty-Prinzip ermöglichen die Implementierung von organisatorischen Schutzmaßnahmen und können daher für die Sicherheit der E-Partizipationsplattformen relevant sein.

7.3.3 Privacy by Design

Eine Definition der Europäischen Kommission [18] zu Privacy by Design (PbD) besagt, „*dass der Schutz der Privatsphäre und der Datenschutz in den gesamten Technologie-Lebenszyklus integriert werden [müssen], vom frühen Entwurfsstadium bis zu deren Einführung, Nutzung und letztendlichen Außerbetriebnahme.*“ Wie in dieser Definition deutlich wird, ist es das Kernelement des Prinzips Privacy by Design, den Schutz der Privatsphäre und den Datenschutz[1] nicht auf ein bereits entwickeltes System aufzusetzen, sondern diese bereits im Entwicklungsprozess mitzubetrachten (siehe auch Kap. 4).

[1] Im Bewusstsein, dass Datenschutz und Schutz der Privatsphäre genau genommen zwei einander überschneidende, aber nicht synonyme Begriffe sind, werden diese im Folgenden weitgehend synonym verwendet.

Die Entwicklung des Konzepts Privacy by Design geht bereits auf die 1990er-Jahre zurück und ist untrennbar mit der Person Ann Cavoukian verbunden, der ehemaligen Datenschutzbeauftragten der kanadischen Provinz Ontario. Cavoukian beschreibt sieben Grundprinzipien von Privacy by Design [19]. Die Idee hinter den Grundprinzipien war, ein holistisches Konzept zu ermöglichen, das Privacy während des gesamten Lebenszyklus eines Systems (vom Entwurf über die Implementierung bis zum Betrieb) miteinbezieht. Zahlreiche Publikationen (z. B. [20–22]) haben sich in den letzten Jahren mit der datenschutzgerechten Gestaltung von Systemen beschäftigt, manche auch, ohne dies als Privacy by Design zu bezeichnen. Zentral ist dabei meist das Prinzip der **Datenminimierung**. Die Europäische Agentur für Netz- und Informationssicherheit (ENISA) hat bereits mehrere Berichte zur Umsetzung von Privacy by Design veröffentlicht [23, 24]. All diese Publikationen machen zweierlei deutlich: Erstens ist es die Einhaltung einiger weniger Grundprinzipien, die Privacy by Design ausmacht. Zweitens lässt sich wohl kein einfacher, allgemein anwendbarer Standardprozess definieren, um diese Grundsätze im Entwicklungsprozess eines Systems zuverlässig umzusetzen, sondern dies muss jeweils individuell erfolgen, indem unter Berücksichtigung von Zweck und gewünschter Funktionalität des jeweiligen Systems geeignete Strategien, Entwurfsmuster und Technologien im System implementiert werden.

Hintergrundinformation

Die Strategien zum Privacy by Design der ENISA in [24] entsprechen im Wesentlichen auch den bereits erwähnten Datenschutzgrundsätzen in [19] und fokussieren auf Daten-orientierten Strategien bzw. Prozess-orientierten Strategien. Im Folgenden werden die acht Strategien basierend auf [25], [24][2] kurz vorgestellt:

- **Minimieren**: Die Menge der persönlichen Daten, die verarbeitet werden, sollte auf die minimal mögliche Menge beschränkt werden.
- **Verstecken**: Alle persönlichen Daten und ihre wechselseitigen Beziehungen sollten vor der direkten Ansicht verborgen bleiben (d. h. nicht sichtbar sein).
- **Separieren**: Persönliche Daten sollten nach Möglichkeit verteilt in getrennten Komponenten verarbeitet und gespeichert werden.
- **Aggregieren**: Persönliche Daten sollten auf der höchsten Aggregationsebene mit möglichst wenigen Details verarbeitet werden, in denen sie (noch) nützlich sind.
- **Informieren**: Die betroffenen Personen sollten angemessen informiert werden, wenn personenbezogene Daten verarbeitet werden.
- **Kontrollieren**: Die betroffenen Personen sollten die Verarbeitung ihrer personenbezogenen Daten überprüfen bzw. kontrollieren können.
- **Durchsetzen**: Es sollte eine Datenschutzrichtlinie existieren, die mit den gesetzlichen Anforderungen vereinbar ist und durchgesetzt werden sollte.
- **Nachweisen**: Nachweis der Einhaltung der Datenschutzrichtlinie und aller anwendbaren rechtlichen Anforderungen.

Das FP7-Forschungsprojekt PRIPARE[3] (PReparing Industry to Privacy-by-design by supporting its Application in REsearch) hat eine praxisorientierte Methodologie entwickelt,

[2] Übersetzt durch die AutorInnen.

[3] http://pripareproject.eu/research/. Zugegriffen am 18.12.2017.

um existierende Softwareentwicklungsprozesse mit Security by Design und Privacy by Design zu erweitern. Diese Methodologie baut auf bestehenden Konzepten und Vorgehensmodellen auf und kombiniert relevante Aspekte aus diesen. Die Methodologie gliedert sich in die Phasen Environment & Infrastructure, Analysis, Design, Implementation, Verification, Release, Maintenance und Decommission und beschreibt in jeder dieser Phasen mehrere Einzelprozesse.

Privacy im Bereich E-Partizipation kann zum Beispiel durch die explizite Nichtnutzung oder Minimierung von Cookies oder ähnlichen Tracking-Technologien (siehe z. B. [26]) bei webbasierten Plattformen ermöglicht werden.

Die vorher erwähnten Strategien fokussieren primär auf Security by Design und Privacy by Design in der allgemeinen Softwareentwicklung und können daher auch als Basis für die Entwicklung von Software im Bereich E-Partizipation eingesetzt werden. Konkretere Beispiele werden im Laufe des Kapitels vorgestellt.

7.4 Sicherheit und Privatsphäre in Entwicklung

Dieses Kapitel beschreibt wie Sicherheit und Privatsphäre in die Entwicklung einer Software integriert werden können.

7.4.1 Vorgehensmodelle in der Softwareentwicklung

Grundsätzlich haben sich in den vergangenen Jahrzehnten einige Vorgehensmodelle entwickelt, die zur Entwicklung von Software herangezogen werden können. Dabei haben sich mehrere Strömungen entwickelt [27]: die vorausschauenden Entwicklungsprozesse (z. B. Wasserfallmodell, das V-Modell [28] etc.), agile Softwareentwicklungsprozesse (z. B. Scrum [29, 30], Extreme Programming, Kanban [31] etc.) sowie iterative und inkrementelle Prozesse (z. B. der Unified Process [32], Rapid Application Development). Wie bei den vorher angeführten Softwarearchitekturen gibt es hier primär allgemeine Methoden und keine spezifisch für E-Partizipation zugeschnittenen Vorgehensmodelle. Die Ausprägung dieser und die inhaltlichen Elemente können jedoch den Anforderungen an E-Partizipationsverfahren angepasst werden. Dies soll in Folge anhand eines iterativen Entwicklungsprozesses erläutert werden.

7.4.2 Beispiel anhand eines iterativen Entwicklungsprozesses

Im Folgenden wird ein erweiterter iterativer agiler Entwicklungsprozess (unter anderem basierend auf Scrum [29, 30]) vorgeschlagen, welcher die bereits beschriebenen PbD-Grundsätze (siehe Abschn. 7.3.3) befolgt.

Beispiel

Im Rahmen des Projektes ePartizipation (siehe Kap. 3) wurde ein iterativer und agiler Softwareentwicklungsprozess basierend auf Scrum eingesetzt. Der Fokus lag vor allem auf der Demonstration von Funktionen der Plattform und der Prozess wurde daher in vereinfachter Form durchgeführt. Im Rahmen des Projektes wurde der Prozess anhand des Scrum-Frameworks [29, 30, 33] angeleitet.

Hintergrundinformation

Im Projekt ePartizipation wurden Sprints mit einer Dauer von 3–4 Wochen durchgeführt. Das Ergebnis eines jeden Sprints ist jeweils ein um Funktionalität erweitertes, lauffähiges und getestetes Produkt [29]. Innerhalb einer Iteration werden die Scrum-typischen Phasen durchlaufen. Zusätzlich gibt es ein Backlog Refinement Meeting am Ende oder zu Beginn des Sprints [27, 29, 30].

- Mit dem Prozess werden insbesondere folgende Ziele adressiert:
- Erhöhung der Qualität der Software vor allem in Bezug auf Security und Privacy.
- Vermeidung einer potenziellen Kompromittierung des Systems.
- Schnellere und flexiblere Anpassung an neue oder geänderte Anforderungen im Bereich Security (z. B. Bekanntwerden neuer Schwachstellen) und Privacy (z. B. Informationen aus zusätzlichen externen Datenquellen werden benötigt).
- Erhöhung der Akzeptanz der Plattform durch ständige Begleitung von DatenschutzexpertInnen.
- Sensibilisierung und besseres Verständnis der EntwicklerInnen hinsichtlich Security und Privacy durch die Verwendung einfach zu verstehender Maßnahmen.
- Einfachere Vergleichbarkeit und Priorisierung von Security- und Privacy-Features.
- Erhöhung der Wartbarkeit durch die ständige Berücksichtigung von Security und Privacy bei Designentscheidungen.

Scrum sieht keine standardisierte Methode vor, um die Bereiche Security und Privacy zu adressieren. Abschn. 7.4.2.1 zeigt, wie diese im Rahmen des Projektes ePartizipation in den Anforderungen modelliert wurden. Maßnahmen zur Forcierung beider Bereiche werden hingegen in Abschnitt „Security und Privacy by Design-Maßnahmen" beschrieben. In beiden Fällen gilt, dass unterschiedliche bestehende Methoden aufgegriffen, ggf. ergänzt, angepasst und kombiniert werden, um die angestrebten Ziele zu erreichen.

Abb. 7.3 veranschaulicht den iterativen Softwareentwicklungsprozess und zeigt, in welchen Phasen Sicherheit (*Security*) und Privatsphäre (*Privacy*) mitbetrachtet werden.

Basierend auf Abb. 7.3 werden einzelne Elemente im Folgenden dargestellt:

- Abschn. 7.4.2.1 zeigt, wie Anforderungen im iterativen Entwicklungsprozess eingebettet und getestet werden können.
- Abschn. 7.4.2.2 beschreibt, wie im Sinne des Risikomanagements einzelne Maßnahmen für Security by Design oder Privacy by Design integriert werden können.
- Abschn. 7.4.2.3 befasst sich mit den Rollen und Verantwortlichkeiten spezifisch für Sicherheit und Privatsphäre in der Entwicklung.

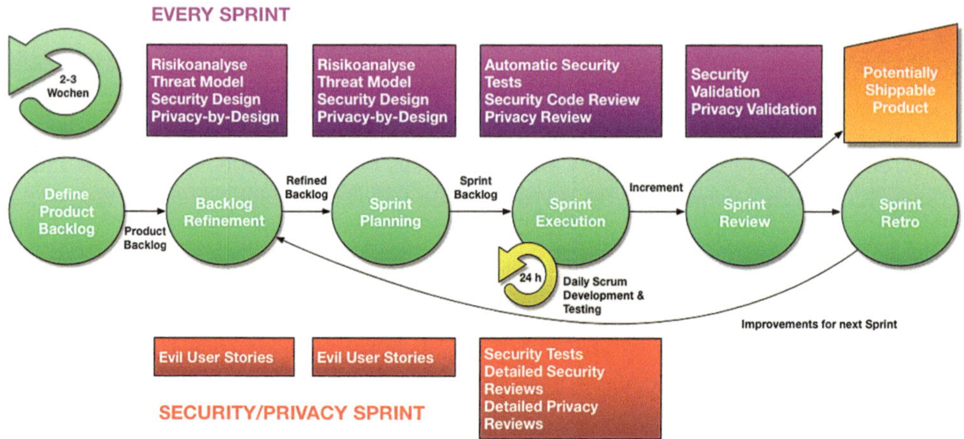

Abb. 7.3 Entwicklungsprozess mit Security und Privacy by Design Ansatz

7.4.2.1 Abbilden von Anforderungen

Wie bereits in Abschn. 7.2 zusammengefasst, sollten die Anforderungen an ein System definiert werden. Im Folgenden werden daher die funktionalen Anforderungen und die Qualitätsanforderungen dargestellt.

Funktionale Anforderungen

Funktionale Anforderungen werden als Product Backlog Items (PBI) in einem Product Backlog gesammelt, welches von dem Product Owner (PO) gepflegt wird, d. h. PBI werden von ihnen erstellt, gelöscht oder verändert. Gemeinsam mit dem Team werden PBI in Backlog Refinement Meetings (oder auch Backlog Grooming) detailliert. PBI können aber auch während des Sprint Plannings aktualisiert werden [29, 30].

User Stories Zum besseren Verständnis von PBI werden diese als **User Stories** formuliert, welche sich stark an der natürlichen Sprache orientieren. User Stories lassen erkennen, welche Rolle, welches Ziel und welchen Nutzen ein/e NutzerIn am System hat. Die Verwendung einer Satzschablone eignet sich hierfür, um die korrekte Formulierung von User Stories zu erleichtern – z. B. „*Als <Rolle> möchte ich <Ziel/Wunsch>, um <Nutzen>*" [29, 30].

Beispiel

Ein Beispiel für eine User Story für eine funktionale Anforderung lautet:

„*Als BürgerIn möchte ich meine Idee zur Errichtung des Spielplatzes einbringen, um darüber eine öffentliche Diskussion zu starten.*"

Zum einfacheren Auffinden von User Stories trägt jede User Story einen kurzen Titel – z. B. „*Idee bei Umfrage einreichen*" [29, 30].

Story Test (oder Akzeptanzkriterium) Zu jeder User Story werden Akzeptanzkriterien in Form von **Story Tests** definiert. Ein Story Test ist wiederum in natürlicher Sprache und neutral von der Implementierung formuliert.

Beispiel

Ein Beispiel für einen Test könnte lauten:

„*Verifiziere, dass ein/e BenutzerIn mit Hilfe eines WYSIWYG-Editors den Text seines Ideenbeitrages formatieren kann.*"

Für komplexe Testfälle sollten diese Tests strukturiert erfasst werden. Es eignet sich wiederum die Verwendung einer Satzschablone: „*Angenommen <Vorbedingung>, wenn <Aktion>, dann <Ergebnis>*" [29, 30].[4]

Definition of Ready Zusätzlich wird eine Definition of Ready (DoR) geführt. Das ist eine Checkliste von Kriterien, die festlegt, welche Eigenschaften eine User Story aufweisen muss, um diese überhaupt erst schätzen zu können und mit der Implementierung zu beginnen – z. B. „*Alle Story Tests sind definiert.*" Entscheidet das Team, dass eine User Story nicht „ready" ist, so muss sie weiter verfeinert werden.[5]

Definition of Done Analog zur DoR wird eine Definition of Done (DoD) erstellt. Diese ist eine Liste von Kriterien, die angibt, wann eine Produkterweiterung (häufig eine User Story) als abgeschlossen (engl. *done*) anzusehen ist – z. B. „*Alle Story Tests der User Story müssen erfolgreich sein.*"[6]

DoD und DoR werden von den PO und dem Entwicklungsteam gemeinsam erarbeitet und sind einem stetigen Änderungsprozess unterworfen.

Qualitätsanforderungen

Privacy- und Security-Aspekte fallen oftmals in die Kategorie der Qualitätsanforderungen. In Fachkreisen werden häufig drei Methoden diskutiert, wie diesen im agilen Umfeld begegnet wird. Welche der Methoden ausgewählt wird, sollte natürlich immer individuell und projektspezifisch festgelegt werden. Idealerweise sollte eine Kombination aus allen drei Methoden angestrebt werden.

[4] Charles Bradley. http://www.scrumcrazy.com/file/view/StoryTestingPatterns_Jan2013.pdf/398755294/StoryTestingPatterns_Jan2013.pdf. Zugegriffen am 15.01.2018.

[5] Definition of Ready. http://guide.agilealliance.org/guide/definition-of-ready.html. Zugegriffen am 20.12.2017.

[6] Definition of Done. http://guide.agilealliance.org/guide/definition-of-done.html. Zugegriffen am 20.12.2017.

Story Tests (oder Akzeptanzkriterien) als Teil einer User Story
Ein häufiger Weg ist es, Story Tests als Teil der User Story zu integrieren, um Qualitätsanforderungen abzubilden – z. B. „*Verifiziere, dass ein/e BenutzerIn nach fünf aufeinanderfolgenden fehlgeschlagenen Anmeldeversuchen gesperrt ist*" [29, 30]. Diese Methode eignet sich vor allem für nicht wiederkehrende, klassische Qualitätsanforderungen.

Technische User Story (oder auch nicht-funktionale User Stories – z. B. Security/Privacy Story)[7,8]
User Stories sind in erster Linie dazu gedacht, Anforderungen mit Geschäftswert abzubilden. Dennoch werden sie in der Praxis auch als Mittel eingesetzt, um Qualitätsanforderungen zu modellieren. Grundsätzlich gilt, dass eine technische User Story geschrieben wird, wenn eine Anforderung nicht alle PBI betrifft oder sie zu groß ist, um als Story Test erfasst werden zu können. Wenn möglich sollte auch hier eine Satzschablone zum Einsatz kommen. Ist dies nicht möglich, so kann darauf verzichtet werden.

Ein Vorteil, nicht-funktionale Anforderungen auf diese Weise im Backlog zu erfassen, ist, dass Security und Privacy für die PO explizit sichtbar gemacht werden. Dies ist die Grundlage zur Förderung des Verständnisses über deren Notwendigkeit und ermöglicht erst die Priorisierung [33, 34].

Beispiel

Beispiele mit Satzschablone:

- „*Als wahlberechtigte/r BürgerIn möchte ich mich mit meinen Zugangsdaten (z. B. Social IDs) am System anmelden, um meine Stimme zur Umfrage abzugeben.*"
- Nutznießer der User Story muss nicht immer der Endnutzer selbst sein, z. B.: „*Als SicherheitsanalystIn möchte ich die Anzahl an nicht erfolgreichen Authentifizierungsversuchen beschränken, um zu verhindern, dass die Applikation anfällig gegenüber Brute Force-Attacken ist.*"

Beispiel ohne Schablone (ohne Nutznießer):

- „*Aktualisierung der OpenSSL Bibliothek auf Version X.X*"

SAFECode [34] beschreibt einen Katalog an generischen Security User Stories, die dabei helfen sollen, die Sicherheit des Systems zu erhöhen. Im Unterschied zu herkömmlichen User Stories sind diese nicht für den Endnutzer geschrieben, sondern für das Entwicklungsteam (ArchitektInnen, EntwicklerInnen, TesterInnen) selbst. Ziel ist es, durch gezielte und strukturiert beschriebene Maßnahmen häufige Schwachstellen wie Cross-Site Scripting (XSS), Remote Execution, SQL-Injection, OS Command Injection u. v. m. zu

[7] Rachel Davies. http://www.methodsandtools.com/archive/archive.php?id=113. Zugegriffen am 20.12.2017.

[8] Mike Cohn, Non-functional Requirements as User Stories, 21.11.2008. https://www.mountaingoatsoftware.com/blog/non-functional-requirements-as-user-stories. Zugegriffen am 20.12.2017.

eliminieren. Es handelt sich dabei jedoch nicht um User Stories im engeren Sinne, sondern vielmehr um einen Maßnahmenkatalog, der als User Stories und ihren zugehörigen Aufgaben formuliert wurde. Diese sollten die OWASP Top 10[9] und die CWE/SANS Top 25 Most Dangerous Software Development Errors[10] abdecken und basieren auf den SAFECode Fundamental Practices for Secure Software Development [35]. Dies ist zwar sehr sinnvoll, jedoch ist die Bezeichnung User Stories unpassend. Ein Abschluss einer solchen User Story würde bedeuten, dass die zwischenzeitlich erreichte nicht-funktionale Anforderung zu einem späteren Zeitpunkt nicht mehr garantiert bliebe. Die Maßnahmen sollten vielmehr wiederkehrend und Teil jeder User Story bzw. der täglichen Entwicklungsarbeit sein. Das heißt, die beschriebenen User Stories können in dieser Form nicht direkt dem Product Backlog hinzugefügt werden. Es empfiehlt sich, diese wie später beschrieben in die DoD aufzunehmen.

Ein weiterer sehr umfangreicher Katalog an generischen User Stories findet sich in [33]. Der Fokus liegt auf Internet bzw. Cloud Services und den jeweiligen Client Applikationen. Zudem reflektiert der Katalog existierende Security Standards wie den Standard of Good Practice for Information Security (ISF),[11] ISO/IEC 27001 sowie das Building Security In Maturity Model (BSIMM).[12] Im Gegensatz zu [34] handelt es sich hierbei jedoch um User Stories im tatsächlichen Sinne, die direkt dem Product Backlog bestehender Projekte angehängt werden können. Die Nutzung dieser Kataloge kann im Requirements Engineering unterstützen, da die Forderung nach und die Formulierung von Security Anforderungen tiefes, umfassendes Wissen in diesem Bereich erfordert.

Definition of Done (oder auch Backlog Constraints)

Hat die Anforderung globale Relevanz, kann sie auch in die DoD mitaufgenommen werden – beispielsweise Anforderungen im Bereich Privacy und Security wie „*Persönliche Daten einer NutzerIn dürfen von anderen BenutzerInnen nicht eingesehen werden*“, oder „*Alle Eingabefelder müssen validiert werden*“. So wird gewährleistet, dass die Anforderung später nicht gebrochen wird.

In der Praxis können User Stories sehr verschieden sein. Um zu verhindern, dass die DoD sehr lang oder unübersichtlich und damit potenziell von EntwicklerInnen ignoriert wird, werden mehrere DoD für artverwandte User Stories formuliert – z. B. Trennung von DoD für Backend und Frontend [27].[13]

[9] OWASP Top 10. https://www.owasp.org/index.php/Category:OWASP_Top_Ten_Project#tab=Main. Zugegriffen am 10.12.2017.

[10] http://cwe.mitre.org/top25/#Listing. Zugegriffen am 1.12.2017.

[11] https://www.securityforum.org/tool/the-isf-standardrmation-security/. Zugegriffen am 16.01.2017.

[12] https://www.bsimm.com/. Zugegriffen am 16.01.2017.

[13] http://www.infoq.com/articles/managing-security-requirements-in-agile-projects. Zugegriffen am 16.01.2017.

7.4.2.2 Agiles Risikomanagement

Das klassische Risikomanagement geht vom Wasserfallmodell aus. Mit anderen Worten, dass bereits zu Beginn das Gesamtausmaß des Systems bekannt ist und alle Risiken bestimmt werden können. Somit ist das klassische Risikomanagement nicht direkt auf den agilen Prozess anwendbar.[14]

Risikomanagement übertragen auf Scrum muss deshalb laufend während jedes Sprints geschehen bzw. als iterativer und inkrementeller Prozess gesehen werden. Bei Änderungen des Product Backlogs, d. h. während der Refinement- und Planning-Meetings, werden Risiken erneut analysiert und das Threat Model angepasst. Um die Risikoanalyse ad hoc zu ermöglichen, werden Mind Maps anstelle von konventionellen Matrizen verwendet.

Die Ergebnisse werden in den User Stories und/oder der DoD berücksichtigt (wie in Abschn. 7.4.2.1 beschrieben). Durch dieses Vorgehen ist sichergestellt, dass Anforderungen an Sicherheit, Privatsphäre und Datenschutz während der Sprint Execution umgesetzt werden.

Zusätzlich werden die in Abschnitt „Security und Privacy by Design-Maßnahmen" beschriebenen Maßnahmen angewandt, um die korrekte Implementierung der erfassten Sicherheitsanforderungen sowie der Richtlinien von PbD zu garantieren.

Im Sprint Review (SR) werden die Security- und Privacy-Anforderungen abschließend validiert. Die Validierung erfolgt auf Basis der definierten Story Tests.

Security und Privacy by Design-Maßnahmen

Es empfiehlt sich, die in diesem Kapitel beschriebenen Maßnahmen in die DoD mitaufzunehmen. Das Entwicklungsteam ist somit gezwungen vor Abschluss einer User Story alle Maßnahmen zur Einhaltung der Security-Anforderungen und des PbD zu respektieren. Durch die Kontrollmechanismen gefundene Fehler müssen vom Entwicklungsteam behoben werden.

User Stories aus der Sicht eines Angreifers

OWASP beschreibt vier generelle User Stories und bezeichnet sie als Evil User Stories. Nutznießer sind nicht EndbenutzerInnen des Systems, sondern potenzielle AngreiferInnen. Evil User Stories richten den Fokus auf die Kompromittierung des Systems und bieten eine weitere Möglichkeit, Security im Product Backlog sichtbar zu machen:[15]

Beispiel

- *Als bösartige/r BenutzerIn möchte ich Informationen zu meinen Gunsten auf der E-Partizipationsplattform manipulieren.*
- *Als bösartige/r BenutzerIn möchte ich mehr Rechte auf der E-Partizipationsplattform erlangen als mir zustehen.*

---

[14] Mastering Security in Agile/Scrum. http://www.rsaconference.com/writable/presentations/file_upload/asec-107.pdf. Zugegriffen am 01.12.2017.

[15] Agile Software Development: Don't forget EVIL User Stories. https://www.owasp.org/index.php/Agile_Software_Development:_Don%27t_Forget_EVIL_User_Stories. Zugegriffen am 16.01.2017.

Es sei hier wiederum angemerkt, dass die einmalige Ausführung einer Evil User Story nicht ausreichend ist. OWASP erwähnt ebenso, dass die unterschiedlichen Aspekte von Security (wie Authentifizierung, Session Management, Kryptografie etc.) vielmehr ständiger Begleiter eines jeden Sprints sein sollen.

Einen sehr ähnlichen Zugang beschreibt [36]. Im Zentrum steht dabei das Antizipieren von unerwünschtem Verhalten, um die Systemfunktionalität auszunutzen. Der Grundgedanke ist der, dass das Schreiben sicherer Software auch das Wissen um den Missbrauch der Systemfunktionalität voraussetzt. Als Werkzeug dienen dabei Misuse oder Abuse Stories, die genau diesen Missbrauch festhalten. Wie diese parallel zu regulären User Stories in Zusammenarbeit mit Security ExpertInnen definiert werden, zeigen die folgenden Beispiele.

Beispiel

Als bösartige/r BenutzerIn möchte ich an einem Verfahren[16] *mehrmals teilnehmen, um das Ergebnis zu meinen Gunsten zu verfälschen.*

Als bösartige/r BenutzerIn möchte ich wissen, wer für bestimmte Ideen bei der Mitentscheidung gestimmt hat.

Sowohl die mit Evil User Stories und Misuse/Abuse Stories verbundenen Security Tests (Penetration- und Vulnerability Tests, IT-Security Audits, Security Code Reviews) als auch die Privacy Tests (Reviews des Systems auf Einhaltung des Datenschutzes und der Privatsphäre, Prüfung auf Einhaltung von Richtlinien, Standards und Normen) sind sehr zeit- und kostenintensiv. Deshalb werden Evil User Stories oder Abuse Stories nur in ausgewiesenen Security und Privacy Sprints abgearbeitet. Diese Sprints sollen periodisch stattfinden, zumindest aber einmal unmittelbar vor dem finalen Release.

Aus der Sicht der PO werden Security- und Privacy-Features somit automatisch leichter mit herkömmlichen Features vergleichbar. Dies vereinfacht auch die Priorisierung der betreffenden User Stories.

Statische Code-Analyse

Bei jedem Check-In prüft der Continuous Integration (CI) Server automatisch mittels entsprechender Tools (z. B. Klocwork) Änderungen auf Einhaltung der (Secure) Coding Guidelines. Das Web-Frontend des CI Servers zeigt etwaige Verstöße an. Jede/r EntwicklerIn ist jedoch dazu angehalten, bereits vor dem Check-In auch lokal dieselbe Prüfung durchzuführen. Bei einem Verstoß dürfen EntwicklerInnen die Änderungen erst gar nicht einchecken.

Automatische Security Tests

So weit wie möglich werden auch Security Tests durch den Einsatz entsprechender Scanner und Fuzzer (z. B. WebScarab) automatisiert – z. B. das Prüfen auf Anfälligkeit gegenüber XSS. Aufgrund der Dauer der Tests müssen diese nicht bei jedem Check-In, jedoch

[16] Partizipationslevel z. B. Mitentscheidung und Entscheidung.

zumindest nächtlich ausgeführt werden. Das Ergebnis der Tests ist über das Web-Frontend des CI Servers abrufbar.

Inkrementelle Security Code Reviews

Tiefgreifende Code Reviews nehmen sehr viel Zeit in Anspruch. Dennoch sollten vor Abschluss einer User Story zumindest alle damit verbundenen Änderungen am Code einem kurzen Review unterzogen worden sein. Ziel ist es, den Code auf Verstöße gegen Security Best Practices zu prüfen (falsche Handhabung des Session Managements, Buffer Overflows etc.). Als Basis kann dabei der bereits angesprochene Katalog von SAFECode [34] dienen. Das Review erfolgt ebenfalls mit der Unterstützung von Tools (z. B. über GIT/Gerrit bei jedem Push-Request). Es muss offensichtlich sein, welche Stellen noch keinem Review unterzogen wurden. Am Ende eines Sprints müssen alle bestehenden Änderungen am Code geprüft worden sein.

Je nach Auslastung des Teams und Volatilität der aktuellen Implementierung kann das Review bereits vorzeitig passieren. Diese Entscheidung liegt im Ermessen des Teams.

Inkrementelle Privacy Reviews

Analog zu inkrementellen Code Security Reviews liegt das Augenmerk nur auf Änderungen, die durch die zu prüfende User Story verursacht wurden. Das Review wird ebenfalls mittels Tools (z. B. über GIT/Gerrit) gestützt. Kommentare müssen sich nicht zwingend nur auf den Code, sondern können sich auch auf beliebige Komponenten des Systems beziehen.

Dabei werden im Sinne von PbD in Anlehnung an Abschn. 7.3.3 vor allem folgende Fragen gestellt:

- Wird nur die kleinste Menge an persönlichen Daten einer Nutzerin bzw. eines Nutzers verarbeitet? Werden Daten verarbeitet, ist eine Anonymisierung oder die Verwendung von Pseudonymen möglich?
- Werden persönliche Daten verarbeitet, sind diese entsprechend ihrer Klassifizierung geschützt (z. B. Verschlüsselung, SSL/TLS)?
- Werden Korrelationen zwischen persönlichen Daten einer Nutzerin bzw. eines Nutzers aus unterschiedlichen Quellen miteinander in Verbindung gebracht?
- Werden persönliche Daten so abstrakt wie möglich behandelt oder können diese noch weiter aggregiert werden, sodass die Eingriffsintensität sinkt?
- Ist ein/e NutzerIn darüber informiert, wenn persönliche Daten verarbeitet oder sogar mit Dritten geteilt werden?
- Hat ein/e NutzerIn Einfluss auf den Umgang mit seinen bzw. ihren persönlichen Daten? Können diese einsehbar, änderbar oder löschbar sein?
- Steht das System mit allen anzuwendenden Normen, Gesetzen und Standards im Einklang?

7.4.2.3 Weitere Rollen

Scrum definiert folgende klassische Rollen (vgl. [29, 30, 33]):

- **Product Owner:** Definiert und priorisiert die User Stories. Er detailliert die User Stories gemeinsam mit dem Entwicklungsteam im Backlog Refinement Meeting und steht im Planning Meeting für Fragen offen.
- **Scrum Master:** Gewährleistet die Einhaltung der Prinzipien von Scrum und bereinigt Hindernisse, die das Entwicklungsteam in seiner Aufgabe blockieren. Er leitet und moderiert die Meetings und ist für die Einhaltung ihrer Zeitgrenzen verantwortlich.
- **Entwicklungsteam**: Entscheidet wie viele User Stories vom Product Backlog in das Sprint Backlog übernommen werden und ist für die Umsetzung der Sprint Backlog Items verantwortlich. Sowohl EntwicklerInnen als auch TesterInnen sind Teil des Teams. Diese Rollen müssen nicht von unterschiedlichen Personen bekleidet werden.

Scrum sieht vor, dass die Fähigkeiten innerhalb des Entwicklungsteams konvergieren. In der Praxis ist dies gerade im Bereich Security und Privacy schwer möglich. Analyse, Planung und Umsetzung entsprechender Maßnahmen erfordern i. d. R Spezialwissen, weshalb je ein Security und ein Privacy Team außerhalb des Entwicklungsteams dafür vorgesehen sind (siehe Abb. 7.4).

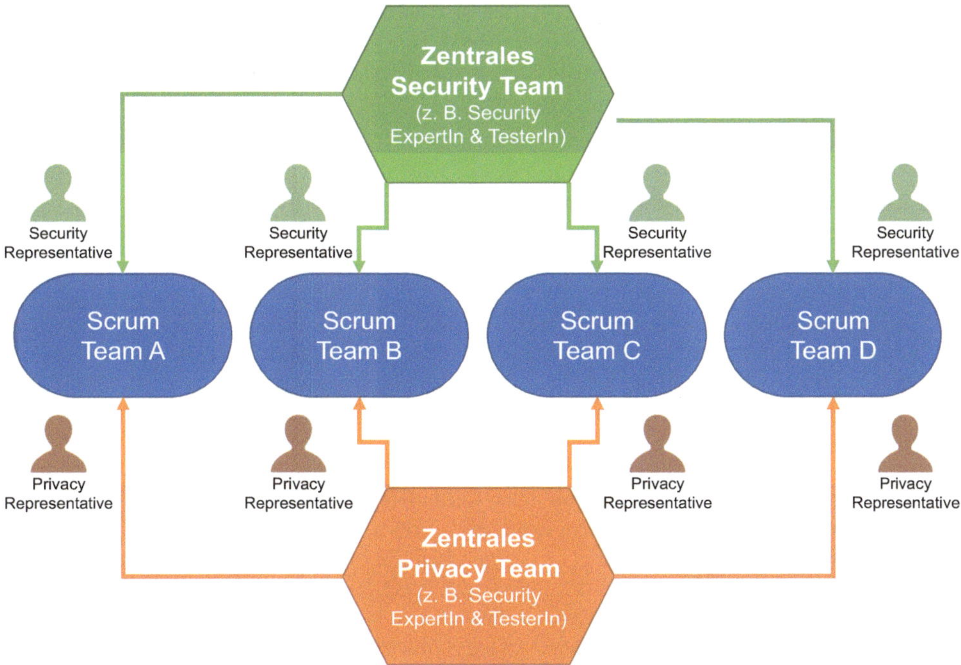

Abb. 7.4 Rollen in einem agilen Prozess unter Einbezug von Sicherheit und Privatsphäre

Folgende neue Rollen ergeben sich dadurch:

- **Security ExpertInnen und TesterInnen:** Als Mitglieder des Security Teams leisten sie Hilfestellung oder übernehmen Aufgaben im Bereich Security (z. B. Risikoanalyse, Threat Modeling, Security Testing, Code Reviews mit Fokus auf Security und Secure Coding).
- **Privacy ExpertInnen**: Als Mitglieder des Privacy Teams kümmern sie sich um die Themen Datenschutz, Datensicherheit und Privatsphäre. Sie unterstützen das Entwicklungsteam im Bereich Privacy durch verschiedene Tätigkeiten (z. B. Risikoanalyse, Threat Modeling, Privacy Testing, Privacy Reviews) und sind somit entscheidend für die erfolgreiche Anwendung von PbD.

Diese ExpertInnen werden in verschiedenen Scrum Teams eingesetzt (siehe Abb. 7.4).

Beide Teams (Security und Privacy) in Abb. 7.4 sind als zentrale Instanzen zu verstehen, die auch mehr als ein Scrum Team unterstützen können. Dies eignet sich vor allem bei Projekten mit verteilten Teams. In Security und Privacy Sprints werden Abuse und Evil User Stories von diesen Teams übernommen. Wird die Geschwindigkeit des Entwicklungsteams bestimmt, so muss der Anteil der extern vergebenen Tätigkeiten klar ersichtlich sein. Dies ist wichtig, um die Kapazität des Entwicklungsteams für künftige Sprint Plannings zu bestimmen.

Die Teams werden durch einen *Privacy Representative* und einen *Security Representative* vertreten. Sie haben eine ganzheitliche Sicht auf Entwicklung und Infrastruktur bezüglich des Risikomanagements. Das qualifiziert sie als zusätzliche PO für das Entwicklungsteam, d. h. sie dürfen unter Absprache mit den anderen PO für ihre Bereiche relevante PBI und/oder Akzeptanzkriterien definieren, erweitern und priorisieren. Es gibt jedoch weiterhin nur ein Product Backlog mit eindeutiger Priorisierung.

Security und Privacy Representatives (SR bzw. PR)

Basierend auf den zentralen Security und Privacy Teams hat ein Security oder Privacy Representative (auf Deutsch: Vertreter oder Verantwortliche) folgende Aufgaben:

- Vertritt sein Team in den Scrum Meetings.
- Koordiniert die Mitglieder des jeweiligen Teams. Während des Sprints werden Tasks zuerst dem SR zugewiesen, der die Tasks weiter an seine Teammitglieder verteilt. Es empfiehlt sich, ein Project Tracking System (z. B. Jira[17]) für alle Mitglieder aller Teams zu verwenden.
- Sofortige Risikoanalyse und Threat Modeling während des Backlog Refinement- und Planning Meetings für kleine User Stories. Bei großen User Stories werden dafür technische User Stories angelegt, die von seinem Team übernommen werden. Die Ergebnisse dieser User Stories fließen in den/die nächsten Sprint(s) in Form von User Stories und/oder Änderungen der DoD mit ein.
- Fordert und plant periodische Sprints in seinem Bereich.
- Berücksichtigung der Ergebnisse des Sprints des jeweiligen Bereichs im Product Backlog und Priorisierung der User Stories in Absprache mit den anderen PO.
- Verpflichtet sich zur Teilnahme an den Backlog Refinement-, Planning-, Review- und Retrospective Meetings.
- Nimmt optional bei den Daily Scrums teil.

[17] https://www.atlassian.com/software/jira. Zugegriffen am 30.01.2018.

Die Rolle des Security Representatives hat zusätzlich folgende Rechte und Pflichten:

- Fordert die Implementierung von Security Best Practices und der Maßnahmen zur Gewährleistung der Sicherheit (siehe Abschnitt „Security und Privacy by Design-Maßnahmen").
- Fordert kritische Software-/Framework-Updates (z. B. Update von OpenSSL).

Die Rolle des Privacy Representatives hat zusätzlich folgende Rechte und Pflichten:

- Gewährleistung der Compliance (ISO, Datenschutz etc.)
- Fordert die Einhaltung von PbD-Prinzipien (siehe Abschn. 7.3.3) und den Maßnahmen zur Gewährleistung (siehe Abschnitt „Security und Privacy by Design-Maßnahmen") dieser Prinzipien vom Entwicklungsteam.

7.5 Zusammenfassung

Dieses Kapitel beschäftigt sich mit dem Design und der Entwicklung eines E-Partizipationsökosystems für E-Partizipationsplattformen. Ausgehend von Softwareentwicklungs-Lebenszyklusmodellen betrachtet das Kapitel die Phasen Anforderungsanalyse, Design, Entwicklung und Evaluierung.

In der Anforderungsanalyse werden die Stakeholder sowie funktionale Anforderungen und Qualitätsanforderungen festgelegt. Im Bereich der E-Partizipation gilt es besonders auch auf die Qualitätsanforderungen zu achten, da insbesondere Aspekte der Privatsphäre oder der Sicherheit oftmals als Qualitätsanforderungen eingebracht werden können. Zudem ist es auch wichtig, das System und dessen Grenzen festzulegen.

Bei der Gestaltung der Architektur und des Systems können Softwarearchitekturen bzw. Unternehmensarchitekturmodelle herangezogen werden. Diese können adaptiert auf die Bedürfnisse der Bürgerbeteiligung zugeschnitten werden. Zusätzlich wurden auch Referenzarchitekturen für Beteiligungsverfahren geschaffen (siehe z. B. in [6, 37]). Bei der Konzeption sollten die Grundprinzipien von Security by Design und Privacy by Design verfolgt werden, um so ein Mindestmaß an Schutz der Privatsphäre und Sicherheit bereits im Entwurf miteinzubeziehen.

In der Entwicklung können spezielle Vorgehensweisen Privatsphäre- oder Sicherheitsaspekte einbetten und dadurch in die tägliche Implementierung integrieren. Weitere Maßnahmen wie Evil User Stories oder Misuse Stories können dazu genutzt werden, die Sicht der AngreiferInnen darzustellen und präventive Schutzmaßnahmen bereits bei der Implementierung zu berücksichtigen.

Die Summe dieser Schritte unterstützt die Entwicklung eines sicheren Systems. Wie bereits im Kapitel erwähnt, kann es keine 100 %ige Sicherheit geben. Es können jedoch die Grundvoraussetzungen und Maßnahmen geschaffen werden, um Fehler und Sicherheitslücken zu vermeiden oder Angriffsmöglichkeiten zu vermindern.

Ausgehend von diesen Phasen können in der Evaluierung (siehe Kap. 8) interdisziplinäre Anforderungen und Kriterien untersucht werden. Die Resultate und das Feedback des Produkts sollten idealerweise wieder in die Anforderungsanalyse und das Design im

Lebenszyklusmodell (siehe Abb. 7.1) einfließen und so als fehlende Funktionalitäten oder Erweiterungen integriert werden, sodass langfristig ausgereifte und robuste Produkte entstehen, die im Bereich der Bürgerbeteiligung eingesetzt werden können.

Literatur

1. Brandt-Pook H, Kollmeier R (2016) Softwareentwicklung kompakt und verständlich: Wie Softwaresysteme entstehen, 2. Aufl. Springer Vieweg, Wiesbaden
2. Sommerville I (2012) Software Engineering, 9. aktual. Pearson Studium, München/Harlow/Amsterdam
3. Pohl K, Rupp C (2015) Basiswissen Requirements Engineering: Aus- und Weiterbildung nach IREB-Standard zum Certified Professional for Requirements Engineering Foundation Level. Dpunkt-Verlag GmbH, Heidelberg
4. Störrle H (2005) UML 2 erfolgreich anwenden. Addison-Wesley, München
5. Perry DE, Wolf AL (1992) Foundations for the study of software architecture. SIGSOFT Softw Eng Notes 17:40–52
6. Scherer S, Wimmer MA (2011) Reference framework for e-participation projects. In: Electronic participation, Lecture notes in computer science. Springer, Berlin/Heidelberg, S 145–156. https://link.springer.com/chapter/10.1007/978-3-642-23333-3_13. Zugegriffen am 01.18.2018
7. Zachman JA (1987) A framework for information systems architecture. IBM Syst J 26:276–292
8. The Open Group (2011) TOGAF Version 9.1, 10. Aufl. Van Haren Publishing, Zaltbommel
9. Islam MS (2008) Towards a sustainable e-participation implementation model. Eur J ePract 5:1–12
10. Phang CW, Kankanhalli A (2008) A framework of ICT exploitation for e-participation initiatives. Commun ACM 51:128–132
11. Scherer S, Wimmer MA (2012) E-participation and enterprise architecture frameworks: an analysis. Info Pol 17:147–161. https://doi.org/I0.3233/IP-2012-0270
12. Scherer S, Wimmer MA (2011) Analysis of enterprise architecture frameworks in the context of e-participation. In: Proceedings of the 12th annual international digital government research conference: digital government innovation in challenging times, dg.o '11. ACM, New York, S 94–103. https://doi.org/10.1145/2037556.2037571. Zugegriffen am 05.20.2015
13. Kissel R (2013) Glossary of key information security terms. NIST National Institute of Standards and Technology, Gaithersburg. https://dx.doi.org/10.6028/NIST.IR.7298r2
14. BSI (2012) Leitfaden Informationssicherheit. Bundesamt für Sicherheit in der Informationstechnik – BSI, Bonn. www.bsi.bund.de/grundschutz. Zugegriffen am 01.03.2018
15. Saltzer JH, Schroeder MD (1975) The protection of information in computer systems. Proc IEEE 63:1278–1308
16. Simon RT, Zurko ME (1997) Separation of duty in role-based environments. In: Computer security foundations workshop, 1997. Proceedings. 10th, Rockport, S 183–194
17. Botha RA, Eloff JHP (2001) Separation of duties for access control enforcement in workflow environments. IBM Syst J 40:666–682
18. Europäische Kommission, Eine Digitale Agenda für Europa, KOM (2010) 245 endg., 19. Mai 2010, S 20
19. Cavoukian A (2009) Privacy by design. Take the challenge. Information and Privacy Commissioner of Ontario, Canada
20. Deng M, Wuyts K, Scandariato R, Preneel B, Joosen u W (2011) A privacy threat analysis framework: supporting the elicitation and fulfillment of privacy requirements. Requir Eng 16:3–32

21. Kung A (2014) PEARs: privacy enhancing architectures. In: Privacy technologies and policy, lecture notes in computer science. Springer, Cham, S 18–29. https://link.springer.com/chapter/10.1007/978-3-319-06749-0_2. Zugegriffen am 01.18.2018
22. Spiekermann S, Cranor LF (2009) Engineering privacy. IEEE Trans Softw Eng 35:67–82
23. Danezis G et al (2015) Privacy and data protection by design – from policy to engineering. http://arxiv.org/abs/1501.03726. Zugegriffen am 01.18.2018
24. Danezis G et al (2014) Privacy and data protection by design – from policy to engineering. ENISA. https://www.enisa.europa.eu/publications/privacy-and-data-protection-by-design/at_download/fullReport. Zugegriffen am 01.18.2018
25. Hoepman J-H (2014) Privacy design strategies. In: ICT systems security and privacy protection, IFIP advances in information and communication technology. Springer, Berlin/Heidelberg, S 446–459. https://link.springer.com/chapter/10.1007/978-3-642-55415-5_38. Zugegriffen am 01.18.2018
26. Serov I, Leitner M, Rinderle-Ma S (2016) Current practice and challenges of data use and web analytics in online participations. In: Electronic government and electronic participation, Guimarães, Bd 23, S 80–87
27. Leffingwell D (2010) Agile software requirements: lean requirements practices for teams, programs, and the enterprise. Addison-Wesley Professional, Boston
28. Friedrich J, Hammerschall U, Kuhrmann M, Sihling M (2009) Das V-Modell XT – Für Projektleiter und QS-Verantwortliche. Springer, Berlin/Heidelberg
29. Sutherland J, Sutherland JJ (2014) Scrum: the art of doing twice the work in half the time. Crown Business, New York
30. Rubin KS (2012) Essential scrum: a practical guide to the most popular agile process. Addison-Wesley, Boston
31. Epping T (2011) Kanban für die Softwareentwicklung. Springer, Berlin/Heidelberg
32. Essigkrug A, Mey T (2007) Rational Unified Process kompakt. Springer Spektrum, Heidelberg
33. Ahola J et al (2014) Handbook of the secure Agile software development life cycle. University of Oulu, Oulu. http://www.n4s.fi/2014magazine/article2/assets/guidebook_handbook.pdf. Zugegriffen am 04.08.2018
34. Asthana V, Tarandach I, O'Donoghue N, Sullivan B, Saario M (2012) Practical security stories and security tasks for Agile development environments. Software Assurance Forum for Excellence in Code (SAFECode). http://www.safecode.org/publication/SAFECode_Agile_Dev_Security0712.pdf. Zugegriffen am 15.01.2018
35. Belk M et al (2011) Fundamental practices for secure software development. Software Assurance Forum for Excellence in Code (SAFECode), Arlington. http://www.safecode.org/publication/SAFECode_Dev_Practices0211.pdf. Zugegriffen am 15.01.2018
36. Hope P, McGraw G, Anton u AI (2004) Misuse and abuse cases: getting past the positive. IEEE Secur Priv 2:90–92
37. Scherer S (2016) Towards an e-participation architecture framework (EPArt-framework). Dissertation, Koblenz, Universität Koblenz-Landau, Campus Koblenz

Multimodale Evaluierung von Beteiligungsplattformen

8

Vinzenz Heußler, Giti Said, Michael Sachs und Judith Schoßböck

Zusammenfassung

Im Folgenden wird die Evaluierung von digitalen Bürgerbeteiligungsprojekten behandelt. Zunächst soll die Evaluierung von Bürgerbeteiligungsverfahren allgemein erörtert werden, wobei unterschiedliche Forschungsmethoden mit ihren Dimensionen und Kategorien aufgezeigt sowie weitere Faktoren zur Evaluierung von Bürgerbeteiligungsverfahren analysiert und spezifiziert werden. Ferner wird die Evaluierung von Fallstudien behandelt. Dabei soll der Frage nachgegangen werden, wie eine Auswahl von Forschungsmethoden eine multi-dimensionale Evaluierung ermöglicht. Das Kapitel befasst sich zudem mit der konkreten Evaluierung anhand zweier E-Partizipationsforschungsprojekte, und zwar dem EU-Projekt OurSpace und dem österreichischen Projekt ePartizipation, in deren Rahmen E-Partizipationsplattformen entwickelt und evaluiert wurden.

Schlüsselwörter

Evaluierungsframeworks · Evaluierungsmethoden · Evaluierungskategorien · OurSpace · E-Partizipation

V. Heußler (✉)
Bundeskanzleramt, Wien, Österreich
Arbeitsgruppe Rechtsinformatik, Universität Wien, Wien, Österreich
E-Mail: vinzenz.heussler@bka.gv.at

G. Said
Arbeitsgruppe Rechtsinformatik, Universität Wien, Wien, Österreich
E-Mail: giti.said@univie.ac.at

M. Sachs
Donau-Universität Krems, Krems, Österreich
E-Mail: michael.sachs@donau-uni.ac.at

J. Schoßböck
Donau-Universität Krems, Krems, Österreich
City University of Hong Kong, Hong Kong, China
E-Mail: Judith.Schossboeck@donau-uni.ac.at

M. Leitner (Hrsg.), *Digitale Bürgerbeteiligung*,
https://doi.org/10.1007/978-3-658-21621-4_8

8.1 Allgemeines zur Evaluierung von Bürgerbeteiligungsverfahren

Ein wesentlicher Pfeiler der (Staats-)Bürgerschaft ist das Recht auf Teilnahme an der Gestaltung des öffentlichen Lebens. Diese sollte idealerweise auf Gleichheit beruhen, integrativ sein und so einfach wie möglich gemacht werden. Vor dem Hintergrund der zunehmenden Nutzung des Internets und des „gefühlten" demokratischen Defizits wurden E-Partizipationsprojekte mit der Idee verbunden, die Teilnahme an Entscheidungsprozessen zu erleichtern und die Aufmerksamkeit einer bestimmten Zielgruppe zu erregen, insbesondere jener, die dem Einsatz von Informations- und Kommunikationstechnologie (IKT) positiv gegenübersteht. E-Partizipationsexperten haben betont, dass weitere Untersuchungen unter anderem im Hinblick auf die Bewertung der sozialen Akzeptanz von E-Partizipation, d. h. die Evaluierung solcher Projekte und Werkzeuge, durchgeführt werden sollten [1]. Die Konzeption der methodischen Rahmenbedingungen der E-Partizipationsevaluierung ist daher zu einem relevanten Thema geworden [1]. Der zunehmenden Bedeutung, der der methodische Erkenntnisgewinn aus der Evaluierung von E-Partizipationsprojekten und -werkzeugen zukommt, soll im Folgenden durch eine theoretische Einführung in die in der Literatur vorhandenen Evaluierungsframeworks und deren praktische Anwendung anhand zweier Forschungsprojekte Rechnung getragen werden.

8.1.1 Bedeutung der Evaluierung für E-Partizipation

Aichholzer und Westholm [2] unterstreichen die Bedeutung der Evaluierung von E-Partizipation und führen dazu mehrere Gründe an. So ist Evaluierung generell unverzichtbar, wenn präzisere und objektivere Erkenntnisse über die Wirksamkeit, den Wert oder den Erfolg eines Projektes, einer Initiative oder eines Programms im Bereich der E-Partizipation gewonnen werden sollen. Evaluierung hilft zu ermitteln, inwieweit bestimmte Ziele erreicht oder nicht erreicht wurden. Erkenntnis infolge von Evaluierung ermöglicht die Identifizierung von Defiziten, was zu organisatorischem Lernen, einem verbesserten Management und der Nutzung dieses Wissens in zukünftigen E-Partizipationsprojekten führen kann. Weitere wichtige Funktionen sind Audit und Projektsteuerung. Im Hinblick auf elektronische E-Partizipationstools ist Evaluierung notwendig, um die sozio-technische Gestaltung und den Aufbau sowohl aus der Sicht der Anbieter als auch der Anwender zu optimieren. Abschließend ist Evaluierung erforderlich, um festzustellen, ob und inwieweit ein E-Partizipationsprojekt zur Verbesserung der Demokratie beiträgt.

8.1.2 Evaluierungsdesigns und Evaluierungsframeworks

In der Folge werden die in der Literatur vorhandenen Evaluierungsdesigns bzw. Evaluierungsframeworks vorgestellt. Die wissenschaftliche Literatur zu Evaluierungsdesigns bzw. Evaluierungsframeworks ist noch recht jung. So waren konkrete Evaluierungen von E-Partizipationsanwendungen Anfang des 21. Jahrhunderts noch schwer zu finden.

Zu den wenigen Evaluierungsframeworks, die damals veröffentlicht wurden, zählen die von Whyte und Macintosh [3] sowie Frewer und Rowe [4].

Evaluierung nach Forss

Forss schlägt in seiner Publikation [5] drei Zwecke für die Evaluierung von E-Partizipation vor, nämlich Audit, Management und Lernen. Er hält zudem fest, dass im öffentlichen Sektor der Schwerpunkt in der Regel bisher auf Audit lag. Der Grund dafür bestehe darin, dass es dort notwendig sei, die Ausgaben der öffentlichen Gelder zu überwachen und zu ermitteln, ob Dienstleistungen wirksam und effizient sind [5]. Obgleich die Publikation von Forss zumindest im Zeitpunkt ihrer Veröffentlichung eine nützliche Quelle für diejenigen bot, die eine Evaluierung durchführen wollten, erforschte sie nicht die Besonderheiten der Evaluierungsanforderungen von E-Partizipation.

Evaluierung nach Frewer und Rowe

Frewer und Rowe [4] betrachten in der gleichen OECD-Publikation wie Forss [5] einige der praktischen Fragen bei der Evaluierung von Öffentlichkeitsbeteiligung auf der Grundlage ihrer Erfahrungen mit einer Reihe von wissenschaftlichen Übungen zu Bürgerbeteiligung. Der Anhang zu ihrer Arbeit enthält eine Liste möglicher Evaluierungskriterien mit vorgeschlagenen Fragen. Dies ist zwar eine nützliche Grundlage für den Aufbau einer Evaluierung, nimmt aber keinen konkreten Bezug auf die Evaluierung von IKT als Medium für die Beteiligung.

Evaluierung nach Anttirioko

Anttirioko [6] schlägt in seiner Arbeit vor, dass bei der Evaluierung von eDemocracy die umfangreichen Fähigkeiten von Technologie, Mehrwert zu leisten, berücksichtigt werden sollten. Dieser Mehrwert von Technologie sollte sich wie folgt ausdrücken:

- **Institutionen**: Inwieweit sind die IKT-basierten bürgerzentrierten Lösungen und Anwendungen in die Praxis der bestehenden politischen Institutionen integriert und wie beeinflussen sie die tatsächlichen Entscheidungsprozesse?
- **Beeinflussung**: Sind die eDemocracy-Experimente oder -Praktiken so gestaltet, dass die beteiligten Personen Fragen von Interesse wirklich beeinflussen können?
- **Integration**: Wird das Potenzial von Technologie hinsichtlich der Integration der Elemente des eDemocracy-Prozesses, einschließlich Agenda-Setting, Planung, Vorbereitung, Entscheidungsfindung, Implementierung, Evaluierung und Kontrolle, optimal genutzt?
- **Interaktion**: Wird das Potenzial von Technologie zur Dissemination von Informationen, Erleichterung von Interaktion und Durchführung politischer Prozesse derart genutzt, dass die Transparenz, Effizienz, Flexibilität, Kostenwirksamkeit und Inklusion des demokratischen Prozesses erhöht wird?

Evaluierung nach Gil-Garcia und Pardo

Gil-Garcia und Pardo [7] diskutieren über die Notwendigkeit eines mehrere Methoden umfassenden Ansatzes für eGovernment-Forschung. Sie argumentieren, dass eGovernment ein komplexes soziales Phänomen ist, das von der Nutzung mehrerer Disziplinen profitieren kann.

Evaluierung nach Macintosh und Whyte

Für Macintosh und Whyte [8] gilt dieses Argument für den Einsatz von mehreren Methoden für die Evaluierung von E-Partizipation sogar noch stärker. Basierend auf ihren früheren Arbeiten (Whyte und Macintosh [3, 9]) argumentieren Macintosh und Whyte [8], dass ein analytisches Framework entwickelt werden muss, um die Effektivität von E-Partizipation dahingehend bewerten zu können, wie geeignet sie ist, um ein breites Publikum zu erreichen, so dass der politische Prozess beeinflusst wird. Dieses analytische Framework muss folgende drei Dimensionen berücksichtigen: die Evaluierungskriterien, die verfügbaren Analysemethoden und die beteiligten Akteure.

Die Evaluierungskriterien, wie in Abb. 8.1 gezeigt, betrachten drei überlappende Perspektiven: die projektspezifische, die demokratische und die sozio-technische Perspektive:

- Projektperspektive (project criteria): Die Projektperspektive betrachtet die spezifischen Ziele der E-Partizipationsinitiative, und zwar danach, wie sie von den Projektbeteiligten festgelegt wurde.
- Sozio-technische Perspektive (socio-technical criteria): Diese Perspektive betrachtet, inwieweit die Gestaltung der IKT den Ausgang des Projektes direkt beeinflusst. Hierzu können auch etablierte Frameworks aus der Softwareentwicklung und von Informationssystemen wie z. B. Acceptability und Usability herangezogen werden.
- Demokratische bzw. politische Perspektive (democratic criteria): Hier werden die demokratischen Kriterien, die mit der Initiative adressiert werden, betrachtet. Einer der am schwierigsten zu untersuchenden Aspekte (Aichholzer et al. [10]) ist hier das Verständnis, inwieweit Policies durch E-Partizipationsprojekte beeinflusst werden und wie dies gemessen werden kann.

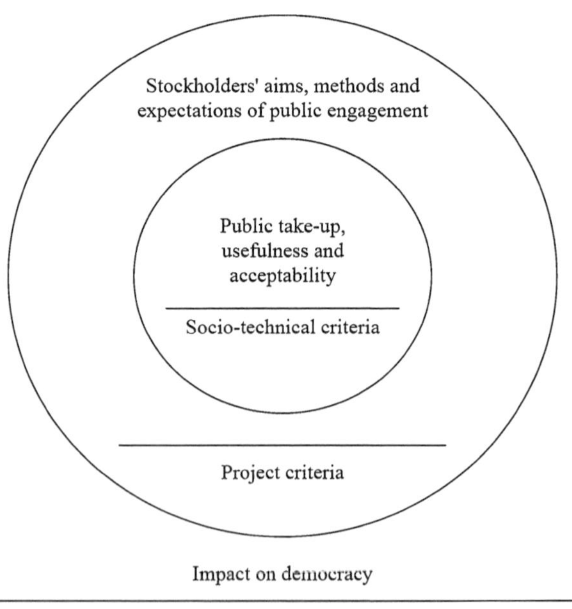

Abb. 8.1 Schichten der Evaluierung von E-Partizipation (© Emerald Group Publishing Limited all rights reserved, mit freundlicher Genehmigung)

Nach Macintosh und Whyte [8] sollte eine Reihe von Datenerfassungs- und Analysemethoden verwendet werden, die abhängig von den E-Partizipationstools und dem Kontext der Nutzung sind. Diese umfassen:

- Feldbeobachtung der relevanten Akteure bei Einsatz des Tools in einem Realszenario,
- Befragung und Gruppendiskussion mit den relevanten Akteuren,
- Analyse von Online-Fragen und Diskussionen,
- Analyse der Projektdokumentation und
- Analyse der Nutzungsstatistiken des Tools und der Server-Logfiles.

Es sollten dabei Methoden miteinbezogen werden, die die Interaktion mit dem Tool analysieren. Dadurch kann sichergestellt werden, dass die Bewertung belegt, wie Tools tatsächlich verwendet wurden.

Ferner ist es wichtig, diverse StakeholderInnen in den Evaluierungsprozess einzubeziehen, um zu verstehen, wie diese E-Partizipation wahrnehmen.

Bei E-Partizipationsprojekten, die von Regierungsseite geleitet werden, könnten solche StakeholderInnen beispielsweise folgende Personen sein:

- Beamte, die den E-Partizipationsmechanismus einrichten und verwalten;
- Personen, die den E-Partizipationsmechanismus verwendet haben;
- Personen, die ihn nicht benutzt haben;
- Gewählte Vertreter oder Beamte, die die Ergebnisse berücksichtigen;
- Andere interessierte Vertreter und
- Projektmanager und Vertreter der IT-Branche, die die Online-Tools beliefern.

Bei jedem generalisierten Evaluierungsframework für E-Partizipation muss dabei eindeutig festgelegt werden, welche Evaluierungskriterien in Betracht gezogen werden und welche StakeholderInnen angesprochen werden sollen. Ferner muss sichergestellt sein, dass die relevanten Forschungsmethoden an die geeigneten StakeholderInnen unter Berücksichtigung des Timings, ihrer Fähigkeiten und ihrer Bereitschaft, sich zu beteiligen, angepasst werden.

Evaluierung nach Aichholzer und Westholm

Der Zweck der Evaluierungsdimensionen, wie sie in der Literatur vorgeschlagen werden, bezieht sich hauptsächlich auf die Wichtigkeit einer systematischen Analyse der Prozesse sowie der Resultate anhand vordefinierter Kriterien (Aichholzer und Westholm [2]), wobei ein erwarteter Vorteil diverser Frameworks sich darauf bezieht, besser abschätzen zu können, inwieweit ein Partizipationsprojekt dabei helfen kann, politische oder demokratische Hilfestellung zu leisten. Diese politische bzw. demokratische Dimension wird daher neben der technischen Perspektive von den meisten Frameworks aufgegriffen. Auf einer weiteren Ebene gilt es festzustellen, inwieweit der Fokus, das Design oder die Resultate eines E-Partizipationsprojektes sich auf nationale Bedingungen beziehen – die kontextuellen Faktoren sowie projektspezifischen Faktoren sind also miteinzubeziehen.

Ungeachtet des gesteigerten Forschungsinteresses an Evaluierungsmodellen gibt es kein allgemein anerkanntes analytisches Modell und die verschiedenen Frameworks behandeln Kriterien in Bezug auf spezifische methodologische und projektspezifische Rahmenbedingungen. Laut Aichholzer und Kubicek [11] ist die Forschung rund um die Nutzung und die Auswirkungen von E-Partizipation bzw. deren Evaluierung noch weit davon entfernt, konkrete empirisch nachweisbare Erfolgsfaktoren (success factors) präsentieren zu können.

Evaluierung nach Pratchett et al.
Von Pratchett et al. [12] wurde jedoch 2009 erstmals ein Versuch unternommen, ein übergreifendes Evaluierungsdesign für E-Partizipationsprojekte zu erstellen. Konkret wurde hier zwischen Erfolgskriterien bzw. Erfolgsvoraussetzungen (success criteria) und Erfolgsfaktoren (success factors) differenziert. Pratchett et al. vertraten die Meinung, dass die wissenschaftliche Literatur sich bis dahin lediglich mit bestimmten Aspekten der E-Partizipation beschäftigte. Sie sei darüber hinaus einzelfallbezogen und deskriptiv. Das Hauptproblem sei, dass einige Aspekte von E-Partizipationsprojekten, wie beispielsweise der Aspekt der Gemeinschaftsstärkung (community empowerment), nicht auf einer abstrakten Ebene behandelt werden können.

Kubicek et al. [13] stellen ein strukturelles Modell vor, das sowohl die Effekte als auch die Einflussfaktoren von E-Partizipation kategorisiert. Die meisten Modelle schlagen eine Dreiteilung vor (vgl. z. B. Macintosh und Whyte [8]).

Evaluierung nach Terán und Drobnjak
Terán und Drobnjak [14] evaluierten 21 Anwendungen für Wahlempfehlungen, sogenannte „Voting Advice Applications“ (VAA). Das sind webbasierte Systeme, die WählerInnen Informationen über eine politische Partei oder einen Kandidaten oder eine Kandidatin anbieten, die oder der den Präferenzen des Wählers oder der Wählerin am ehesten entspricht. Dazu wurde ein auf Tambouris et al. [15] basierendes Modell vorgeschlagen, das aus folgenden fünf E-Partizipationsleveln besteht: eInforming, eConsulting, eDiscussion, eParticipation und eEmpowerment. Um diese fünf Level zu evaluieren, schlagen Terán und Drobnjak [14] ein Framework mit den Dimensionen Web Evolution, Media Richness und Communication Channels vor. Web Evolution beschreibt dabei die Fortentwicklung des Webs, wie sie sich z. B. nach Murugesan [16] in den Schlagwörtern Web 1.0 (World Wide Web), Web 2.0 (Social Web), Web 3.0 (Semantic Web) und Web 4.0 (Intelligent Web) abbildet. Media Richness ist das zweite Merkmal und basiert auf Content Richness, wobei hierbei das von Daft und Lengel [17] vorgeschlagene Modell verwendet wurde. Um den Content zu evaluieren, wurde ein hierarchisches Modell dargestellt, welches von statischen Medientypen (Text und Bild) zu dynamischen Medientypen (Audio und Video) bis hin zu interaktiven Medientypen (z. B. interaktives Fernsehen, Videospiele, Social Media, Virtual Reality etc.) reicht. Das dritte Evaluierungsmerkmal, Communication Channels, basiert auf zwei Arten von Kommunikationskanälen: asynchron (unterschiedlicher Ort/unterschiedliche Zeit) und synchron (unterschiedlicher Ort/gleiche Zeit).

Die Evaluierung dieser Dimensionen erfolgte mittels einer quantitativen Methode, bei der es sich um eine modifizierte Version des von Drobnjak [18] vorgeschlagenen Evaluierungsframeworks handelt.

Evaluierung nach dem Input-Activities-Output-Outcome-Impact-Model der OECD
Ein weiteres Framework ist das generische Input-Aktivitäten-Output-Resultat-Auswirkung-Modell (Input-Activities-Output-Outcome-Impact-Model) der OECD (2002), welches ursprünglich speziell für Projekte der Vereinten Nationen (UN) entwickelt wurde. Der als Stand der Wissenschaft im Hinblick auf E-Partizipation veröffentlichte Bericht differenziert wiederum zwischen folgenden drei Leveln: Basislevel, mittleres Level und Top-Level. Auf dem Basislevel befinden sich operative Projektoutputs. Dagegen werden auf dem mittleren Level spezifische Resultate und auf dem Top-Level Auswirkungen positioniert (vgl. Millard et al. [19]). Dieses Modell bietet die Möglichkeit, denselben Input im Verhältnis zu unterschiedlichen Ergebnissen zu bewerten und zu analysieren. Besonders sei hier auf die Differenz im Ergebnis zwischen Resultat und Output hingewiesen.

Kubicek [20] baut das generische Input-Aktivitäten-Output-Resultat-Auswirkung-Modell in seine Evaluierung eines E-Partizipationsprojektes ein und adaptiert es entsprechend. Insbesondere geht er dabei auf die einzelnen Aspekte der fünf Phasen ein, siehe Abb. 8.2.

Als Input dienen demnach neben finanziellen, personellen und materiellen Ressourcen auch immaterielle Voraussetzungen, auf welche die spätere Aktivität aufbaut. Wichtig ist hier auch das Einbindungslevel der Zielgruppe. Dies hängt nach Kubicek [20] davon ab,

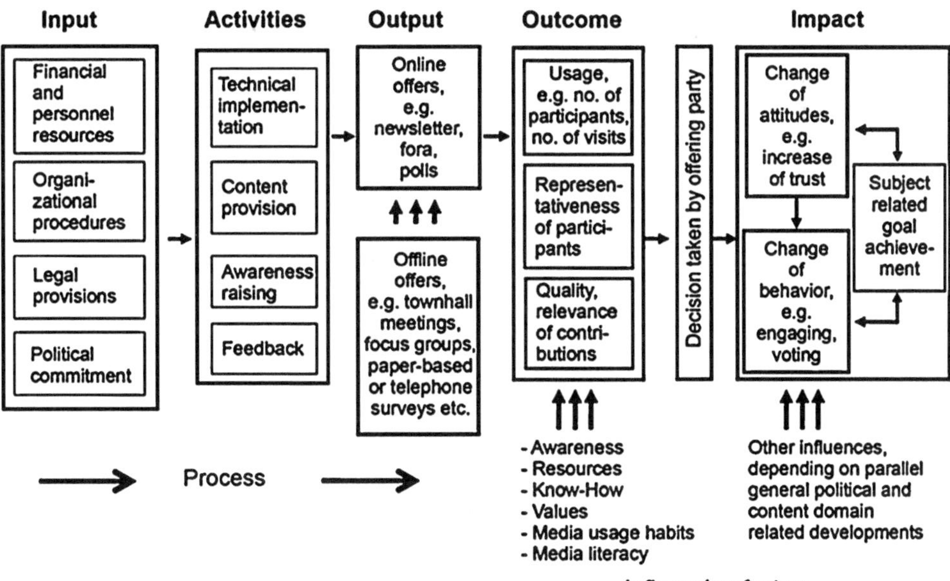

Abb. 8.2 Generisches Input-Aktivitäten-Output-Resultat-Auswirkung-Modell (© 2010, IGI Global – All Rights Reserved. Reprinted by permission of the publisher)

wie bindend es ist, ausgearbeitete Vorschläge, welche den vordefinierten Kriterien entsprechen, auch zu adaptieren. Weitere Inputträger sind zudem Organisation, rechtliche Rahmenbedingungen und politisches Engagement. Der Prozess verarbeitet diese zu Aktivitäten, wie etwa das Kreieren von Awareness oder Feedback. Outputs sind in weiterer Folge Resultate der Aktivitäten. Das sind etwa Produkte und Dienstleistungen, die online oder offline angeboten werden, wie etwa Newsletter oder Umfragen. „Resultate" behandelt die Nachfrageseite, beispielsweise die Zusammensetzung der Testgruppe im Vergleich zu der Zielgruppe.

Die Ratio dahinter ist, dass StakeholderInnen weniger Einfluss auf Ergebnisse haben sollen und können (konkret zwischen Output und Auswirkung), da sich hier die externen Einflüsse vermehren, wie in Abb. 8.2 zu sehen ist. Die Schritte zuvor, d. h. Input bis Output, obliegen zu einem großen Teil den OrganisatorInnen des Projektes, die Einflussmöglichkeiten auf den Impact selbst sind hier gering.

Bezieht man sich auf die verschiedenen Aspekte der Ziele der E-Partizipation, findet der folgende integrative Zugang mit drei Dimensionen Anwendung, wobei der Zugang von Macintosh und Whyte [8] oft adaptiert wurde. Er ist sehr weit verbreitet und ein guter Startpunkt, auf den projektspezifische Ziele und Evaluierungen aufbauen können.

Evaluierung nach Aichholzer und Kubicek

Eine eingehende Betrachtung des Themas Evaluierung von E-Partizipationsprojekten bietet die Publikation Aichholzer und Kubicek [11], die ebenfalls bestimmte Frameworks und Möglichkeiten der Evaluierung von Projekten, insbesondere im Hinblick auf die Evaluierung der hohen Erwartungen und des Potenzials der E-Partizipation, aufgreift. Evaluierungskriterien und -frameworks für Prozesse werden einem Review unterzogen. Aichholzer und Kubicek [11] stellen u. a. fest, dass trotz methodologischer Schwächen manche Evaluierungsprozesse nicht die erwarteten Resultate bringen, bei manchen Projekten aber schon. Um die Ermittlung der Faktoren, die für Erfolg oder Misserfolg ausschlaggebend sind, nicht auf voreiligen Verallgemeinerungen aufgrund einiger weniger Projekte zu stützen, wie es bisher oft geschah, muss eine größere Anzahl an Projekten analysiert werden. Trotz der Vielfalt an Evaluierungsframeworks, so konstatieren die AutorInnen, existiere eine sogenannte Evaluationslücke (evaluation gap): es fehle an Instrumenten für eine systematische Evaluierung sowie an umfassenden Evaluierungspraktiken. Um diese Evaluierungslücke zu schließen, bedarf es laut Aichholzer und Kubicek [11] einer genaueren Auseinandersetzung, sowohl mit konzeptionellen und methodologischen Problemstellungen als auch konkret mit den eingesetzten Methoden bzw. Tools. Die Analyse der Benutzerfreundlichkeit und Effizienz darf nicht auf das technische Tool selbst beschränkt werden. Vielmehr ist hier auf den Kontext, in dem das Tool eingesetzt wird, einzugehen. Dasselbe Tool kann in verschiedenen Partizipationsprozessen eingesetzt werden, mit unterschiedlichem Grad an Formalisierung, von verschiedenen StakeholderInnen, und dabei diversen kulturellen Traditionen, anderen Gesetzen oder Regulierungen unterworfen sein. So kann eine bestimmte technische Vorrichtung in einem Fall als besonders nützlich empfunden werden, während dieselbe bei Änderung der äußeren Umstände nicht mehr verwendet werden kann. Es ist daher unumgänglich, dass eine Evaluierung auch den prozessbezogenen und institutionellen Kontext berücksichtigt. Bisher wurden laut Aichholzer lediglich sich gleichende Tools in verschiedenen Einsatzfeldern verglichen (siehe auch Aichholzer und Westholm [2]). Zusammenfassend halten auch die Autoren fest, dass kontext- und akteursbezogene Evaluierungsraster notwendig sind und ein generalisiertes Evaluierungsframework am Ziel vorbeiführen würde (Aichholzer und Kubicek [11]).

Ein weiterer wichtiger Aspekt der Autoren ist die sogenannte „zweifache Relativitätstheorie der Evaluierung". Sie sind der Meinung, dass für die Wahl der Evaluierungsmethode zunächst auf die Partizipationsart einzugehen ist, d. h. konkret, ob es sich um eine Konsultation, Kooperation, Petition etc. handelt. Je nach Partizipationsart sind daher jeweils andere Evaluierungskriterien heranzuziehen.

Zu beachten seien zudem auch Ziele der EntscheidungsträgerInnen, welche die E-Partizipation einsetzen und nutzen. Sollen zunächst möglichst Ideen gesammelt werden (brainstorming), so kommt es den EntscheidungsträgerInnen primär auf eine homogene Zusammensetzung sowie die Qualität des Inputs an; Quantität der TeilnehmerInnen ist in dieser Phase sekundär. In anderen Fällen will der Entscheidungsträger bzw. die Entscheidungsträgerin eine Tendenz ermitteln; hier ist die Inklusion einer großen, repräsentativen Masse essenziell.

Nach Aichholzer und Kubicek [11] fehle es in der bisherigen Literatur an einer Differenzierung von StakeholderInnen bereits im Vorfeld der Evaluierung. Grund dafür sei unter anderem, dass die Evaluierung stets ex post unter Heranziehung von Dokumenten vonstattengehe. Es bedürfe allerdings noch eines vorher festgelegten Rahmens, differenziert nach Akteuren wie etwa EntscheidungsträgerInnen, OrganisatorInnen, TeilnehmerInnen, der Zielgruppe und/oder der breiten Öffentlichkeit. Die Relevanz einer solchen Unterscheidung zeige sich in der Definition einer erfolgreichen Konsultation: während dieselbe Konsultation bei einer Akteursgruppe als erfolgreich qualifiziert wird, kann diese bei einer anderen Gruppe – gemessen an deren eigenen vorab festgelegten Kriterien – als erfolglos angesehen werden. Ein solcher akteursbezogener Ansatz bzw. dessen Mangel habe daher maßgebliche Auswirkungen auf die ex post-Bewertung der Evaluierungsergebnisse [11].

Eine weitere Gefahr einer Evaluierung nach der Konsultation birgt auch eine potenzielle nachträgliche Änderung der Meinung der Akteure. Daher ist ein Vorher-Nachher-Vergleich der eingeholten Erwartungen der Akteure sowie deren Standpunkte essenziell.

Schließlich wenden sich die Autoren von einem generischen Modell zur Evaluierung von e-partizipationsbezogenen Projekten ab. Da Evaluierungsergebnisse, wie oben erläutert, von den Erwartungen der StakeholderInnen, vorgesteckten Zielen, dem kulturellpolitischen und institutionellen Kontext sowie der Zielgruppe abhängen, genüge eine allgemein anwendbare Evaluierungsmethode nicht den gestellten Anforderungen. Aichholzer und Kubicek [11] gehen hier daher einen Schritt weiter hin zu einem „quasi-experimentellen Design" und befürworten eine Herangehensweise ähnlich einer Feldstudie. Der Partizipationsprozess soll unter den besten Voraussetzungen stattfinden, um Best Case-Resultate zu erhalten. Allerdings seien hier eine längere Dauer und breitere Aufstellung des Projektes notwendig, sodass eine größere Anzahl an BürgerInnen partizipiert.

8.2 Konkrete Evaluierung von Bürgerbeteiligungsverfahren

Im ersten Teil dieses Kapitels erfolgte eine Erläuterung der Evaluierung von digitalen Bürgerbeteiligungsverfahren und der dazu in der Literatur vorgeschlagenen Evaluierungsframeworks. Im Folgenden soll die Evaluierung anhand zweier E-Partizipationsprojekte illustriert werden, um Beispiele aufzuzeigen, wie die Gestaltung von Evaluierungsframeworks abhängig vom Kontext der zu evaluierenden digitalen Bürgerbeteiligungsplattform vorgenommen werden kann.

8.2.1 Projekt ePartizipation

Das im Rahmen des KIRAS-Forschungsprogrammes durch das österreichische Bundesministerium für Verkehr, Innovation und Technologie (BMVIT) finanzierte Projekt ePartizipation befasste sich mit Methoden und Technologien zur IKT-gestützten Beteiligung der Gesellschaft, insbesondere an politischen Entscheidungsprozessen. Ziel des Projektes war unter anderem die Entwicklung eines E-Partizipationsökosystems, das mit den verschiedensten Beteiligungsformen (von Information bis Mitentscheidung) entlang unterschiedlich ausgeprägter elektronischer Identitäten (von anonym bis staatlich geprüft) genutzt werden konnte [21]. Für eine eingehende Beschreibung des Projektes siehe Abschn. 3.1.

Basierend auf der Anforderungsanalyse wurde eine Systemarchitektur erstellt, die als Grundlage für die Entwicklung eines proof-of-concept-Prototypen (Software-Demonstrator) diente. Teil des Projektes bildete eine umfassende Evaluierung desselben. Die Evaluierung umfasste dabei nicht nur die Überprüfung im Hinblick auf technische Evaluierungskriterien, sondern auch eine Überprüfung auf Erfüllung der StakeholderInnen-Anforderungen sowie der gesellschaftlichen und sozialen Anforderungen. Die Entwicklung eines Evaluierungsszenarios für den Software-Demonstrator basierte auf den im Projekt zuvor definierten Anwendungsszenarien und sollte eine möglichst realistische Umgebung zum Testen des Demonstrators bieten. Die Evaluierungskriterien wurden aus dem im Projekt erstellten Anforderungskatalog sowie den Sicherheits- und Privatsphären-Konzepten ermittelt.

8.2.1.1 Adaption der Evaluierung für das Projekt ePartizipation

Nochmals bezugnehmend auf die obigen Ausführungen zu Aichholzer und Kubicek [11] soll festgehalten werden, dass eine sogenannte Evaluationslücke existiert, wonach es an Instrumenten für eine systematische Evaluierung sowie an umfassenden Evaluierungspraktiken fehlt. Dennoch ist ein kontext- und akteursbezogenes Evaluierungsraster notwendig, weil ein generalisiertes Evaluierungsframework am Ziel vorbeiführen würde [11].

In diesem Sinne wurde auch im Projekt ePartizipation ein maßgeschneidertes Evaluierungsframework (tailored evaluation framework) ausgewählt. Doch bleibt festzuhalten, dass die Perspektive der Auswirkung bzw. des Einflusses oder der Wirkung eines bestimmten Projektes aufgrund der Tatsache, dass es sich um die Evaluierung eines

Demonstrators und nicht im Feld handelt, natürlich nicht durchgeführt werden konnte. Hier erlauben jedoch Einschätzungen verschiedener Personen Annahmen zu treffen.

Die Evaluierung im Rahmen des Projektes basierte auf bestimmten in der akademischen Literatur vorgeschlagenen Frameworks: die Auswahl basierte hauptsächlich auf der Sekundärliteratur zum Thema Evaluierung von E-Partizipationsprojekten (nach Macintosh und Whyte [22]) sowie der Anpassung, wie sie im Rahmen des Projektes OurSpace (siehe Abschn. 8.2.2) angewendet wurde. Diese Evaluierungsdimensionen wurden im Hinblick auf ihre Relevanz für das Projekt ePartizipation ausgewählt und auf die Projektziele angepasst und erweitert.

Die Evaluierungsdimensionen des Projektes bauten auf diesen grundlegenden Perspektiven auf und konnten weiteren Kategorien zugeordnet werden. Insbesondere wurde aufgrund der im Projekt relevanten geistes-, sozial- und kulturwissenschaftlichen Aspekte (GSK-Aspekte) eine rechtliche Perspektive hinzugefügt, außerdem wurden in Anlehnung an die Erfahrungen, die mit der Evaluierung des EU-Partizipationsprojektes OurSpace gemacht wurden, die Dimensionen entsprechend angepasst und eine methodologische Dimension ergänzt.

8.2.1.2 Evaluierungsdimensionen

Im Projekt ePartizipation wurden die in der Literatur dargestellten Perspektiven übernommen und um eine rechtliche und eine methodologische Dimension erweitert. Die politische und die soziale Dimension konnten nur auf Basis der Testläufe evaluiert werden, weil sich das E-Partizipationsportal für eine genauere Analyse der sozio-politischen Wirkung in der offenen Phase und sozusagen „im Feld“ hätte befinden müssen. Die Evaluierungsergebnisse entlang dieser Dimensionen sind daher als Ergebnisse einer geschlossenen Phase bzw. entlang einer eingeschränkten Repräsentativität für die Anwendung in einer offenen Phase zu sehen. Die Dimensionen umfassten die

- **Politische Dimension**: Attraktivität der Anwendungsfälle für User und StakeholderInnen, Praxisrelevanz der Plattform und Aspekte der Stärkung der BürgerInnen-Beteiligung (Motivation);
- **Technische Dimension**: Erfüllung der technischen Anforderungen, Überprüfung der Prozessabläufe und Funktionalität;
- **Soziale Dimension bzw. sozio-technische Dimension**: Ermittlung der Akzeptanz der vorgestellten Lösungen und einzelner Varianten elektronischer Identitäten (eIDs), eventuell Vertrauen in die Plattform, Nachhaltigkeit;
- **Rechtliche Dimension**: z. B. Datenschutzkonformität bzw. Vertrauen der User in den Datenschutz;
- **Methodologische Dimension**: Praktikabilität des Modells (Mapping ausgewählter eIDs) für PraktikerInnen, Eignung des Tools für definierte Einsatzgebiete. Hier wurden weitere im Projekt durchgeführte Evaluierungen zusammengefasst. Praktisch geschah dies beispielsweise über die Konzeption des bereits früher erstellten Mappings (Level der E-Partizipation mit ausgewählten eIDs).

Diesen fünf Dimensionen wurden einzelne Kategorien zugeordnet, wobei die Kategorien mit den Themenfeldern, für die Ergebnisse aus der Evaluierung abgeleitet werden konnten, korrespondierten. So war beispielsweise der technischen Dimension als Kategorie eine Sicherheitsevaluierung zugeordnet, wobei als Methode die Verwendung von Misuse-Testfällen und die Überprüfung durch einen Tester festgelegt wurden. Zum Teil waren die Kategorien auch mit den Projektzielen abgestimmt. Ein Projektziel war etwa die Stärkung der Attraktivität bestehender eID-Lösungen wie der Bürgerkarte bzw. der Handy-Signatur. Die Stärkung der Attraktivität der Bürgerkarte bzw. Handy-Signatur wurde in diesem Sinne als Kategorie der sozio-technischen Dimension zugeordnet.

Wie oben bereits erwähnt, wurden die Evaluierungsdimensionen im Hinblick auf ihre Relevanz für das Projekt ePartizipation ausgewählt und auf die Projektziele angepasst und erweitert. So wurden insbesondere eine technische und rechtliche Dimension miteinbezogen. Da die Einbeziehung dieser beiden Dimensionen eine Besonderheit des Projektes darstellt, wird im Folgenden näher auf diese eingegangen. Ziel des Projektes war die Entwicklung eines E-Partizipationsökosystems, wobei über den gesamten Projektverlauf höchste Sicherheitsstandards zum Schutz der Privatsphäre berücksichtigt wurden. Aus diesem Grund kam der technischen Evaluierung in diesem Projekt eine besondere Rolle zu und sie kann somit als Beispiel herangezogen werden, warum eine kontextbezogene Gestaltung des Evaluierungsframeworks gegenüber einem generalisierten Framework zu bevorzugen ist. Für Details zur technischen Evaluierung siehe Kap. 7.

Ebenso kam der Evaluierung der rechtlichen Perspektive eine besondere Rolle zu, da das Thema Datenschutz projektspezifisch essenziell für die Entwicklung eines vertrauenswürdigen E-Partizipationsökosystems war.

Rechtliche Dimension als Beispiel

Hinsichtlich des Evaluierungsframeworks des Projektes ePartizipation sei nochmals hervorgehoben, dass aufgrund der im Projekt relevanten geistes-, sozial- und kulturwissenschaftlichen Aspekte (GSK-Aspekte) eine rechtliche Perspektive hinzugefügt und eine methodologische Dimension ergänzt wurde. Der rechtlichen Dimension waren dabei die Kategorien Datenschutzkonformität (siehe Tab. 8.1) und Vertrauen der User in den Datenschutz (R2) zugeordnet. Die Erhebungsmethoden zur Datenschutzkonformität umfassten kontinuierliches rechtswissenschaftliches Feedback, ein Datenschutzkonzept sowie ein Interview mit der Datenschutzbehörde.

Die Bedeutung des Datenschutzes sowie datenschutzrechtlicher Standards wurde bereits in der Anforderungsanalyse, in welcher unter anderem die rechtlichen Fragen zur Identifizierung, Authentifizierung und Anonymität in demokratischen Beteiligungsprojekten erörtert wurden, erkannt und festgestellt. Im Zuge der Erstellung einer Systemarchitektur für E-Partizipationssysteme wurde ein umfassendes Datenschutzkonzept erarbeitet. Hierbei wurde auf Privacy by Design-Prinzipien Rücksicht genommen und ein Sicherheits- und Privacy-Konzept entwickelt. Als Teil der Systemarchitektur wurden die notwendigen Sicherheitsstufen für Identifikation und Authentifizierung festgestellt. Diese Sicherheitsstufen gewährleisteten, dass User des Systems für die Nutzung der

Tab. 8.1 zeigt die Dimensionen, Kategorien und Erhebungsmethoden der Evaluierung im Projekt *ePartizipation*

Dimension	Kategorie	Erhebungsmethode/Tool
Politische Dimension	Attraktivität der Anwendungsfälle (User-Perspektive)	Testszenario Befragung und Feedbackrunde
	Mehrwert und Relevanz der Plattform, z. B. Stärkung der Bürgerbeteiligung bei politischen Entscheidungen	Befragung und Feedbackrunde StakeholderInnen-Interviews
	Nachhaltige Akzeptanz und Einsatzfelder	Befragung und Feedbackrunde StakeholderInnen-Interviews
Technische Dimension	Erfüllung der technischen Anforderungen	Spezifizierung von Testfällen in Check-Listen und Abarbeitung durch einen Tester Kontinuierliche technische Evaluierung
	Überprüfung der Funktionalität	Überprüfung auf Konsistenz der in der Architektur definierten Prozessabläufe Kontinuierliche technische Evaluierung
	Sicherheitsevaluierung	Verwendung von Misuse-Testfällen und Überprüfung durch einen Tester
Sozio-technische Dimension	Ermittlung der Akzeptanz der vorgestellten technischen Lösungen inkl. Vertrauen (User-Perspektive)	Befragung und Feedbackrunde Testszenario
	Stärkung der Attraktivität der Bürgerkarte bzw. Handy-Signatur (User-Perspektive)	Befragung und Feedbackrunde Testszenario
Rechtliche Dimension (projektspezifisch)	Datenschutzkonformität	Kontinuierliches rechtswissenschaftliches Feedback Datenschutzkonzept StakeholderInnen-Interview mit Datenschutzbehörde
	Vertrauen der User in den Datenschutz	Befragung und Feedbackrunde
Methodologische Dimension (projektspezifisch)	Praktikabilität des Modells (Mapping ausgewählter eIDs) für PraktikerInnen a. Qualität der Identifikationsdaten b. Niederschwelligkeit	Projektinterner Workshop ExpertInnen-Interviews Workshop und Fragebögen (scientific community)
	Eignung des Tools für die in Deliverable 2.1. definierten Einsatzgebiete a. Volksbegehren neu b. Parlamentarische Online-Petition c. Interessenvertretungswahlen	StakeholderInnen-Interviews

einzelnen Funktionen nur die notwendigsten Informationen bekannt geben mussten. Die Stufen reichten von anonym bis vollständig (qualifiziert) identifiziert. Das umfassende Datenschutzkonzept war aufgrund der großen Menge an besonders schützenswerten Daten essenziell. Zur Erstellung des Konzepts wurden zuerst die zu speichernden Daten identifiziert und klassifiziert. Auf Basis dieser Klassifizierung wurde sodann evaluiert, wie die einzelnen Daten bestmöglich geschützt werden können. Bei der Erstellung des Konzepts wurde dabei auf existierende Standards zurückgegriffen.

Darüber hinaus wurde das Dokument „Datenschutzrechtliche Zulässigkeitsprüfung" als Ergänzung zum Datenschutzkonzept verfasst, welches die datenschutzrechtliche Zulässigkeitsprüfung der vier Szenarien enthielt (Abschn. 3.2). Konkret wurde die datenschutzrechtliche Zulässigkeit des Betreibens des im Projekt entwickelten Demonstrators und der in den vier geplanten Szenarien erfolgenden Verwendungsvorgänge von personenbezogenen Daten geprüft.

Das Datenschutzkonzept stellte eine Anforderung im Software-Design-Konzept dar. So fand die Erstellung der Gesamtarchitektur für das E-Partizipationssystem unter Berücksichtigung des Datenschutzkonzepts statt. Die Datenschutzkonformität wurde dadurch gewährleistet, dass Vertreter der Arbeitsgruppe Rechtsinformatik der Universität Wien als Privacy-Experten, die sich um die Themen Datenschutz, Datensicherheit und Privatsphärenschutz kümmerten, die Softwareentwickler unterstützen. Zu diesem Zwecke nahmen die Vertreter der Universität Wien an den Sprint-Meetings im Softwareentwicklungsprozess teil. Dort fand gemeinsam ein iterativer Privacy und Security by Design-Entwicklungsprozess statt, der auf dem Scrum-Framework basierte und wo im Bereich Privacy Themen wie z. B. Risikoanalyse, Threat Modeling, Privacy Testing, Privacy Reviews behandelt wurden.

Zur Evaluierung der Datenschutzkonformität fand ferner ein Interview mit der Datenschutzbehörde statt, das sich auf den Einsatz der Plattform und bestimmter elektronischer Identitäten bezog.

Die Evaluierung der zweiten Kategorie, nämlich des Vertrauens der User in den Datenschutz, erfolgte im Rahmen der Befragung und der Feedbackrunde.

8.2.1.3 Evaluierungsmethoden

Zur Evaluierung der fünf Dimensionen mit ihren zugeordneten Kategorien wurden im Projekt ePartizipation diverse Evaluierungsmethoden festgelegt. In weiterer Folge werden diese aufgelistet und deren Zuordnung zu den Kategorien dargestellt. An späterer Stelle werden einzelne Erhebungsmethoden auch näher dargestellt.

Im Projekt ePartizipation wurde eine Vielzahl an Methoden angewandt. Zwei für das Projekt sehr wichtige Methoden, nämlich Gruppentests sowie StakeholderInnen-Interviews, werden im Anschluss exemplarisch ausgeführt.

Grundsätzlich ist zunächst festzuhalten, dass im Projekt ePartizipation Feedback von außen sowie innerhalb des Teams einen hohen Stellenwert genoss. Des Weiteren wurde auf ein Gleichgewicht von qualitativer und quantitativer Rückmeldung geachtet. Neben projektinternen Workshops wurden daher ExpertInneninterviews durchgeführt, Workshops und Fragebögen in Fachkreisen (scientific community) im Rahmen des theoretischen Modells abgehalten und kontinuierlich rechtswissenschaftliches und technisches Feedback eingeholt. Nicht zuletzt lieferte auch die Befragung der TeilnehmerInnen nach der Testung des Demonstrators für die Anwendung wichtige Einsichten.

Die Erhebungsmethoden wurden dabei den jeweiligen Kategorien der fünf Evaluierungsdimensionen in Tab. 8.1 zugeordnet.

Beispiel 1: Gruppentests

Im Folgenden wird auf die im Rahmen des Projektes durchgeführten Gruppentests näher eingegangen und exemplarisch als eine von mehreren in Frage kommenden Methoden für ähnliche Projekte beschrieben.

Für die Bewertung des Software-Demonstrators durch die Perspektive der BürgerInnen wurde dieser in simulierten Partizipationsverfahren durch BürgerInnen getestet. Die Gruppentests bezogen sich dabei auf die Erhebungsmethoden des Testszenarios sowie der Befragung und Feedbackrunde. Es soll an dieser Stelle beispielhaft gezeigt werden, wie ein Gruppentest organisiert und durchgeführt werden kann.

Bei den Gruppentests im Rahmen des Projektes ePartizipation wurden zwei User-Testläufe mit jeweils 15–20 Personen durchgeführt. Die TeilnehmerInnen saßen dabei in einem Raum vor PCs und verwendeten den webbasierten Demonstrator, um zwei Testszenarien zu durchlaufen. Dabei erhielten sie von einer Moderatorin Anweisungen. Die Testszenarien werden nachfolgend beschrieben.

Die Testszenarien waren fiktiv und basierten auf den im Projekt entwickelten Anwendungsszenarien (Abschn. 3.2). Während die Anwendungsszenarien realitätsnah gestaltet wurden, erfolgte bei den Testszenarien eine Anpassung an die Testsituation, so dass in möglichst kurzer Zeit viele verschiedene Aspekte getestet werden konnten und die Einhaltung eines straffen Zeitplans gewährleistet werden konnte.

Auf das Durchspielen der Testszenarien folgend wurden die TeilnehmerInnen gebeten, zunächst an einer Befragung teilzunehmen. Der Fragebogen bestand aus mehreren standardisierten Fragen und wenigen halb offenen Fragen, die die definierten Evaluierungskriterien abdeckten. Um die User-Gruppen besser zu verstehen, wurden ergänzende Fragen gestellt, als wie politisch aktiv sie sich einschätzen und wie oft sie das Internet oder Social Media in bestimmten Zeiträumen zu privaten oder beruflichen Zwecken benutzen (vgl. [23]).

Im Anschluss an das simulierte Partizipationsverfahren und die Befragung wurden die TesterInnen bzw. User zu einer Feedbackrunde geladen, um spezifischeres Feedback zu erhalten. Diese qualitative Feedbackrunde wurde moderiert und orientierte sich an zuvor ausgearbeiteten standardisierten Fragen (Leitfäden). Die Moderatorin gab dabei durch die Leitfäden einen äußeren Rahmen vor, doch lief die Diskussion unter den Usern selbst weitgehend selbstständig. In beiden Gruppen ließ sich eine hohe Aktivität und Partizipation am Gespräch feststellen. Für das gesamte Gespräch waren 20 Minuten vorgesehen; je nach Interesse und Aktivität der TeilnehmerInnen wurden bestimmte Aspekte näher und intensiver diskutiert. Die Bedingungen bezüglich des Ablaufs und des Inhalts waren für beide Testgruppen ident.

Ziel des qualitativen Teils des Feedbacks war unter anderem die Akzeptanz der unterschiedlichen E-Partizipationslösungen unter den Fokusgruppen zu testen. Im Unterschied zur quantitativen Befragung wurde hier der Fokus auf individuelleres Feedback gelegt. So hatten die Teilnehmenden nicht nur die Möglichkeit, auf die Fragen der Moderation, sondern auch auf die Aussagen anderer TesterInnen einzugehen und sich anzuschließen oder andere Meinungen abzulehnen. Die User wurden während des Gesprächs beobachtet, sodass auch nonverbale Zeichen der Zustimmung oder Ablehnung (wie beispielsweise ein Nicken oder Schütteln mit dem Kopf) in die Evaluierung einflossen. Konkret wurden die politische, sozio-technische und datenschutzrechtliche Dimension mit den daran anknüpfenden Kategorien entsprechend näher beleuchtet.

Zur Zusammensetzung der TeilnehmerInnen der User-Testgruppen ist zu sagen, dass sie sich hinsichtlich der getesteten Szenarien nicht unterschieden, um eine Vergleichbarkeit der Ergebnisse zu gewährleisten. Die Repräsentativität der Testgruppen konnte aufgrund der geringen TeilnehmerInnenzahl nicht den Anforderungen repräsentativer quantitativer Umfragen genügen, wobei für den qualitativen Teil auch keine Repräsentativität in dem Sinn erforderlich war. Dennoch wurde, wie im User-Testing bzw. Usability-Testing üblich, auf eine Streuung entsprechender demografischer Merkmale geachtet, um sicherzustellen, dass die geplante Zielgruppe aus einer realistischen Mischung möglicher späterer User zusammengestellt ist. Die User-Testgruppen wurden dabei hinsichtlich der demografischen Merkmale Alter, Geschlecht und Bildungsstand zusammengestellt. Aufgrund der kleinen Stichprobe wurde auf eine Streuung entlang weiterer Merkmale verzichtet, weitere Variablen (wie z. B. die Selbsteinschätzung in Bezug auf Technikaffinität) im Fragebogen jedoch berücksichtigt, um erste Tendenzen auszuweisen.

Beispiel 2: StakeholderInnen-Interviews

Die Erhebungsmethode der StakeholderInnen-Interviews wird nachstehend näher erläutert, um dem Leser und der Leserin zu veranschaulichen, welche StakeholderInnen aus welchen Bereichen für ein Projekt wie ePartizipation von Interesse sind und wie solche Interviews organisiert werden, um einen Erkenntnisgewinn zu erzielen.

Bei den StakeholderInnen-Interviews wurden Personen aus der Verwaltung und Politik befragt. Die VertreterInnen aus Verwaltung und Politik waren dabei überwiegend solche, die die im Projekt entwickelte E-Partizipationsplattform potenziell hätten einsetzen können.

Die Interviews folgten einem semi-strukturierten Interview-Leitfaden, wurden als MP3-Dateien aufgezeichnet und anschließend mittels einer summarischen Auswertung bzw. Paraphrasierung dokumentiert. Vor Durchführung der Interviews wurde den StakeholderInnen die Plattform sowohl aus User-Perspektive als auch aus Admin-Perspektive anhand der zwei Szenarien „Betriebsratswahl" und „Platzgestaltung" vorgeführt. War die Live-Vorführung aufgrund technischer Probleme nicht möglich, so erfolgte diese mit einer PowerPoint-Präsentation vorbereiteter Screenshots.

Die StakeholderInnen aus dem Bereich der Verwaltung wurden dabei im Hinblick auf ihre Zuständigkeitsbereiche und die föderale Ebene gestreut: So waren die regionale bzw. städtische Ebene wie auch die Landes- und Bundesebene vertreten. In Bezug auf den Zuständigkeitsbereich waren manche InterviewpartnerInnen konkret für den Bereich BürgerInnenbeteiligung zuständig, andere wiederum deckten mehr den Bereich Wahlen als Level der BürgerInnenbeteiligung ab. Insgesamt erfolgten 6 Interviews mit VertreterInnen aus dem Bereich der Verwaltung.

Als besondere Vertreterin aus dem Bereich der Verwaltung wurde ferner die österreichische Datenschutzbehörde befragt, um die datenschutzrechtlichen Aspekte des Betriebs einer E-Partizipationsplattform am Beispiel des Software-Demonstrators zu besprechen.

Aus dem Bereich der Politik wurden alle im Nationalrat vertretenen politischen Parteien mit Klubstatus angeschrieben, wobei alle bis auf eine der sechs Parteien für ein Interview gewonnen werden konnten. Es entschied dabei die jeweilige Partei selbst, welche Person für das Interview zur Verfügung stand.

8.2.2 Projekt OurSpace

OurSpace [24] war ein multinationales Projekt der Europäischen Union (EU), das speziell darauf abzielte, Jugendlichen die europäische Politik und ihre Entscheidungsträger näherzubringen. Ein relevanter Ausgangspunkt war das herrschende demokratische Defizit, wie von der EU bezeichnet, welches sich über mehrere Jahre herauskristallisierte. So wurde etwa die geringe Wahlbeteiligung der 18- bis 24-Jährigen bei der Europawahl 2009 auf die wachsende Kluft zwischen EntscheidungsträgerInnen und BürgerInnen zurückgeführt (vgl. [25]). Um diesem Trend entgegenzusteuern und allen voran junge EuropäerInnen zur aktiven politischen Partizipation zu motivieren, wurde im Juli 2010 das Projekt „OurSpace (The Virtual Youth Space) – Closing the Gap: Engaging Young People in EU Affairs“ gegründet. Das selbst ernannte Ziel des Projektes war, die EU näher zu ihren jungen BürgerInnen zu bringen sowie deren Rolle im demokratischen System durch den Einsatz von IKT zu stärken. Die Plattform wurde wie ein soziales Netzwerk geplant und bot ähnliche Funktionen [26]. Dahinblickend sollten im Projekt folgende Punkte vereint werden: der Mangel an Information und Interesse bei Jugendlichen, die Nutzung von IKT sowie die Bereitschaft zur Partizipation [3, 27]. Für eine eingehende Beschreibung des Projektes siehe Abschn. 3.1.5.2.

8.2.2.1 Evaluierungsdimensionen

Für OurSpace wurde die bereits erwähnte dreischichtige Evaluierungsmethode von Whyte und Macintosh [8] adaptiert. Da es sich bei OurSpace um ein multinationales sowie multilinguales Projekt handelte, durften verschiedenartige politische und sozio-kulturelle Frameworks nicht außer Acht gelassen werden.

Die Methodologie bei OurSpace wurde beeinflusst von Aichholzer und Westholm [2], wobei OurSpace sich auf zwei Aspekte besonders fokussierte, und zwar auf die politische und sozio-kulturelle Perspektive [28]. Im Konkreten wurde in weiterer Folge das Evaluierungsmodell von Macintosh und Whyte [8] herangezogen und vom Konsortium erweitert. Daraus ergaben sich folgende Ebenen:

Politische Evaluierungsebene: OurSpace hatte seinen Schwerpunkt auf Einflussmöglichkeiten auf den politischen Entscheidungsprozess sowie auch dessen Relevanz für PolitikerInnen und EntscheidungsträgerInnen gelegt. Laut Sachs und Schoßböck [28] ist die politische Evaluierungsebene gleichzeitig die anspruchsvollste in Bezug auf die Evaluierung. Bezogen auf die StakeholderInnen sollte insbesondere auch untersucht werden, ob die Aussagen der Jugendlichen mit dem Feedback der StakeholderInnen übereinstimmten. Zudem sollte untersucht werden, wie viel vom Output aus Diskussionen auf der Plattform tatsächlich den EntscheidungsträgerInnen präsentiert wurde [28].

Technische Evaluierungsebene: Auf dieser Ebene wurden die Plattform als solche, die Werkzeuge sowie die Benutzerfreundlichkeit analysiert. Die Evaluierung der Werkzeuge und der Plattform aus rein technischer Sicht war sekundär, da sie lediglich als ein Kommunikationstool dienten. Allerdings kann man aus einer Evaluierung der Technik bis zu einem bestimmten Grad auch Input für die Evaluierung der User und der sozialen Perspektive erhalten. Der User-zentrierte Ansatz sollte gewährleisten, dass die Plattform tatsächlich auf die realen Bedingungen der User-Bedürfnisse zugeschnitten wurde. Projektziel war nicht die Erarbeitung eines technischen Tools zum Einsatz bei E-Partizipationsprojekten, sondern vielmehr die Motivation junger Menschen, sich an politischen Prozessen zu beteiligen, weshalb der Aspekt der technischen Evaluierung hinter den der sozialen und politischen Evaluierung gestellt wurde [28].

Soziale Evaluierungsebene: Auf dieser Ebene wurden vermehrt Aspekte der Bindung an die Gemeinschaft (community) behandelt; Aspekte der Politik und Entscheidungsmacher wurden ausgespart. Das Hauptaugenmerk lag auf der Verwendung einer Mehrzahl an Online-Kommunikationskanälen. Auf Ebene der sozialen Evaluierung wurden somit Gemeinschaftssinnbildung (community building) und die digitale Verbindung zwischen den NutzerInnen untersucht. Besonderer Fokus wurde auch auf die Integration verschiedener Kommunikationskanäle gelegt [28].

Methodologische Evaluierungsebene: Diese Ebene bezog sich auf die Effektivität von den Haupteigenschaften der Plattform selbst. Zu den Haupteigenschaften zählten das Erörterungsmodell, die Dissemination und die Effektivität der Nutzung von sozialen Medien sowie Online-Kommunikationskanälen [28].

Diese Ebenen wurden in folgende Kategorien zusammengefasst, woraus sind letztlich das OurSpace-Evaluierungsframework ergab (Tab. 8.2).

8.2.2.2 Evaluierungsmethoden

Wie bereits mehrfach ausgeführt, sind Evaluierungsmethoden vorzugsweise individuell zuzuschneiden. Dies ist aufgrund des bereits erwähnten Mangels an einem kohärenten Evaluierungsmodell, welches verschiedene Dimensionen und Methoden abdeckt, unumgänglich (vgl. Aichholzer et al. [10, 29]). Des Weiteren werden bereits bestehende Evaluierungsmethoden an die jeweiligen Projekte adaptiert. Andererseits sollen Evaluierungen

Tab. 8.2 Dimensionen und Kategorien der Evaluierung im Projekt OurSpace. Konkret wurden politische Kategorien, technische Kategorien und soziale Kategorien unterschieden

Dimension	Kategorie/Indikatoren
Politische Dimension	Popularität sowie Relevanz ausgewählter Themenkreise
	Effektivität der Kommunikation der Testergebnisse zu den EntscheidungsträgerInnen
	Maß der Beeinflussung auf die Entscheidungsfindungsprozesse und politische Handlungen
Technische Dimension	Benutzerfreundlichkeit der Plattform
	Nachhaltigkeit des Plattformzweckes
Soziale Dimension	Effektivität der Integration von mehreren Evaluierungsmethoden
	Digitale Verbindung zwischen den Usern
	Qualität der Diskussion sowie des Erörterungsprozesses
Methodologische Dimension	Effektivität des Erörterungsmodells
	Effektivität der Disseminationsaktivitäten
	Effektivität der User-Einbindungspraktiken

stets auf dem jeweiligen Stand der Wissenschaft (State of the Art) basieren. Deshalb ist sowohl die Auswahl der Evaluierungsmethode als auch deren Adaption grundsätzlich projektspezifisch.

Das Projekt bzw. dessen Evaluierung sollte neben der projektspezifischen Aufgabenstellung auch darüber hinaus Erkenntnisse zur Evaluierung von Projekten liefern, um Erfahrungswerte für zukünftige Projekte zu sammeln. Darüber hinaus sollte erforscht werden, ob eine einheitliche Methode für Evaluierungen von E-Partizipationsprojekten zweckmäßig wäre bzw. ob diese bei Projekten sinnvoll eingesetzt werden kann.

Die Literatur zu E-Partizipation betont zudem die Wichtigkeit einer systematischen Analyse von Evaluierungsprozessen sowie den Vergleich von Ergebnissen mit festgelegten Kriterien (vgl. Aichholzer und Westholm [2]). Nach Aichholzer und Westholm [2] können aus einer Evaluierung vielfältige Vorteile gezogen werden. Für OurSpace war die Wahl des Evaluierungsframeworks auch deshalb besonders wichtig, da das Projekt den Anspruch hatte, ein ganzheitlich strukturiertes Modell zu produzieren und zu erforschen, inwieweit E-Partizipationsprojekte zur Förderung von Demokratien beitragen können.

Auf einer abstrakten Ebene war es daher wichtig zu verstehen, wie der Fokus, das Design oder die Ergebnisse von E-Partizipation mit nationalen Bedingungen und Voraussetzungen korrelieren. Folglich ist eine ganzheitliche Betrachtungsweise essenziell. Die Mehrheit der bis dahin durchgeführten Forschung habe einen technisch-deterministischen Ansatz [28]. Das Projekt OurSpace sollte dem entgegentreten und seinen Fokus auf politische und kulturelle Bedingungen in verschiedenen Ländern legen sowie auf die Prämisse, dass der jeweilige Kontext die Partizipationsprozesse stets beeinflusst.

Die Evaluierung des Projektes kombinierte qualitative sowie quantitative Daten. Die Testung der Plattform selbst erfolgte in mehreren Schritten intern und extern, beginnend mit einer internen technischen Testung der Plattform. Hier haben Partner aus dem technischen Projektteil nach Testung zunächst Debugging-Prozesse durchgeführt. Im Anschluss wurde die Plattform einer externen Testgruppe mit 200 Personen vorgeführt. Diese Phase diente vor allem der Testung der Benutzerfreundlichkeit sowie der Zweckmäßigkeit der Plattform. Ziel war es auch, etwaige weitere Bugs aufzudecken sowie das Feedback der Testgruppe vor der Öffnung für die Öffentlichkeit einzubauen, weshalb diese Phase auch „extended debugging action“ genannt wurde [28]. Es folgte die nächste große Phase des Projektes, in der die Plattform der Öffentlichkeit zugänglich war, d. h. für alle NutzerInnen geöffnet wurde. Bis März 2014 hatten sich rund 4870 NutzerInnen auf der Plattform registriert [1].

Im Folgenden wird überblicksartig auf die Evaluierungsmethoden eingegangen, welche beim Projekt OurSpace angewandt wurden.

Online-Fragebögen: Es wurden zwei verschiedene Fragebögen ausgearbeitet: zunächst ein kurzer Fragebogen, den die NutzerInnen direkt durch das Anklicken eines Feedback-Buttons auf der Homepage erreichten, sowie zweitens ein längerer Fragebogen mit detaillierten Fragen. Der zweite Fragebogen wurde bei Events, Workshops etc. ausgehändigt [1].

Interviews: Diese erfolgten in drei Kategorien: ExpertInnen (3 Personen), NutzerInnen (12 Personen) sowie EntscheidungsträgerInnen (6 Personen) aus jenen Ländern, die an der Testung der Pilotversion mitwirkten. ExpertInnen waren Personen, die sich auf nationaler und internationaler Ebene mit E-Partizipation beschäftigen. NutzerInnen waren Personen, die sich auf der Plattform registriert hatten und aktiv waren. EntscheidungsträgerInnen waren Personen aus der nationalen bzw. EU-Politik oder nationalen bzw. regionalen Behörden. Die Interviews mit NutzerInnen und ExpertInnen erfolgten persönlich, die Interviews mit EntscheidungsträgerInnen wurden aufgrund terminlicher Schwierigkeiten weitestgehend schriftlich absolviert. Die Interviews wurden vor allem für die politische und soziale Dimension verwendet, bei den Interviews mit ExpertInnen standen hingegen die technische und soziale Dimension im Fokus. Während sich der Interviewleitfaden an den Evaluierungskategorien/-indikatoren orientierte, hatte der Interviewrahmen einen offenen Charakter, sodass eine fokussierte Kommunikation im Gesprächsstil möglich war [28].

Diskursanalyse: Es wurden Aspekte des Online-Zugangs aus qualitativer Perspektive erörtert sowie mit vorgefassten Kriterien verglichen. Konkret wurden folgende Kriterien untersucht [28]: Qualität des Schreibens, Qualität des Diskurses, Effektivität des Erörterungsmodells (deliberation), Diversität der User, einladende Atmosphäre und Machtstrukturen, länderübergreifende Erörterung (deliberation) sowie Partizipation der PolitikerInnen.

Evaluierungsworkshop: Zusätzlich zu den bereits erwähnten Tools hatte sich das Konsortium für die Evaluierung zu einem internen Workshop entschieden, in dem sich alle ProjektpartnerInnen aus allen Ländern einbrachten. Dieser Workshop wurde unter Leitung der Donau-Universität Krems und des Athens Technology Centres in London organisiert und durchgeführt. Dieser Workshop fand nach der Sammlung der meisten Daten statt, sodass die gesammelten Daten und somit die vorläufigen Ergebnisse des Projektes in der Gruppe diskutiert werden konnten [1].

Plattformdaten und Google Analytics: Die Plattform an sich stellte Informationen über NutzerInnenzahl, Beteiligungen, Themen etc., also die Aktivitäten der UserInnen, zur Verfügung. Zusätzlich wurde mittels Google die generelle Aktivität der Website gemessen.

Des Weiteren wurden Daten von sozialen Netzwerken sowie Statistiken in Verbindung mit OurSpace analysiert. Das Zusammenführen der Daten konnte bestimmte Beteiligungswellen in den verschiedenen Ländern darstellen und erlaubte, Aussagen über erfolgreiche Engagement-Strategien zu treffen [1].

8.3 Zusammenfassung

Die (Staats-)Bürgerschaft besteht zu einem wichtigen Teil im Recht auf Teilnahme an der Gestaltung des öffentlichen Lebens. Als Ausfluss der starken Nutzung des Internets und des „gefühlten" demokratischen Defizits kam es zu einem verstärkten Einsatz von E-Partizipationsprojekten. Nur die methodische Bewertung der sozialen Akzeptanz, sprich die Evaluierung von E-Partizipationsprojekten und -werkzeugen, erlaubt einen sinnhaften Einsatz von digitalen Bürgerbeteiligungsprojekten. Ziel von Kap. 8 war es daher, dem Leser und der Leserin die Möglichkeiten der Evaluierung von digitalen Bürgerbeteiligungsprojekten aufzuzeigen und sie in diese recht junge wissenschaftliche Materie einzuführen.

Dazu wurde zunächst die Evaluierung von Bürgerbeteiligungsverfahren allgemein erörtert. Eine Liste möglicher Evaluierungskriterien wurde im Jahr 2005 in einer umfangreichen OECD-Publikation vorgeschlagen, die eine nützliche Grundlage für den Aufbau einer Evaluierung bot. Im Jahr 2008 wurde von Macintosh und Whyte unter Bezugnahme auf frühere Publikationen die Notwendigkeit der Entwicklung eines analytischen Frameworks erkannt, um bewerten zu können, wie effektiv E-Partizipation ist. Ein solches analytisches Framework muss dabei drei Dimensionen berücksichtigen: die Evaluierungskriterien, die verfügbaren Analysemethoden und die beteiligten Akteure. Die Evaluierungskriterien sollen dabei die projektspezifische, die demokratische und die sozio-technische Perspektive abdecken. Bei den Datenerfassungs- und Analysemethoden sollte ein Mix verwendet werden, der abhängig von den E-Partizipationstools und dem Kontext der Nutzung ist. Ferner ist es wichtig, StakeholderInnen, wie z. B. Politiker, Beamte oder Projektmanager, in den Evaluierungsprozess einzubeziehen, um zu verstehen, wie diese E-Partizipation wahrnehmen.

Das von Macintosh und Whyte vorgeschlagene Framework wurde oftmals adaptiert. Mittlerweile existiert eine Vielfalt an Evaluierungsframeworks, was u. a. darauf zurückzuführen ist, dass ein generalisiertes Evaluierungsframework nicht geeignet ist, die Anzahl der nach Einsatzgebiet und Funktionalität unterschiedlichen digitalen Bürgerbeteiligungsverfahren sinnvoll zu evaluieren. Nach herrschender Meinung ist ein kontext- und akteursbezogenes Evaluierungsframework notwendig. Dennoch besteht nach wie vor ein sogenannter „evaluation gap", weil es an Instrumenten für eine systematische Evaluierung sowie an umfassenden Evaluierungspraktiken fehlt.

Eine allgemein anwendbare Evaluierungsmethode ist ungenügend und in diesem Sinne ist von einem generischen Modell zur Evaluierung abzuraten. Vielmehr ist ein „quasi-experimentelles Design" und eine Herangehensweise ähnlich einer Feldstudie zu bevorzugen.

Ein solcher Ansatz wurde beispielsweise im österreichischen Projekt ePartizipation sowie im EU-Projekt OurSpace gewählt, wo maßgeschneiderte Evaluierungsframeworks (tailored evaluation frameworks) erstellt wurden. Dieser zweite Teil des Kapitels sollte daher die praktische Anwendung von den zuvor theoretisch erläuterten Evaluierungsframeworks aufzeigen. Die beschriebenen Projekte sollen als Beispiele dafür dienen, worauf bei der Gestaltung des Evaluierungsframeworks abhängig vom Kontext der zu evaluierenden digitalen Bürgerbeteiligungsplattform zu achten ist.

So wurden beim Projekt ePartizipation Evaluierungsdimensionen im Hinblick auf ihre Relevanz für das Projekt ausgewählt und auf die Projektziele angepasst und erweitert. Die Evaluierungsdimensionen des Projektes bauten auf den grundlegenden Perspektiven nach Macintosh und Whyte auf. Aufgrund der im Projekt relevanten geistes-, sozial- und kulturwissenschaftlichen Aspekte wurde beispielsweise eine rechtliche Perspektive hinzugefügt.

Beim Projekt OurSpace wurde wiederum das theoretische Konzept von Macintosh und Whyte angewandt, um daraus neue Erkenntnisse zur Evaluierung von digitalen Bürgerbeteiligungsverfahren für Folgeprojekte zu gewinnen. Unter anderem sollte erforscht werden, ob ein einheitliches Framework zur Evaluierung zweckmäßig wäre. Dies wurde nach Abschluss des Projektes und der Evaluierung verneint.

Die Projekte ePartizipation und OurSpace verdeutlichen die in der akademischen Literatur vertretene herrschende Meinung, dass für die Evaluierung von digitalen Bürgerbeteiligungsverfahren ein an den Kontext des zu evaluierenden Verfahrens adaptiertes Framework erforderlich ist.

Literatur

1. Parycek P, Sachs M, Sedy F, Schoßböck J (2014) Evaluation of an e-participation project: lessons learned and success factors from a cross-cultural perspective. In: Tambouris E, Macintosh A, de Bruijn H (Hrsg) ePart 2014, LNCS, Bd 8654. Springer, Heidelberg, S 128–140
2. Aichholzer G, Westholm H (2009) Evaluating e-participation projects: practical examples and outline of an evaluation framework. Euro J ePrac 7, S 27–44. https://joinup.ec.europa.eu/sites/default/files/91/da/cc/ePractice%20Journal-Vol.7-March%202009.pdf. Zugegriffen am 02.08.2017
3. Whyte A, Macintosh A (2003a) Analysis and evaluation of e-consultations. e-Service J 2(1):9–34
4. Frewer LJ, Rowe G (2005) Evaluating participation exercises: strategic and practical issues. In: OECD (Hrsg) Evaluating public participation in policy making. OECD, Paris. http://www.oecd-ilibrary.org/docserver/download/4205101e.pdf?expires=1501696507&id=id&accname=ocid72023547&checksum=55B30C96506E99C376FCB8C692698FA9. Zugegriffen am 02.08.2017
5. Forss K (2005) An evaluation framework for information, consultation and public participation. In: OECD (Hrsg) Evaluating public participation in policy making. OECD, Paris. http://www.oecd-ilibrary.org/docserver/download/4205101e.pdf?expires=1501696507&id=id&accname=ocid72023547&checksum=55B30C96506E99C376FCB8C692698FA9. Zugegriffen am 02.08.2017
6. Anttirioko A (2003) Building strong e-democracy – the role of technology in developing democracy for the information age. Communications of the ACM, Bd 46, Nr 9. https://pdfs.semanticscholar.org/640a/abed34def93929cab4f6e4717706fa0471da.pdf. Zugegriffen am 02.08.2017

7. Gil-Garcia JR, Pardo TA (2006) Multi-method approaches to digital government research: value lessons and implementation challenges. In: Proceedings of the 39th annual Hawaii international conference on system sciences (HICSS-39). https://pdfs.semanticscholar.org/5aed/f67b129246ca6311ed5bc40b3c7d3e29fb29.pdf. Zugegriffen am 02.08.2017
8. Macintosh A, Whyte A (2008) Towards an evaluation framework for e-participation. Trans Govern People Process Policy 2:16–30. http://www.emeraldinsight.com/doi/pdfplus/10.1108/17506160810862928. Zugegriffen am 02.08.2017
9. Whyte A, Macintosh A (2003b) Representational politics in virtual urban places. Environ Plan A 35:1607–1627
10. Aichholzer G, Allhutter D, Freschi AC, Lippa B, Macintosh A, Moss G, Westholm H (2008) D13.3 DEMO-net booklet e-participation evaluation and impact. http://www.ifib.de/publikationsdateien/DEMOnet_booklet_13.3_eParticipation_evaluation.pdf. Zugegriffen am 02.08.2017
11. Aichholzer G, Kubicek H (2016) Closing the evaluation gap in e-participation research and practice. In: Aichholzer G, Kubicek H, Torres L (Hrsg) Evaluating e-participation: frameworks, practice, evidence. Springer, Cham, S 11–46
12. Pratchett L, Durose C, Lowndes V, Smith G, Stoker G, Wales C (2009) Empowering communities to influence local decision making. A systematic review of the evidence. Department for Communities and Local Government, London. http://www.ict-21.ch/com-ict/IMG/pdf/1241955Empowering-communities%20to-influence-local-decision-making.pdf. Zugegriffen am 02.08.2017
13. Kubicek H, Lippa B, Koop A (2011) Erfolgreich beteiligt? Nutzen und Erfolgsfaktoren internetgestützter Bürgerbeteiligung: Eine empirische Analyse von 12 Fallbeispielen. Verlag Bertelsmann Stiftung, Gütersloh
14. Terán L, Drobnjak A (2013) An evaluation framework for eParticipation: the VAAs case study. Int J Soc Behav Educ Econ Manage Eng 7(1):77–85
15. Tambouris E, Liotas N, Tarabanis K (2007) A framework for assessing eParticipation projects and tools. In: Proceedings of the 40th annual Hawaii international conference on system sciences. IEEE, Washington, DC
16. Murugesan S (2009) Handbook of research on web 2.0, 3.0, and X.0: technologies, business, and social applications, 1. Aufl. Information Science Reference, Hershey
17. Daft RL, Lengel RH (1984) Information richness: a new approach to managerial behavior and organizational design. Res Organ Behav 6:191–233
18. Drobnjak A (2012) Fuzzy clustering in social networks. Masterthesis, Universität Freiburg i.CH. https://diuf.unifr.ch/main/is/sites/diuf.unifr.ch.main.is/files/documents/student-projects/Masterthesis_Alex_Drobnjak.pdf. Zugegriffen am 02.08.2017
19. Millard J, Meyerhoff Nielsen M, Warren R, Smith S, Macintosh A, Tarabanis K, Tambouris E, Panopoulou E, Efpraxia D, Parisopoulos K (2009) European eParticipation summary report. European Commission, Brussels. http://ec.europa.eu/information_society/newsroom/cf/dae/document.cfm?doc_id=1499. Zugegriffen am 02.08.2017
20. Kubicek H (2010) The potential of e-participation in urban planning: a European perspective. In: Silva CN (Hrsg) Handbook of research on e-planning: ICTs for urban development and monitoring. IGI Global, Hershey, S 168–194
21. AIT Austrian Institute of Technology GmbH (2017) ePartizipation – Authentifizierung bei demokratischer Online-Beteiligung: Offizielle Webseite. https://www.epartizipation.info/. Zugegriffen am 02.08.2017
22. Macintosh A, Whyte A (2006) Evaluating how participation changes local democracy. eGovernment workshop, 06.09.2006. Brunel University, West London
23. Lacigova O, Maizite A, Cave B (2012) eParticipation and social media: a symbiotic relationship? Euro J ePrac 16:71–76 https://joinup.ec.europa.eu/sites/default/files/b3/01/bb/ePractice%20Journal-Vol.16-June_July%202012.pdf. Zugegriffen am 02.08.2017

24. Athens Technology Center (2013) OurSpace project: official website. http://www.ep-ourspace.eu/. Zugegriffen am 02.08.2017
25. Wagner M, Johann D, Kritzinger S (2011) Voting at 16: turnout and the quality of vote choice. Elect Stud 31(2):372–383. http://ac.els-cdn.com/S0261379412000212/1-s2.0-S0261379412000212-main.pdf?_tid=395f171e-77ae-11e7-95e2-00000aab0f6c&acdnat=1501697763_4910a00e-ba9050ffbe3c3c83b8a30ade. Zugegriffen am 02.08.2017
26. Sebou G, Triantafillou A, Linakis N, Syrgiannis S, Brigden P (2011) OurSpace project: D3.3 OurSpace gadgets (mobile app, Facebook app, iGadget). http://www.ourspace.eu. Zugegriffen am 21.07.2017
27. Parycek P, Diendorfer G, Maier-Rabler U, Innen M, Schoßböck J, Wirth M, Neumayer C (2010) Internetkompetenz von SchülerInnen: Themeninteressen, Aktivitätsstufen und Rechercheverhalten in der 8. Schulstufe in Österreich. Donau-Universität Krems, Krems Studienbericht.
28. Sachs M, Schoßböck J, Mouzakitis S, Amili S (2012) OurSpace project: D4.2 evaluation methodology_updated version. http://www.ep-ourspace.eu/Downloads/Deliverables.aspx. Zugegriffen am 02.08.2017
29. Sachs M, Schoßböck J (2013) Evaluation of e-participation projects. In: Parycek P, Edelmann N (Hrsg) CeDEM13: proceedings of the international conference for e-democracy and open government. Edition Donau-Universität Krems, Krems, S 453–456

Stichwortverzeichnis

M. Leitner (Hrsg.), *Digitale Bürgerbeteiligung*,
https://doi.org/10.1007/978-3-658-21621-4

V

W

Y

Z